中国语言资源保护工程

浙江方言资源典藏　编委会

主任

朱鸿飞

主编

王洪钟　黄晓东　叶　晗　孙宜志

编委

（按姓氏拼音排序）

包灵灵　蔡　嵘　陈筱婳　程　朝　程永艳　丁　薇
黄晓东　黄沚青　蒋婷婷　雷艳萍　李建校　刘力坚
阮咏梅　施　俊　宋六旬　孙宜志　王洪钟　王文胜
吴　众　肖　萍　徐　波　徐丽丽　徐　越　许巧枝
叶　晗　张　薇　赵翠阳

教育部语言文字信息管理司
浙江省教育厅　　指导

中国语言资源保护研究中心　　统筹

中国语言资源保护工程

本书由浙江省财政资助出版

浙江方言资源典藏

海宁

徐　越　著
陈伟康

ZHEJIANG UNIVERSITY PRESS
浙江大学出版社
·杭州·

图书在版编目（CIP）数据

浙江方言资源典藏. 海宁 / 徐越，陈伟康著.

杭州：浙江大学出版社，2024.12. -- ISBN 978-7-308-25168-6

Ⅰ. H173

中国国家版本馆 CIP 数据核字第 2024K7B112 号

浙江方言资源典藏·海宁

徐　越　　陈伟康　著

策　　划	陈　洁　包灵灵
丛书主持	包灵灵
责任编辑	史明露　董　唯
责任校对	杨诗怡
封面设计	周　灵
出版发行	浙江大学出版社
	（杭州市天目山路 148 号　邮政编码 310007）
	（网址：http://www.zjupress.com）
排　　版	杭州朝曦图文设计有限公司
印　　刷	浙江省邮电印刷股份有限公司
开　　本	710mm×1000mm　1/16
印　　张	15
插　　页	4
字　　数	175 千
版 印 次	2024 年 12 月第 1 版　2024 年 12 月第 1 次印刷
书　　号	ISBN 978-7-308-25168-6
定　　价	68.00 元

海宁硖石东山和西山,2017年,夏忠杰摄

海宁盐官占鳌塔,2017年,夏忠杰摄

海宁硖石南关厢，2017年，周汪融摄

海宁硖石南关厢会源桥，2017年，夏忠杰摄

海宁盐官海塘日出, 2017 年, 夏忠杰摄

课题组成员与海宁市教育局领导、部分发音人, 2016 年, 周汪融摄

海宁方言老男发音人许伟平与课题组成员,2017 年,周汪融摄

海宁方言老男发音人许伟平,2017 年,周汪融摄

海宁方言老女发音人陈韵超，2017 年，周汪融摄

海宁方言青男发音人陈贤彪，2017 年，周汪融摄

海宁方言青女发音人汤虹,2017 年,周汪融摄

海宁方言口头文化发音人夏忠杰,2017 年,本人提供

海宁方言外景摄录现场,2017 年,周汪融摄

课题组成员周汪融在调试设备,2017 年,徐越摄

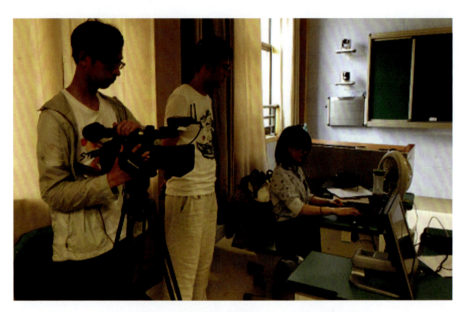
海宁电视台采访海宁方言摄录现场,2017 年,徐越摄

序

　　浙江省的方言资源具有丰富性、濒危性和未开发性的特点,急需开展大规模的全面深入的调查研究。几十年来,浙江省方言研究人才辈出,但很多专家都在省外工作。浙江方言的调查研究一直缺乏总体规划和集体行动,故而除了一些个人自发的研究以外,很少有成系列的调查报告和研究成果,与一些兄弟省(区、市)相比,反而远远落在了后面,这不能不说是一件十分遗憾的事。

　　近年来,随着语保工程的深入开展,浙江方言调查迎来了一个高潮。在浙江省教育厅、浙江省语言文字工作委员会办公室统一有力的领导下,在全省方言专业工作者的共同努力下,浙江省的语保工作开展得有声有色,成绩斐然,很多方面都走在了全国的前列。如省财政的配套支持、《浙江语保》杂志的出版、"浙江乡音"平台的建设、人才队伍的整合等方面,从全国来看都是具有创新性或领先性的。仅从人才队伍来说,经过这几年的持续培养锻炼,一大批年轻的方言工作者迅速成长。2018年年底,浙江省语言学会方言研究会成立,当时会员人数已达到60多人,可以说是浙江省历史上方言研究力量最为强盛的时期。

　　这次"浙江方言资源典藏"丛书的编写出版,就是浙江省语保工程成果的一次大展示。全省88个方言调查点,一点一本,每本包含概况、语音、词汇、语法、话语、口头文化,体系已相当完备,同时还配有许多生动的图片和高质量的音像语料,显示出该丛书与时俱进的一面。尽管篇幅还稍显单薄，话语材料也没有全部转写成音标，但各个方言调查点（其中包括许多从未报道过的方言调查点）的基本面貌已经呈现出来了，这无疑给今后更加详细深入的研究奠定了一个很好的基础。特别值得一提的是，"浙江方言资源典藏"丛书是全国首个以省为单位编写出版的语言资源成果。

我最近提出了浙江方言工作的四大任务：队伍建设、调查研究、保护传承、开发应用。这四个方面的工作有的处于起步阶段，有的尚处于基本空白的状态，可谓任重道远。方言及其文化的濒危和快速消亡无疑是令人痛心的，对方言的保护是时代给我们方言工作者提出的一项不可推卸的课题。从调查研究的角度，可以说我们赶上了一个大有可为的历史机遇。只要抓住机遇，脚踏实地去干，我们一定能够共同书写出一部浙江方言文化的鸿篇巨制，为后人留下一笔丰厚的非物质文化遗产。在此，我也预祝浙江省的方言工作者能够继续推出更多更好的研究成果。

是为序。

曹志耘

2018 年 12 月

前　言

　　"浙江方言资源典藏"丛书是"中国语言资源保护工程·浙江汉语方言调查"项目的成果汇编,是集体工作的结晶。

一、项目目标

　　"中国语言资源保护工程"是教育部、国家语言文字工作委员会2015年启动的以语言资源调查、保存、展示和开发利用等为核心的国家工程。首席专家为时任中国语言资源保护研究中心主任曹志耘教授。"中国语言资源保护工程·浙江汉语方言调查"项目负责人先后由浙江省教育厅语言文字应用管理处的李斌副处长和朱鸿飞处长担任。

　　"中国语言资源保护工程·浙江汉语方言调查"项目在浙江设77个方言调查点,浙江省在此基础上另增了11个方言调查点。该项目有如下目标:(1)记录以县(市、区)为代表点的方言;(2)以音像手段保存各地的方言。该项目设置的调查点覆盖了浙江的主要方言:吴方言、闽方言、徽方言和畲话。历史上对浙江汉语方言进行的比较全面的调查主要有两次:一次是1964—1966年的调查,调查的成果后来结集成《浙江省语言志(上、下)》(浙江人民出版社2015年11月第1版);另一次是2002—2005年的调查,后来出版了《汉语方言地图集》(商务印书馆2008年11月第1版),但是语料并未出版。这是第三次,与前两次相比,这次调查不仅利用了音像等现代化手段,而且覆盖面更广,每个县(市、区)用统一的调查材料至少调查一个地点;调查材料更加详尽细致,包括语音、词汇、语法、话语、口头文化等方面。

二、编纂缘起

在中国语言资源保护研究中心和浙江省语言文字工作委员会的领导和推动下,"中国语言资源保护工程·浙江汉语方言调查"项目进展顺利。浙江语言资源保护工程团队一致认为,调查成果对一般读者来说有一定的可读性,对语言学界来说具有重要的学术价值。在征得中国语言资源保护研究中心的同意后,项目负责人李斌副处长开始积极推动和筹划出版"浙江方言资源典藏"丛书,并得到了浙江语言资源保护工程团队各位专家的热烈响应。叶晗研究员积极联系出版社,丛书第一辑(16册)最终于2019年年初由浙江大学出版社正式出版。在李斌副处长因工作需要换岗后,朱鸿飞处长继续大力推进《中国语言资源集·浙江》的编纂出版,始终关心"浙江方言资源典藏"丛书后续各册的编辑出版工作,积极筹措出版资金,为"浙江方言资源典藏"丛书(88册)的全面出版奠定了扎实基础。

三、语料来源

"浙江方言资源典藏"丛书所有语料均来自浙江语言资源保护工程团队的实地调查,调查手册为《中国语言资源调查手册·汉语方言》(商务印书馆2015年7月第1版),调查内容包括方言的概况、语音、词汇、语法、话语、口头文化,以及地方普通话。丛书的语音部分收录了老年男性(正文中简称为"老男")以及青年男性(正文中简称为"青男")的音系和1000个单字音;词汇部分收录了以老年男性为发音人的 1200 个词语;语法部分收录了以老年男性为发音人的 50 个语法例句;话语部分收录了老年男性、老年女性(正文中简称为"老女")、青年男性、青年女性(正文中简称为"青女")篇幅不等的话题讲述,以及他们之间的 20 分钟的对话片段;口头文化部分收录了规定故事、其他故事、歌谣和自选条目,并补充了一些调查手册之外的浙江乡音材料;丛书未收录地方普通话材料。

四、丛书体例

1. 概况。包括地理位置、历史沿革、方言概况、发音人简介和常用方言词五个部分,其中方言概况部分附带地方曲艺介绍。

2. 音系。按照方言学界惯例排列,声母按发音部位分行,按发音方法分列。韵母按四呼分列,按韵尾分行,同类型的韵母按主要元音开口度的大小分行。声调标调值。例字的白读音使用单下画线,文读音使用双下画线。零声母符号[∅]除用于音系外,实际标音一律省略;调值及送气符号"ʰ"上标。

3. 单字。按"果、假、遇、蟹、止、效、流、咸、深、山、臻、宕、江、曾、梗、通"十六摄排序。同摄先分开合口,再分一二三四等,摄、呼、等、韵相同再按"帮(非)、滂(敷)、並(奉)、明(微);端、透、定;泥(娘)、来;精、清、从、心、邪;知、彻、澄;庄、初、崇、生;章、昌、船、书、禅、日;见、溪、群、疑、晓、匣;影、云、以"三十六字母排序,摄、呼、等、韵、声相同再按中古"平、上、去、入"四声排序。

单字音后的小字注采用简称形式,具体含义如下:

白:白读音　　　　　　　　今:现在的读法

文:文读音　　　　　　　　声殊:声母特殊

又:又读音　　　　　　　　韵殊:韵母特殊

小:小称音　　　　　　　　调殊:声调特殊

老:老派的读法　　　音殊:声韵调不止一项特殊

新:新派的读法　　　读字:只用于书面语,不用于口语

旧:过去的读法　　　单用:可单独使用,不必组合成词

无方言说法的单字,注明"(无)"。

4.词汇。词条按意义范畴分类,按实际发音标音。用字一般使用现行规范字,有本字可用者一律使用本字,本字不明者用方言同音字,同时在该字右上角用上标"="标明。但表近指或远指的"格""葛""即""介""乙"、复数义的"拉"等,属于习用的表音字,不加同音字符号"="。既无本字又无同音字的用方框"□"表示。一律不使用训读字,尽量不使用俗字。合音字尽量使用已有现成字形的字,例如"甭、覅、孬"等;如方言无现成字形的合音字,用原形加"[ ]"表示。"並、睏、煤、隑、盪"等异体字或繁体字是音韵学、方言学中具有特殊含义的专用字,本丛书予以保留。

一个词条有多个读音时,用单斜线"/"间隔;一个词条有多种说法时,按使用频率由高到低排序;各种说法的性质不同时,音标后加注小字,体例同上文单字音后的小字注;鼻尾型或鼻化型的小称,采用方言词加小号字"ㄦ"的方式表示,如:义乌"弟弟"义的"弟ㄦ din^{24}",温岭"父亲"义的"伯ㄦ pa~^{51}";变调型及变韵＋变调型的小称,采用音标后加小号字"小"的方式表示,如:江山"爷爷"义的"公 koŋ^{241}小",宁波"鸭子"义的"鸭 ɛ^{35}小"。

无方言说法的词条,注明"(无)"。

5.语法、话语、口头文化一律只记实际读音;方言转写使用宋体字,普通话译文使用楷体字。话语及故事属于即时讲述的自然口语,难免出现口误、重复、颠倒、跳脱等现象,其方言转写与国际音标力求忠实于录音,普通话译文采取意译方式,不强求与之一一对应。

6.单字、词汇、语法例句及其释例基本依据《中国语言资源调查

手册·汉语方言》。

　　本丛书从第二辑开始,对所有方言材料均标注国际音标。各种音标符号形体繁复,浙江大学出版社的编辑团队克服困难,精心编校,尽心尽力,是特别需要表示感谢的。

目　录

第一章　概　况

一、地理人口

海宁市为嘉兴市下辖县级市,地处浙江省北部、杭州湾北岸、嘉兴市南面。东邻海盐,南濒钱塘江,与绍兴上虞区、杭州钱塘区隔江相望,西接杭州临平区、钱塘区,北连桐乡、嘉兴秀洲区。南离嘉兴城区 40 公里,东距上海 100 公里。陆地面积 699.92 平方公里,总面积 863 平方公里。下辖 4 个街道、8 个镇:硖石街道、海洲街道、海昌街道、马桥街道、许村镇、长安镇、周王庙镇、盐官镇、斜桥镇、丁桥镇、袁花镇、黄湾镇,市政府驻海洲街道海州西路 226 号。截至 2024 年年底,全市常住人口 72.16 万[①],民族主要为汉族,少数民族人口极少,多系工作、婚姻迁入。

---

① 参见《2024 年浙江统计年鉴》,http://tjj.zj.gov.cn/art/2024/12/2/art_1525563_58962725.html。

二、历史沿革

海宁历史悠久,境内郭家石桥遗址、坟桥港遗址属新石器时代马家浜文化,距今 6000 余年。徐步桥、千金阁遗址属新石器时代良渚文化,距今已有 4000 余年的历史。

在春秋战国时期,海宁是越、吴、楚的属地。三国吴黄武二年(223),析海盐、由拳,置盐官县,属吴郡,为海宁建县之始。南朝陈武帝永定二年(558),置海宁郡,寓"海洪宁静"之意。隋开皇九年(589),割吴郡盐官(今海宁)等五县置杭州,盐官始属杭州。唐贞观四年(630),复置盐官县。元元贞元年(1295),升盐官州,天历二年(1329)改名海宁州,属杭州路。明洪武二年(1369),降为县,属杭州府。清乾隆三十八年(1773),复升为州。1912 年,改州为县。1949年 5 月,海宁解放,隶属浙江省嘉兴专区。[①] 1986 年 11 月,撤海宁县,设海宁县级市,属嘉兴市。[②]

三、方言概况

海宁境内的方言属吴语太湖片方言,根据有无[y]韵和[y]介音韵母,分属两个不同的方言小片。西部地区如盐官话,有[y]韵和[y]介音的韵母,属苏沪嘉小片。东部地区如硖石话,无[y]韵和[y]介音的韵母,属苕溪小片,也即古合口三、四等字,硖石话今韵母读[i]韵和[i]介音的韵母,如雨 i、女 ȵi、举 tɕi、软 ȵiɛ、拳 dziɛ、选 ɕiɛ、劝 tɕʰiɛ、远 iɛ、均 tɕiŋ、军 tɕiŋ、群 dziŋ。由此造成合口三、四等字

---

① 徐规,陈桥驿,潘一平,等. 浙江分县简志. 杭州:浙江人民出版社,1984:809-811。

② 1986 年 11 月《国务院关于同意浙江省撤销海宁县设立海宁市给浙江省人民政府的批复》。

与开口三、四等字对应同音,如余＝移 li、圆＝盐 tɕiɛ、军＝斤 tɕʰiŋ,
与旧县政府所在地盐官话读[y]韵或带[y]介音韵母不同。

地方曲艺主要有唱词和道白均使用海宁方言的海宁皮影戏。
海宁皮影戏于南宋时传入,既保留了北方皮影戏的声腔、造型、舞美
等表演样式,又融入了海宁当地民间小调、手工技艺和生活习俗等
地方元素,伴以笛子、二胡等江南丝竹,节奏明快悠扬,曲调高亢激
昂,为民间婚嫁、寿庆、祈神等场合的重要节目。2005 年 5 月 18
日,海宁皮影戏被列入浙江省第一批省级非物质文化遗产代表性项
目名录;2006 年 5 月 20 日,被列入第一批国家级非物质文化遗产
代表性项目名录。

四、发音人简介

姓名	性别	出生年月	文化程度	职业	出生地
许伟平①	男	1953 年 7 月	初中	职工	硖石街道
陈韵超	女	1961 年 10 月	高中	职工	硖石街道
陈贤彪	男	1984 年 5 月	硕士	教师	硖石街道
汤　虹	女	1984 年 2 月	本科	职工	硖石街道
夏忠杰	男	1959 年 10 月	中师	基层干部	硖石街道
陈敏超	女	1956 年 6 月	高中	职工	硖石街道

---

① 《中国语言资源集·浙江》中误写为"徐伟平",特此更正。

五、常用方言词

吾	u⁵³	代词,第一人称单数,我:～姓王。也说"吾奴 u⁵³nu³¹""我侬 oʔ⁵noŋ⁰"。①
吾拉	u⁵³la⁰	代词,第一人称复数,我们:～弗去。
侬	nɯ⁵³	代词,第二人称单数,你:～答应伊哦?
倻	na⁵³	代词,第二人称复数,你们:～[弗要]跑出去。
叶⁼侬	ieʔ²nɯ⁰	代词,第三人称单数,他:～姓王。也说"伊 i⁵³"。
伊拉	i⁵³la⁰	代词,第三人称复数,他们:～弗吃。
弗	fəʔ⁵	表否定,不:～开心、～吃。
[弗要]	fiɔ⁵⁵	表否定,"不要"的合音:～吃、～去。
曼	tɕiɔ⁵⁵	副词,"只要"的合音:～一千多。
傍	bã¹³	介词,比:我～侬长。
无不	m³³pəʔ⁵	表否定,没有,①动词:～东西吃。也说"无没 m³³məʔ²"。②副词:～来。
那⁼	na¹¹	现在:～好哩,有地铁哩。
那⁼要	na¹¹iɔ⁵⁵	马上就要、快要:天～落雨哩。
那⁼来	na¹¹lɛ³³	以后:～弗跑出去哩。
笛⁼	dieʔ²	语气词,了:碰着故乡个人～。语气比"哩"稍强。
哩	li¹³/lieʔ²	语气词,了:毛病好点～。
作兴	tsoʔ⁵ɕiŋ⁵⁵	副词,可能:西北风也～有点。

---

① 海宁方言"吾""我"不同音,"吾 u⁵³""我 oʔ⁵"。《中国语言资源集·浙江》从众,统为"我",本卷分开。下同。

嗳	ε²³¹	语气词,的:蛮好～。语气比"个"稍弱。
个	gəʔ²	①结构助词,的:我～书。②语气词,的:好～。
	kəʔ⁵	代词,这:～个人。
个里	kəʔ⁵li³³	表近指,这里:～是人民公园。也说"个塔＝kəʔ⁵tʰaʔ⁵"。
黑＝里	həʔ⁵li³³	表远指,那里:～个人。也说"哈＝里 ha⁵⁵li¹³"。
何里塔＝	a³³li³³tʰaʔ⁵	表疑问,哪里:王老师到～去?
介	ka³⁵	代词,这样、那样:就～。
拨	pəʔ⁵	①动词,表给予:～伊吃。②介词,表被动:～伊敲。老派也说"本＝pəŋ⁵³"。
直＝介	zəʔ²ka⁵⁵	代词,这样:文章要～写。
介拉＝	ka⁵⁵laʔ²	①代词,这么:就是～。②连词,所以:～一切侪拍进。
纳＝哈＝	naʔ²ha⁰	①代词,怎么:～办? 也说"纳＝介 naʔ²ka⁵³"。②假设语气,的话:到北京～,要一日一夜哩呀。
有起	iəu⁵⁵tɕʰi⁰	在(某处):～外头。
葛＝么	kəʔ⁵məʔ²	连词,那么:～就讲好哩。
霍＝	hoʔ⁵	助词,①表状态的持续:坐～。②表动作的完成:无不 ～。③表动作的进行:～吃。
蛮	mɛ³³	副词,挺:～胖。
怪＝	kua³⁵	表类别:蛮多～小吃店。
交关	tɕiɔ⁵⁵kuɛ⁵³	副词,很:慢～。

同　　　　doŋ^{13}　　　　介词，跟：吾～伊讲。

特为介　　dəʔ^{2}ue^{33}ka^0　　副词，故意这样：伊～。也说"笛$^=$为介 dieʔ^{2}ue^{33}ka^0"或"特为 dəʔ^{2}ue^{31}"。

又　　　　i^{35}　　　　连词，又：～高～大。

浪$^=$　　　lɑ̃^{13}　　　表方位，上：边～、街～。也说"牢$^=$"。

辣$^=$　　　laʔ^2　　　也说"牢$^=$"。①动词，在：～第二排。②介词，在：～上头。

哦　　　　vəʔ^2　　　语气词，"弗啊"的合音：好吃～？

便得　　　bie^{33}təʔ^5　　副词，只有：吾～一本书。也说"便 bie^{13}"。

侪　　　　zɛ^{13}　　　副词，都：～讲伊勿过。

第二章 语 音

一、音 系

(一)老男音系

1. 声母(26 个,包括零声母在内)

p 八兵	pʰ 派片	b 爬病肥	m 麦明问	f 飞风副蜂	v 肥饭味问
t 多东	tʰ 讨天	d 甜毒	n 闹南		l 老蓝连路
ts 资早酒竹纸	tsʰ 刺草抽车春	dz 祠		s 丝酸双书手	z 字贼坐茶十
tɕ 九	tɕʰ 清轻	dʑ 谢权全	ȵ 年泥软热	ɕ 想响	
k 高	kʰ 开	g 共		h 好灰	
∅ 月活安王药					

说明：

（1）鼻音、边音分两套，一套读紧喉，一套带浊流。前者出现在阴调字中，后者出现在阳调字中。

（2）[f][v]跟[u][əu]韵相拼时，有音位变体[ɸ][β]。

（3）[tɕ]组声母舌位稍偏前。

（4）零声母阳调类音节的起始处带有明显的磨擦成分，开齐合撮四呼分别对应[ɦ][j][w][ɥ]。

2.韵母（36个，包括自成音节的[m][ŋ]在内）

ɿ 猪师丝试	i 雨米戏飞鬼二	u 伙火货五
a 牙排鞋	ia 写	ua 快
ɛ 开山	iɛ 甘念验	uɛ 关弯还惯
ɔ 宝饱	iɔ 笑桥	
	ie 靴盐年权	ue 鬼官
o 茶瓦		
əu 歌坐过苦	iəu 油	
əɯ 走豆二		
ei 赔对南半短		
ã 糖床双硬争	iã 响	uã 王讲横
əŋ 深根寸春灯升争	iŋ 心新云病星	uəŋ 滚
oŋ 东	ioŋ 兄用	
aʔ 盒塔鸭法辣白尺八	iaʔ 贴药	uaʔ 刮
əʔ 十出直色	ieʔ 接急热节七一锡	uəʔ 活
oʔ 骨郭学北国谷六绿	ioʔ 局橘月	
ŋ 五		
m 姆		

说明：

（1）[u]韵舌位略前，唇形略展。

（2）[əu]韵中[ə]舌位略低略后。

（3）[u]韵与[əu]韵互补，拼唇音、唇齿音和零声母时是[u]韵，拼其余声母时是[əu]韵。

（4）[ɔ]韵舌位略高。

（5）[ie]韵中的[e]舌位稍低。

（6）[o]韵舌位略高，近[ɵ]，有时是[uɵ]。

（7）[ã][uã]中的[ã]舌位略前，有时读作[aŋ][uaŋ]。

（8）[əʔ]舌位略低略后，实际音值近[ɜʔ]。

（9）[əʔ][aʔ]两韵有时可互读。

（10）自成音节的[m̩][ŋ̍]两韵是文读韵。

3. 声调（7 个）

阴平	55	东灯风通开天春
阴上	53	懂古鬼九统苦讨草
阳上	231	动罪近后买老五有
阴去	35	冻怪半四痛快寸去该
阳去	13	洞地饭树卖路硬乱铜皮糖红门龙牛油
阴入	5	谷百搭节急哭拍塔切刻
阳入	2	六麦叶月毒白盒罚

说明：

（1）阴平[55]实际调值有时略低，近[44]。

（2）阳去[13]缓读时实际调值近[113]，个别字调值稍高，近

[224]。

(3)阴去[35]有时是[335]。

4.两字组连读变调规律

海宁方言两字组的连读变调规律见下表。表中首列为前字本调,首行为后字本调。每一格的第一行是两字组的本调组合;第二行是连读变调,若连读调与单字调相同,则此行空白;第三行为例词。同一两字组若有两种以上的变调,则以横线分隔。具体如下。

海宁方言两字组连读变调表

后字 / 前字	阴平 55	阴上 53	阴去 35	阳上 231	阳去 13 浊平	阳去 13 浊去	阴入 5	阳入 5
阴平 55	55 55 天 公	55 53 55 烧 酒	55 35 55 冬 至	55 231 55/ 冰 雹	55 13 55/ 今 年		55 5 蝙 蝠	55 2 阴 历
阴上 53	53 55 55 水 沟	53 53 55 0 滚 水	53 35 55 0 韭 菜	53 231 55 0 水 稻	53 13 55 55/ 水 潭	53 13 55 0 酒 酿	53 5 55 蚤 虱	53 2 55 省 力
阴去 35	35 55 55 53 菜 花	35 53 55 烫 水	35 35 55 53 对 过	35 231 55 53/ 运 道	35 13 55 53/ 救 命		35 5 55 彩 色	35 2 55 四 月
阳上 231	231 55 13 55 牡 丹	231 53 13 0 柿 子 — 231 53 13 55 稻 草	231 35 33 0 满 意 — 231 35 33 53 上 昼 — 231 55 13 0 里 向	231 231 13 0 道 士	231 13 13 33 稻 柴 — 231 13 33 33 稻 田	231 13 13 0 旱 地	231 5 33 美 国	231 2 13 后 日

前字＼后字		阴平 55	阴上 53	阴去 35	阳上 231	阳去 13		阴入 5	阳入 5
						浊平	浊去		
阳去 13	浊平	13 55 33 河浜	13 53 33 55 田埂	13 35 33 55 驼背	13 231 33 55/ 杨柳	13 13 33 55/ 池 潭		13 5 33 芦粟	13 2 33 阳历
	浊去	13 55 33 53 地方	13 53 33 露水	13 35 33 53 事故	13 231 33 53/ 洞眼	13 13 33 53/ 旧 年			
阴入 5		5 55 菊花	5 53 0 橘子	5 35 0 一世	5 31 0 屋里	5 13 55/ 竹头	5 13 0 柏树	5 5 格歇	5 2 搭脉
阳入 5		2 55 活狲	2 53 0 白果	2 35 0 鼻涕	2 231 0 日里	2 13 33 木头	2 13 0 绿豆	2 5 墨笔	2 2 0 昨日
			2 53 蚀本	2 35 白菜		2 13 学堂	2 13 31 月亮		

海宁方言两字组的变调有以下几个特点：

（1）调值后带斜杠"/"的，表示该调值可读相应低调。例如，55/33、53/31。

（2）后字位置的"0"代表轻声。

（3）前字浊上、浊去和浊入都有不止一种连读变调模式。

（4）每一种组合的变调模式都无法回避地存在一些例外。例如，阴去＋阴上和阴去＋阳去的组合均有不变调的词语"霍险＝""国道"。

（5）此两字组连读变调规律主要适用于广用式两字组，是词调，不完全适用于句子中。

海宁方言有 7 个单字调，其两字组的变调呈现如下主要特点：

（1）就变调类型论，不管是前字还是后字，舒声都以变调为主，入声都以不变调为主。

(2)调类合流现象明显。两字组连读有 49 种组合,归并后共有 26 种连调模式。前字相同,整个两字组变调模式基本都相同。

(3)调类复原现象突出。在单字调中,浊平和浊去调值相同,合并为阳去;在两字组连读变调中,不管是前字还是后字,浊平和浊去均存在区别。例如,当前字阳去,后字除入声外,浊平和浊去变调不同。当后字阳去,前字阴上、阳上和阴入、阳入时,浊平和浊去的变调也不同。

(4)后字阴阳调合并趋势明显。从后字阴阳调调值看,后字阳调的调值有向阴调合并的趋势,导致后字阳调时常常有两种调值可读。例如,前字阴平,后字阳上和阳去的组合"冰雹""今年"既可读[55 55],也可读[55 33]。

(5)部分变调模式为前字单字调调型的扩展,如前字阴平,后字除入声外,变调模式均为[55 55],显然是单字调[55]的扩展。

(6)轻声只出现在前字阴上、阳上和阴入、阳入的后字。

5. 小称

海宁方言中尚存以下两种小称残迹:

(1)儿缀小称:囡儿。

(2)鼻尾小称:昨日儿 zoʔ^2 nin^{31}｜个日儿子 $_{前天}$ kəʔ^5 nin^{13} tsɿ^0｜磨儿 moŋ^{213}｜歇儿歇儿 $_{歇歇}$ ɕin^{55} ɕin^0。

海宁方言中"儿"白读[ŋ^{13}],义为"儿子"。从现存两类残迹可推知,"儿"曾经是一种独立的后缀,具有小称功能。在发展演变中儿缀成为前一音节的鼻音韵尾。

(二)青男音系

1.声母(27个)

p 八兵	pʰ 派片	b 病爬	m 麦明	f 飞风	v 肥饭味问
t 多东	tʰ 讨天	d 甜毒	n 脑南		l 老蓝连路
ts 资早租 争装张 竹纸主	tsʰ 刺草寸 抽拆抄 初车春	dz 祠		s 丝三 酸山双	z 字贼坐茶 柱事床船 顺十城
tɕ 酒九	tɕʰ 清轻	dʑ 谢权	ȵ 热软 年泥	ɕ 想响	
k 高	kʰ 开	g 共	ŋ 熬ㄨ 眼ㄨ	h 好灰	
Ø 熬眼月 活县温 安王云 用药					

说明:

(1)[zɿ]音节中声韵[z]的磨擦较弱。

(2)零声母阳调类音节的起始处带有明显的磨擦成分,开、齐、合、撮四呼分别对应[ɦ][j][w][ɥ]。过去多记作声母[ɦ],这里统一记作[Ø]。

2.韵母(40个,包括自成音节的[m̩][ŋ̍]在内)

ɿ 师丝试猪	i 雨米飞戏鬼	u 河破婆
a 牙排鞋	ia 写	ua 快
ɛ 山	iɛ 廿念验	uɛ 关弯惯还

ɔ 宝饱　　　　　　iɔ 笑桥

ə 豆走　　　　　　iə 油

　　　　　　　　　ie 靴盐年权　　　　ue 鬼官

o 茶瓦

əu 歌坐过苦

ei 开赔对南半短

ã 长厂　　　　　　iã 响　　　　　　uã 横

ɑ̃ 糖床双讲硬争　　iɑ̃ 旺　　　　　　uɑ̃ 王

əŋ 深根寸春灯升争　iŋ 心新云病星　　uəŋ 滚

oŋ 东　　　　　　　ioŋ 兄用

aʔ 盒塔鸭八辣白尺　iaʔ 药贴　　　　　uaʔ 刮

əʔ 十出色直　　　　iəʔ 接急节七一锡　uəʔ 活

oʔ 郭壳学骨托谷六 ioʔ 月橘局
　绿北

m̩ 姆

ŋ̍ 五

ɚ 儿

说明：

(1)[e][ie][ue]中的[e]韵舌位略低。

(2)[əu]韵拼双唇音、唇齿音和零声母时,实际音值是[u]。

(3)[əʔ][aʔ]两韵有时可互读。

(4)[iɛ]韵仅"廿、念、验"等少数几个字。

(5)[iɑ]韵仅"旺"一个字。

(6)自成音节的[m][ŋ]两韵均是白读韵。

3. 声调(7个)

阴平	55	东灯风通开天春
阴上	53	懂古鬼九统苦讨草
阳上	231	买老五有动罪近后
阴去	35	冻怪半四痛快寸去该
阳去	13	门龙牛油铜皮糖红卖路硬乱洞地饭树
阴入	5	谷急哭刻百搭节拍塔切
阳入	2	六麦叶月毒白盒罚

说明:

(1)阳平缓读时可记[113],个别字声调略高,近[24]。

(2)阳入调喉塞有时较弱,时长比阴入稍长。

4. 新老异读

海宁方言新老派之间的读音差异,体现在声母、韵母、声调和文白读等方面。

(1)声母差异

老派声母[f][v]跟[u][əu]等韵母相拼时,明显有音位变体[ɸ]和[β]。新派声母无此类音位变体。

老派声母无[ŋ],新派"熬、眼"等字,有[ŋ]声母的又读,故新派声母比老派多一个。

(2)韵母差异

新派韵母比老派多 4 个,分别是[ã][iã][uã][ɚ]。新派鼻化韵分[ã][iã][uã]和[ɑ̃][iɑ̃][uɑ̃]两套,老派合并为[ɑ̃][iɑ̃][uɑ̃]一套。"二耳儿"等日母字,老派读[ɯ]韵,与流摄"走、豆"等字同韵;

新派读[ɚ]韵，与流摄字不同韵。

①老派音系中的[əɯ][iɐu]两韵，新派分别读[ə][iə]两韵，例如"豆、走、油"等字。

②老派音系中的[ei]韵，新派读[e]韵，例如"对、虾、赔、南、半、短、贝、射"等字。

③老派音系中部分[ɛ]韵字，新派读[e]韵。例如"开、减"等字，老派读[kʰɛ⁵⁵][kɛ⁵³]，新派读[kʰe⁵⁵][ke⁵³]。

④老派和新派的韵母还存在以下一些差异：

例字	老派	新派	例字	老派	新派
钢、江	kuɑ̃⁵⁵	kɑ̃⁵⁵	个	kəɯ³⁵	kəʔ⁵
讲	kuɑ̃⁵³	kɑ̃⁵³	磨	mo¹³	moʔ¹³
锯	kəɯ⁵³	ke³⁵	泼	pʰəʔ⁵	pʰoʔ⁵
雷	ləɯ¹³	le¹³	末	məʔ²	moʔ²
芋	i³⁵	ɿ¹³	阔	kʰuəʔ⁵	kʰoʔ⁵
溪	ɕi⁵⁵	ɕieʔ⁵	或	uəʔ²	oʔ²
谱	pʰəu⁵³	pʰu⁵³	撤	tsʰəʔ⁵	tsʰaʔ⁵
契	tɕʰieʔ⁵	tɕʰi³⁵	佛	vəʔ²	voʔ²
房	vuɑ̃¹³	uɑ̃¹³	占	tsei³⁵	tsɛ³⁵
该	kɛ⁵⁵	ke⁵³	额	aʔ²	əʔ²
瞎	həʔ⁵	haʔ⁵	业	ȵieʔ²	ieʔ²

（3）声调差异

单字调系统老派和新派一致，但个别字在调类的归属上存在一些差异，见上表"锯、芋、溪、契、该、个"等字。这种异读有的明显是受连调影响所致，有的则是受普通话影响的结果，还有一些有待更深入的调查。

（4）文白读差异

①有的字老派分文白异读，新派不分文白异读，只有相当于老派文读音的一读。例如：

"亏"字，老派分[tɕʰi⁵⁵文、kʰue⁵⁵白]两读，新派只有[kʰue⁵⁵]一读；

"味"字，老派分[vi¹³文、mi¹³白]两读，新派只有[vi¹³]一读；

"网"字，老派分[mã²³¹文、moŋ²³¹白]两读，新派只有[mã²³¹]一读。

②有的字老派只有白读音一读，新派只有文读音一读。例如：

"锯"字，老派读[kɯ⁵³]，新派读[ke³⁵]；

"八"字，老派读[poʔ⁵]，新派读[paʔ⁵]。

（二）文白异读

海宁方言的文白异读大致可归纳为声母异读、韵母异读、声母韵母异读三种类型。下文中"/"前为白读，后为文读。

1. 声母异读

（1）微母"问、味、网、尾、晚"等字，一般白读[m]声母，文读[v]声母。例如：味 mi¹³/ vi¹³｜问 məŋ¹³/ vəŋ¹³｜尾 mi²³¹/ vi²³¹｜网 moŋ²³¹、mã²³¹/ uã²³¹｜晚 mɛ²³¹/ vɛ²³¹。

（2）奉母"肥"，一般白读[b]声母，文读[v]声母。例如：肥 bi¹³/ vi¹³。

（3）日母"人、日"等字，一般白读[n̠]声母，文读[z]声母。例如：人 n̠iŋ³¹/zəŋ³¹｜日 n̠ieʔ²/zəʔ²。

（4）假开三麻韵字，例如：姐 tɕia⁵³/tɕi⁵³。

2.韵母异读

(1)日母"耳、儿"等字，一般白读是自成音节的[ŋ]，文读[əɯ]韵。例如：耳 ŋ²³¹/ əɯ²³¹｜儿 ŋ¹³/ əɯ¹³。

(2)梗江宕通摄"争、声、梦、棒、旺"等字，一般白读鼻化韵，文读鼻尾韵。例如：争 tsɑ̃⁴⁴/ tsəŋ⁴⁴｜声 sɑ̃⁴⁴/ səŋ⁴⁴｜梦 mɑ̃¹³/ moŋ¹³｜棒 bɑ̃²³¹/ boŋ²³¹｜旺 iɑ̃¹³/ uɑ̃¹³。

3.声母韵母异读

(1)效开二见组"交、孝、胶、教、敲、咬"等字，一般白读[k]组声母拼[ɔ]韵，文读[tɕ]组声母拼[iɔ]韵。例如：交 kɔ⁵³/ tɕiɔ⁵³｜孝 ɕiɔ³⁵/ hɔ³⁵。

(2)止合三见组"龟、鬼、贵、亏、柜"等字，一般白读[tɕ]组声母拼[i]韵，文读[k]组声母拼[ue]韵。例如：鬼 tɕi⁵³/ kue⁵³｜贵 tɕi³⁵/ kue³⁵。

(3)影组"喂、围、纬~子"等字，一般白读零声母拼[i]韵，文读零声母拼[ue]韵。例如：围 i¹³/ ue¹³。

(4)其他如溪母字：亏 kʰue⁵⁵/ tɕʰi⁵⁵；帮母字：八 poʔ⁵/ paʔ⁵。

二、单　字

编　号	单　字	音韵地位	老男音	青男音
0001	多	果开一平歌端	təu⁵⁵	təu⁵⁵
0002	拖	果开一平歌透	tʰəu⁵⁵	tʰəu⁵⁵
0003	大~小	果开一去箇定	dəu¹³	dəu¹³
0004	锣	果开一平歌来	ləu¹³	ləu¹³

续表

编 号	单 字	音韵地位	老男音	青男音
0005	左	果开一上哿精	tsəu^{53}	tsəu^{53}
0006	歌	果开一平歌见	kəu^{55}	kəu^{55}
0007	个	果开一去箇见	kəu^{35}	kə?^{5}
0008	可	果开一上哿溪	k^{h}o^{53}	k^{h}o^{53}
0009	鹅	果开一平歌疑	u^{13}	u^{13}
0010	饿	果开一去箇疑	u^{13}	u^{13}
0011	河	果开一平歌匣	u^{13}	u^{13}
0012	茄	果开三平戈群	ga^{13}	ga^{13}
0013	破	果合一去过滂	p^{h}u^{35}	p^{h}u^{35}
0014	婆	果合一平戈並	bu^{13}	bu^{13}
0015	磨 动词	果合一平戈明	mo^{13}	mo?^{2}
0016	磨 名词	果合一去过明	mo^{13}	mo?^{2}
0017	躲	果合一上果端	to^{53}	to?^{53}
0018	螺	果合一平戈来	ləu^{13}	ləu^{13}
0019	坐	果合一上果从	zəu^{231}	zəu^{231}
0020	锁	果合一上果心	so^{53}	so^{53}
0021	果	果合一上果见	kəu^{53}	kəu^{53}
0022	过~来	果合一去过见	kəu^{35}	kəu^{35}
0023	课	果合一去过溪	k^{h}əu^{35}	k^{h}əu^{35}
0024	火	果合一上果晓	fu^{53}声殊 Φu^{53}又	fu^{53}声殊
0025	货	果合一去过晓	fu^{35}声殊	fu^{35}声殊
0026	祸	果合一上果匣	u^{231}	vu^{231}
0027	靴	果合三平戈晓	ɕie^{55}音殊	ɕie^{55}

续表

编　号	单　字	音韵地位	老男音	青男音
0028	把 量词	假开二上马帮	po^{53}	po^{53}
0029	爬	假开二平麻並	bo^{13}	bo^{13}
0030	马	假开二上马明	mo^{231}	mo^{231}
0031	骂	假开二去祃明	mo^{13}	mo^{13}
0032	茶	假开二平麻澄	zo^{13}	zo^{13}
0033	沙	假开二平麻生	so^{55}	so^{55}
0034	假 真~	假开二上马见	ka^{35}	ka^{53}
0035	嫁	假开二去祃见	ka^{35}	ka^{35}
0036	牙	假开二平麻疑	a^{13}	a^{13}
0037	虾	假开二平麻晓	hei^{55}韵殊 çia^{55}文	he^{55}韵殊
0038	下 方位词	假开二上马匣	o^{231}	o^{231}
0039	夏 春~	假开二去祃匣	o^{53}	o^{53}
0040	哑	假开二上马影	o^{53}	o^{53}
0041	姐	假开三上马精	tçia^{53}	tçi^{53}
0042	借	假开三去祃精	tçia^{35}	tçia^{35}
0043	写	假开三上马心	çia^{53}	çia^{53}
0044	斜	假开三平麻邪	dzia^{13}	dzia^{13}
0045	谢	假开三去祃邪	dzia^{13}	dzia^{13}
0046	车 ~辆	假开三平麻昌	tsʰo^{55}	tsʰo^{55}
0047	蛇	假开三平麻船	zo^{13}	zo^{13}
0048	射	假开三去祃船	zei^{13}	ze^{13}
0049	爷	假开三平麻以	ia^{13}	ia^{13}
0050	野	假开三上马以	ia^{231}	ia^{231}

续表

编 号	单 字	音韵地位	老男音	青男音
0051	夜	假开三去祃以	ia^{35}	ia^{35}
0052	瓜	假合二平麻见	ko^{55}	ko^{55}
0053	瓦名词	假合二上马疑	o^{231}	o^{231}
0054	花	假合二平麻晓	ho^{55}	o^{55}
0055	化	假合二去祃晓	ho^{35}	o^{35}
0056	华中~	假合二平麻匣	o^{13}	o^{13}
0057	谱家~	遇合一上姥帮	$p^{h}ə u^{53}$	$p^{h}u^{53}$
0058	布	遇合一去暮帮	pu^{35}	pu^{35}
0059	铺动词	遇合一平模滂	$p^{h}u^{55}$	$p^{h}u^{55}$
0060	簿	遇合一上姥並	bu^{231}	bu^{231}
0061	步	遇合一去暮並	bu^{13}	bu^{13}
0062	赌	遇合一上姥端	$t ə u^{53}$	$t ə u^{53}$
0063	土	遇合一上姥透	$t^{h}ə u^{53}$	$t^{h}ə u^{53}$
0064	图	遇合一平模定	$d ə u^{13}$	$d ə u^{13}$
0065	杜	遇合一上姥定	$d ə u^{231}$	$d ə u^{231}$
0066	奴	遇合一平模泥	$n ə u^{13}$	$n ə u^{13}$
0067	路	遇合一去暮来	$l ə u^{13}$	$l ə u^{13}$
0068	租	遇合一平模精	$ts ə u^{55}$	$ts ə u^{55}$
0069	做	遇合一去暮精	$ts ə u^{35}$	$ts ə u^{35}$
0070	错对~	遇合一去暮清	$ts^{h}o^{55}$	$ts^{h}o^{55}$
0071	箍~桶	遇合一平模见	$k^{h}ə u^{55}$	$k^{h}ə u^{55}$
0072	古	遇合一上姥见	$k ə u^{53}$	$k ə u^{53}$
0073	苦	遇合一上姥溪	$k^{h}ə u^{53}$	$k^{h}ə u^{53}$
0074	裤	遇合一去暮溪	$k^{h}ə u^{35}$	$k^{h}ə u^{35}$

续表

编　号	单　字	音韵地位	老男音	青男音
0075	吴	遇合一平模疑	u^{13}	vu^{13}
0076	五	遇合一上姥疑	$ŋ^{231}$	$ŋ^{231}$
0077	虎	遇合一上姥晓	fu^{53}声殊	fu^{53}声殊
0078	壶	遇合一平模匣	u^{13}	vu^{13}
0079	户	遇合一上姥匣	u^{231}	vu^{231}
0080	乌	遇合一平模影	u^{55}	u^{55}
0081	女	遇合三上语泥	$ɲi^{231}$	$ɲi^{231}$
0082	吕	遇合三上语来	li^{231}	li^{231}
0083	徐	遇合三平鱼邪	$dʑi^{13}$	$dʑi^{13}$
0084	猪	遇合三平鱼知	$tsʅ^{55}$	$tsʅ^{55}$
0085	除	遇合三平鱼澄	$zʅ^{13}$	$zʅ^{13}$
0086	初	遇合三平鱼初	$tsʰəɯ^{55}$	$tsʰəɯ^{55}$
0087	锄	遇合三平鱼崇	$zʅ^{13}$	$zʅ^{13}$
0088	所	遇合三上语生	so^{53}	so^{53}
0089	书	遇合三平鱼书	$sʅ^{55}$	$sʅ^{55}$
0090	鼠	遇合三上语书	$sʅ^{53}$	$sʅ^{53}$
0091	如	遇合三平鱼日	$zʅ^{13}$	$zʅ^{13}$
0092	举	遇合三上语见	$tɕi^{53}$	$tɕi^{53}$
0093	锯名词	遇合三去御见	$kəɯ^{53}$	ke^{35}
0094	去	遇合三去御溪	$tɕʰi^{35}$	$tɕʰi^{35}$
0095	渠~道	遇合三平鱼群	$dʑi^{231}$	$dʑi^{13}$
0096	鱼	遇合三平鱼疑	$ŋ^{13}$	$ŋ^{13}$
0097	许	遇合三上语晓	$ɕi^{53}$	$ɕi^{53}$
0098	余剩~,多~	遇合三平鱼以	i^{13}	i^{13}

续表

编 号	单 字	音韵地位	老男音	青男音
0099	府	遇合三上麌非	fu⁵³	fu⁵³
0100	付	遇合三去遇非	fu³⁵	fu³⁵
0101	父	遇合三上麌奉	vu¹³	vu¹³
0102	武	遇合三上麌微	vu²³¹	vu²³¹
0103	雾	遇合三去遇微	vu²³¹	vu¹³
0104	取	遇合三上麌清	tɕʰi⁵³	tɕʰi⁵³
0105	柱	遇合三上麌澄	zʅ²³¹	zʅ²³¹
0106	住	遇合三去遇澄	zʅ¹³	zʅ¹³
0107	数动词	遇合三上麌生	səu⁵³	səu⁵³
0108	数名词	遇合三去遇生	səu³⁵	səu³⁵
0109	主	遇合三上麌章	tsʅ⁵³	tsʅ⁵³
0110	输	遇合三平虞书	sʅ⁵⁵	sʅ⁵⁵
0111	竖	遇合三上麌禅	zʅ²³¹	zʅ²³¹
0112	树	遇合三去遇禅	zʅ¹³	zʅ¹³
0113	句	遇合三去遇见	tɕi³⁵	tɕi³⁵
0114	区地~	遇合三平虞溪	tɕʰi⁵⁵	tɕʰi⁵⁵
0115	遇	遇合三去遇疑	ȵi⁵⁵	ȵi¹³
0116	雨	遇合三上麌云	i²³¹	i²³¹
0117	芋	遇合三去遇云	i³⁵	ʅ¹³
0118	裕	遇合三去遇以	i¹³	i²³¹
0119	胎	蟹开一平咍透	tʰε⁵⁵	tʰε⁵⁵
0120	台戏~	蟹开一平咍定	dε¹³	dε¹³
0121	袋	蟹开一去代定	dε¹³	dε¹³
0122	来	蟹开一平咍来	lε¹³	lε¹³

续表

编　号	单　字	音韵地位	老男音	青男音
0123	菜	蟹开一去代清	$tsʰɛ^{35}$	$tsʰɛ^{35}$
0124	财	蟹开一平咍从	$zɛ^{13}$	$zɛ^{13}$
0125	该	蟹开一平咍见	$kɛ^{55}$	ke^{53}
0126	改	蟹开一上海见	$kɛ^{53}$	ke^{53}
0127	开	蟹开一平咍溪	$kʰɛ^{55}$	$kʰe^{55}$
0128	海	蟹开一上海晓	$hɛ^{53}$	he^{53}
0129	爱	蟹开一去代影	$ɛ^{35}$	$ɛ^{35}$
0130	贝	蟹开一去泰帮	pei^{55}调殊	pe^{35}
0131	带动词	蟹开一去泰端	ta^{35}	ta^{35}
0132	盖动词	蟹开一去泰见	$kɛ^{35}$	ke^{35}
0133	害	蟹开一去泰匣	$ɛ^{13}$	$ɛ^{13}$
0134	拜	蟹开二去怪帮	pa^{35}	pa^{35}
0135	排	蟹开二平皆並	ba^{13}	ba^{13}
0136	埋	蟹开二平皆明	ma^{13}	ma^{13}
0137	戒	蟹开二去怪见	ka^{35}	ka^{35}
0138	摆	蟹开二上蟹帮	pa^{53}	pa^{53}
0139	派	蟹开二去卦滂	$pʰa^{35}$	$pʰa^{35}$
0140	牌	蟹开二平佳並	ba^{13}	ba^{13}
0141	买	蟹开二上蟹明	ma^{231}	ma^{231}
0142	卖	蟹开二去卦明	ma^{13}	ma^{13}
0143	柴	蟹开二平佳崇	za^{13}	za^{13}
0144	晒	蟹开二去卦生	so^{35}	so^{35}
0145	街	蟹开二平佳见	ka^{55}	ka^{55}
0146	解~开	蟹开二上蟹见	ga^{231}	ga^{231}

编 号	单 字	音韵地位	老男音	青男音
0147	鞋	蟹开二平佳匣	a^{13}	a^{13}
0148	蟹	蟹开二上蟹匣	ha^{53}	ha^{53}
0149	矮	蟹开二上蟹影	a^{53}	a^{53}
0150	败	蟹开二去夬並	ba^{13}	ba^{13}
0151	币	蟹开三去祭並	bi^{13}	bi^{13}
0152	制~造	蟹开三去祭章	$tsʅ^{35}$	$tsʅ^{35}$
0153	世	蟹开三去祭书	$sʅ^{35}$	$sʅ^{35}$
0154	艺	蟹开三去祭疑	$ȵi^{13}$	$ȵi^{13}$
0155	米	蟹开四上荠明	mi^{231}	mi^{231}
0156	低	蟹开四平齐端	ti^{55}	ti^{55}
0157	梯	蟹开四平齐透	$t^h i^{55}$	$t^h i^{55}$
0158	剃	蟹开四去霁透	$t^h i^{35}$	$t^h i^{35}$
0159	弟	蟹开四上荠定	di^{231}	di^{231}
0160	递	蟹开四去霁定	di^{13}	di^{13}
0161	泥	蟹开四平齐泥	$ȵi^{13}$	$ȵi^{13}$
0162	犁	蟹开四平齐来	li^{13}	li^{13}
0163	西	蟹开四平齐心	$ɕi^{55}$	$ɕi^{55}$
0164	洗	蟹开四上荠心	$ɕi^{53}$	$ɕi^{53}$
0165	鸡	蟹开四平齐见	$tɕi^{55}$	$tɕi^{55}$
0166	溪	蟹开四平齐溪	$tɕ^h i^{55}$	$ɕie\mathʔ^{5}$
0167	契	蟹开四去霁溪	$tɕ^h ie\mathʔ^{5}$ 音殊 $tɕ^h i^{53}$	$tɕ^h i^{35}$ $tɕ^h i^{53}$
0168	系联~	蟹开四去霁匣	$ɕi^{55}$ 调殊	$ɕi^{55}$ 调殊
0169	杯	蟹合一平灰帮	pei^{55}	pe^{55}

续表

编　号	单　字	音韵地位	老男音	青男音
0170	配	蟹合一去队滂	p^hei^{35}	p^he^{35}
0171	赔	蟹合一平灰並	bei^{13}	be^{13}
0172	背~诵	蟹合一去队並	bei^{13}	be^{13}
0173	煤	蟹合一平灰明	mei^{13}	me^{13}
0174	妹	蟹合一去队明	mei^{13}	me^{13}
0175	对	蟹合一去队端	tei^{35}	te^{35}
0176	雷	蟹合一平灰来	$lɯ^{13}$	le^{13}
0177	罪	蟹合一上贿从	zei^{231}	$zɛ^{231}$
0178	碎	蟹合一去队心	$sɛ^{35}$	$sɛ^{35}$
0179	灰	蟹合一平灰晓	hue^{55}	hue^{55}
0180	回	蟹合一平灰匣	ue^{13}	ue^{13}
0181	外	蟹合一去泰疑	ua^{13}	a^{13}白 ua^{13}文
0182	会开~	蟹合一去泰匣	ue^{13}	ue^{13}
0183	怪	蟹合二去怪见	kua^{35}	kua^{35}
0184	块	蟹合一去怪溪	k^hue^{35}	k^hue^{35}
0185	怀	蟹合二平皆匣	ua^{13}	ue^{13}
0186	坏	蟹合二去怪匣	ua^{35}	ua^{35}
0187	拐	蟹合二上蟹见	kua^{53}	kua^{53}
0188	挂	蟹合二去卦见	ko^{35}	ko^{35}
0189	歪	蟹合二平佳晓	hua^{55}	ua^{55}
0190	画	蟹合二去卦匣	o^{13}	o^{13}
0191	快	蟹合二去夬溪	k^hua^{35}	k^hua^{35}
0192	话	蟹合二去夬匣	o^{13}	o^{13}

编　号	单　字	音韵地位	老男音	青男音
0193	岁	蟹合三去祭心	sei³⁵	se³⁵
0194	卫	蟹合三去祭云	ue¹³	ue¹³
0195	肺	蟹合三去废敷	fi³⁵	fi³⁵
0196	桂	蟹合四去霁见	kue³⁵	kue³⁵
0197	碑	止开三平支帮	pei⁵⁵	pe⁵⁵
0198	皮	止开三平支並	bi¹³	bi¹³
0199	被~子	止开三上纸並	bi²³¹	bi²³¹
0200	紫	止开三上纸精	tsʅ⁵³	tsʅ⁵³
0201	刺	止开三去寘清	tsʰʅ³⁵	tsʰʅ³⁵
0202	知	止开三平支知	tsʅ⁵⁵	tsʅ⁵⁵
0203	池	止开三平支澄	zʅ¹³	zʅ¹³
0204	纸	止开三上纸章	tsʅ⁵³	tsʅ⁵³
0205	儿	止开三平支日	ŋ¹³白 əɯ¹³文	ŋ¹³白 ɚ¹³文
0206	寄	止开三去寘见	tɕi³⁵	tɕi³⁵
0207	骑	止开三平支群	dʑi¹³	dʑi¹³
0208	蚁	止开三上纸疑	ȵi¹³	ȵi¹³
0209	义	止开三去寘疑	ȵi³⁵	ȵi³⁵
0210	戏	止开三去寘晓	ɕi³⁵	ɕi³⁵
0211	移	止开三平支以	i¹³	i¹³
0212	比	止开三上旨帮	pi⁵³	pi⁵³
0213	屁	止开三去至滂	pʰi³⁵	pʰi³⁵
0214	鼻	止开三去至並	bieʔ²	bieʔ²
0215	眉	止开三平脂明	mi¹³	mi¹³

续表

编　号	单　字	音韵地位	老男音	青男音
0216	地	止开三去至定	di¹³	di¹³
0217	梨	止开三平脂来	li¹³	li¹³
0218	资	止开三平脂精	tsʅ⁵⁵	tsʅ⁵⁵
0219	死	止开三上旨心	ɕi⁵³	ɕi⁵³
0220	四	止开三去至心	sʅ³⁵	sʅ³⁵
0221	迟	止开三平脂澄	zʅ¹³	zʅ¹³
0222	师	止开三平脂生	sʅ⁵⁵	sʅ⁵⁵
0223	指	止开三上旨章	tsʅ⁵³	tsʅ⁵³
0224	二	止开三去至日	ȵi¹³白 əɯ¹³文	ȵi²³¹白 ɚ²³¹文
0225	饥~饿	止开三平脂见	tɕi⁵⁵	tɕi⁵⁵
0226	器	止开三去至溪	tɕʰi³⁵	tɕʰi³⁵
0227	姨	止开三平脂以	i¹³	i¹³
0228	李	止开三上止来	li²³¹	li²³¹
0229	子	止开三上止精	tsʅ⁵³	tsʅ⁵³
0230	字	止开三去志从	zʅ¹³	zʅ¹³
0231	丝	止开三平之心	sʅ⁵⁵	sʅ⁵⁵
0232	祠	止开三平之邪	dzʅ¹³	dzʅ¹³
0233	寺	止开三去志邪	zʅ¹³调殊	zʅ²³¹
0234	治	止开三去志澄	zʅ¹³	zʅ¹³
0235	柿	止开三上止崇	zʅ²³¹	zʅ²³¹
0236	事	止开三去志崇	zʅ¹³	zʅ¹³
0237	使	止开三上止生	sʅ⁵³	sʅ⁵³
0238	试	止开三去志书	sʅ³⁵	sʅ³⁵

续表

编　号	单　字	音韵地位	老男音	青男音
0239	时	止开三平之禅	$z\textrm{\char'322}^{13}$	$z\textrm{\char'322}^{13}$
0240	市	止开三上止禅	$z\textrm{\char'322}^{231}$	$z\textrm{\char'322}^{231}$
0241	耳	止开三上止日	$\textrm{\char'272}i^{231}$白 $\textrm{\char'601}\textrm{\char'614}^{231}$文	$\textrm{\char'272}i^{231}$白 $\textrm{\char'602}^{231}$文
0242	记	止开三去志见	$t\textrm{\char'255}i^{35}$	$t\textrm{\char'255}i^{35}$
0243	棋	止开三平之群	$d\textrm{\char'291}i^{13}$	$d\textrm{\char'291}i^{13}$
0244	喜	止开三上止晓	$\textrm{\char'255}i^{53}$	$\textrm{\char'255}i^{53}$
0245	意	止开三去志影	i^{35}	i^{35}
0246	几~个	止开三上尾见	$t\textrm{\char'255}i^{53}$	$t\textrm{\char'255}i^{53}$
0247	气	止开三去未溪	$t\textrm{\char'255}^{h}i^{35}$	$t\textrm{\char'255}^{h}i^{35}$
0248	希	止开三平微晓	$\textrm{\char'255}i^{55}$	$\textrm{\char'255}i^{55}$
0249	衣	止开三平微影	i^{55}	i^{55}
0250	嘴	止合三上纸精	$ts\textrm{\char'322}^{53}$	$ts\textrm{\char'322}^{53}$
0251	随	止合三平支邪	zei^{13}	ze^{13}
0252	吹	止合三平支昌	$ts^{h}\textrm{\char'322}^{55}$	$ts^{h}\textrm{\char'322}^{55}$
0253	垂	止合三平支禅	zei^{13}	ze^{13}
0254	规	止合三平支见	kue^{55}	kue^{55}
0255	亏	止合三平支溪	$t\textrm{\char'255}i^{55}$白 $k^{h}ue^{55}$文	$k^{h}ue^{55}$
0256	跪	止合三上纸群	$d\textrm{\char'291}i^{231}$	$d\textrm{\char'291}i^{231}$
0257	危	止合三平支疑	ue^{13}	ue^{13}
0258	类	止合三去至来	lei^{13}	le^{13}
0259	醉	止合三去至精	$tsei^{35}$	tse^{35}
0260	追	止合三平脂知	$tsei^{55}$	tse^{55}
0261	锤	止合三平脂澄	zei^{13}	ze^{13}

续表

编　号	单　字	音韵地位	老男音	青男音
0262	水	止合三上旨书	sɿ^{53}	sɿ^{53}
0263	龟	止合三平脂见	tɕi^{55}白 kue^{55}文	tɕi^{55}白 kue^{55}文
0264	季	止合三去至见	tɕi^{35}	tɕi^{35}
0265	柜	止合三去至群	dʑi^{13}白 gue^{13}文	dʑi^{13}白 gue^{13}文
0266	位	止合三去至云	ue^{13}	ue^{13}
0267	飞	止合三平微非	fi^{55}	fi^{55}
0268	费	止合三去未敷	fi^{35}	fi^{35}
0269	肥	止合三平微奉	bi^{13}白 vi^{13}文	bi^{13}白 vi^{13}文
0270	尾	止合三上尾微	mi^{231}白 vi^{231}文	mi^{231}白 vi^{231}文
0271	味	止合三去未微	mi^{13}白 vi^{13}文	vi^{13}
0272	鬼	止合三上尾见	tɕi^{53}白 kue^{53}文	tɕi^{53}白 kue^{53}文
0273	贵	止合三去未见	tɕi^{35}白 kue^{35}文	tɕi^{35}白 kue^{35}文
0274	围	止合三平微云	i^{13}白 ue^{13}文	i^{13}白 ue^{13}文
0275	胃	止合三去未云	ue^{13}	ue^{13}
0276	宝	效开一上晧帮	pɔ^{53}	pɔ^{53}
0277	抱	效开一上晧并	bɔ^{231}	bɔ^{231}
0278	毛	效开一平豪明	mɔ^{13}	mɔ^{13}
0279	帽	效开一去号明	mɔ^{13}	mɔ^{13}
0280	刀	效开一平豪端	tɔ^{55}	tɔ^{55}
0281	讨	效开一上晧透	tʰɔ^{53}	tʰɔ^{53}

编　号	单　字	音韵地位	老男音	青男音
0282	桃	效开一平豪定	$dɔ^{13}$	$dɔ^{13}$
0283	道	效开一上晧定	$dɔ^{231}$	$dɔ^{231}$
0284	脑	效开一上晧泥	$nɔ^{231}$	$nɔ^{231}$
0285	老	效开一上晧来	$lɔ^{231}$	$lɔ^{231}$
0286	早	效开一上晧精	$tsɔ^{53}$	$tsɔ^{53}$
0287	灶	效开一去号精	$tsɔ^{35}$	$tsɔ^{35}$
0288	草	效开一上晧清	$tsʰɔ^{53}$	$tsʰɔ^{53}$
0289	糙	效开一去号清	$tsʰɔ^{55}$	$tsʰɔ^{55}$
0290	造	效开一上晧从	$zɔ^{231}$	$zɔ^{231}$
0291	嫂	效开一上晧心	$sɔ^{53}$	$sɔ^{53}$
0292	高	效开一平豪见	$kɔ^{55}$	$kɔ^{55}$
0293	靠	效开一去号溪	$kʰɔ^{35}$	$kʰɔ^{35}$
0294	熬	效开一平豪疑	$ɔ^{13}$	$ɔ^{13}$
0295	好~坏	效开一上晧晓	$hɔ^{53}$	$hɔ^{53}$
0296	号名词	效开一去号匣	$ɔ^{13}$	$ɔ^{13}$
0297	包	效开二平肴帮	$pɔ^{55}$	$pɔ^{55}$
0298	饱	效开二上巧帮	$pɔ^{53}$	$pɔ^{53}$
0299	炮	效开二去效滂	$pʰɔ^{35}$	$pʰɔ^{35}$
0300	猫	效开二平肴明	$mɔ^{13}$	$mɔ^{55}$
0301	闹	效开二去效泥	$nɔ^{13}$	$nɔ^{13}$
0302	罩	效开二去效知	$tsɔ^{35}$	$tsɔ^{35}$
0303	抓用手~牌	效开二平肴庄	tsa^{55}	tsa^{55}
0304	找~零钱	效开二上巧庄	$tsɔ^{53}$	$tsɔ^{53}$
0305	抄	效开二平肴初	$tsʰɔ^{55}$	$tsʰɔ^{55}$

续表

编 号	单 字	音韵地位	老男音	青男音
0306	交	效开二平肴见	kɔ⁵⁵白 tɕiɔ³⁵文	kɔ⁵⁵白 tɕiɔ³⁵文
0307	敲	效开二平肴溪	kʰɔ⁵⁵	kʰɔ⁵⁵
0308	孝	效开二去效晓	hɔ³⁵白 ɕiɔ³⁵文	ɕɔ³⁵白 ɕiɔ³⁵文
0309	校学~	效开二去效匣	iɔ¹³	iɔ¹³
0310	表手~	效开三上小帮	piɔ⁵³	piɔ⁵³
0311	票	效开三去笑滂	pʰiɔ³⁵	pʰiɔ³⁵
0312	庙	效开三去笑明	miɔ¹³	miɔ¹³
0313	焦	效开三平宵精	tɕiɔ⁵⁵	tɕiɔ⁵⁵
0314	小	效开三上小心	ɕiɔ⁵³	ɕiɔ⁵³
0315	笑	效开三去笑心	ɕiɔ³⁵	ɕiɔ³⁵
0316	朝~代	效开三平宵澄	zɔ¹³	zɔ¹³
0317	照	效开三去笑章	tsɔ³⁵	tsɔ³⁵
0318	烧	效开三平宵书	sɔ⁵⁵	sɔ⁵⁵
0319	绕~线	效开三去笑日	ȵiɔ¹³	ȵiɔ¹³
0320	桥	效开三平宵群	dʑiɔ¹³	dʑiɔ¹³
0321	轿	效开三去笑群	dʑiɔ¹³	dʑiɔ¹³
0322	腰	效开三平宵影	iɔ⁵⁵	iɔ⁵⁵
0323	要重~	效开三去笑影	iɔ³⁵	iɔ³⁵
0324	摇	效开三平宵以	iɔ¹³	iɔ¹³
0325	鸟	效开四上筱端	tiɔ⁵³	tiɔ⁵³
0326	钓	效开四去啸端	tiɔ³⁵	tiɔ³⁵
0327	条	效开四平萧定	diɔ¹³	diɔ¹³
0328	料	效开四去啸来	liɔ¹³	liɔ¹³

续表

编　号	单　字	音韵地位	老男音	青男音
0329	箫	效开四平萧心	$\varepsilon i\mathfrak{d}^{55}$	$\varepsilon i\mathfrak{d}^{55}$
0330	叫	效开四去啸见	$t\varepsilon i\mathfrak{d}^{35}$	$t\varepsilon i\mathfrak{d}^{35}$
0331	母丈~,舅~	流开一上厚明	m^{231}	m^{231}
0332	抖	流开一上厚端	$t\mathfrak{u}^{53}$	$t\mathfrak{d}^{53}$
0333	偷	流开一平侯透	$t^{h}\mathfrak{u}^{55}$	$t^{h}\mathfrak{d}^{55}$
0334	头	流开一平侯定	$d\mathfrak{u}^{13}$	$d\mathfrak{d}^{13}$
0335	豆	流开一去候定	$d\mathfrak{u}^{13}$	$d\mathfrak{d}^{13}$
0336	楼	流开一平侯来	$l\mathfrak{u}^{13}$	$l\mathfrak{d}^{13}$
0337	走	流开一上厚精	$ts\mathfrak{u}^{53}$	$ts\mathfrak{d}^{53}$
0338	凑	流开一去候清	$ts^{h}\mathfrak{u}^{35}$	$ts^{h}\mathfrak{d}^{35}$
0339	钩	流开一平侯见	$k\mathfrak{u}^{55}$	$k\mathfrak{d}^{55}$
0340	狗	流开一上厚见	$k\mathfrak{u}^{53}$	$k\mathfrak{d}^{53}$
0341	够	流开一去候见	$k\mathfrak{u}^{35}$	$k\mathfrak{d}^{35}$
0342	口	流开一上厚溪	$k^{h}\mathfrak{u}^{53}$	$k\mathfrak{d}^{53}$
0343	藕	流开一上厚疑	$\mathfrak{u}^{231}$	$\mathfrak{d}^{231}$
0344	后前~	流开一上厚匣	$\mathfrak{u}^{231}$	$\mathfrak{d}^{231}$
0345	厚	流开一上厚匣	$\mathfrak{u}^{231}$	$\mathfrak{d}^{231}$
0346	富	流开三去宥非	fu^{35}	fu^{35}
0347	副	流开三去宥敷	fu^{35}	fu^{35}
0348	浮	流开三平尤奉	vu^{13}	vu^{13}
0349	妇	流开三上有奉	vu^{13}	vu^{13}
0350	流	流开三平尤来	$l\mathfrak{u}^{13}$	$l\mathfrak{d}^{13}$
0351	酒	流开三上有精	$ts\mathfrak{u}^{53}$	$t\varepsilon i\mathfrak{d}^{53}$
0352	修	流开三平尤心	$s\mathfrak{u}^{55}$	$\varepsilon i\mathfrak{d}^{55}$

续表

编　号	单　字	音韵地位	老男音	青男音
0353	袖	流开三去宥邪	zəɯ¹³	zə¹³白 dʑiə¹³文
0354	抽	流开三平尤彻	tsʰəɯ⁵⁵	tsʰə⁵⁵
0355	绸	流开三平尤澄	zəɯ¹³	zə¹³
0356	愁	流开三平尤崇	zəɯ¹³	zə¹³
0357	瘦	流开三去宥生	səɯ³⁵	sə³⁵
0358	州	流开三平尤章	tsəɯ⁵⁵	tsə⁵⁵
0359	臭香~	流开三去宥昌	tsʰəɯ³⁵	tsʰə³⁵
0360	手	流开三上有书	səɯ⁵³	sə⁵³
0361	寿	流开三去宥禅	zəɯ¹³	zə¹³
0362	九	流开三上有见	tɕiəɯ⁵³	tɕiə⁵³
0363	球	流开三平尤群	dʑiəɯ¹³	dʑiə¹³
0364	舅	流开三上有群	dʑiəɯ²³¹	dʑiə²³¹
0365	旧	流开三去宥群	dʑiəɯ¹³	dʑiə¹³
0366	牛	流开三平尤疑	ȵiəɯ¹³	ȵiə¹³
0367	休	流开三平尤晓	ɕiəɯ⁵⁵	ɕiə⁵⁵
0368	优	流开三平尤影	iəɯ⁵⁵	iə⁵⁵
0369	有	流开三上有云	iəɯ²³¹	iə²³¹
0370	右	流开三去宥云	iəɯ³⁵	iə³⁵
0371	油	流开三平尤以	iəɯ¹³	iə¹³
0372	丢	流开三平幽端	tiəɯ⁵⁵	tə⁵⁵
0373	幼	流开三去幼影	iəɯ³⁵	iə³⁵
0374	贪	咸开一平覃透	tʰei⁵⁵	tʰe⁵⁵
0375	潭	咸开一平覃定	dɛ³⁵	dɛ³⁵

续表

编 号	单 字	音韵地位	老男音	青男音
0376	南	咸开一平覃泥	nei^{13}	ne^{13}
0377	蚕	咸开一平覃从	zei^{13}	ze^{13}
0378	感	咸开一上感见	kei^{53}	ke^{53}
0379	含～一口水	咸开一平覃匣	ɛ^{13}	e^{13}
0380	暗	咸开一去勘影	ei^{35}	e^{35}
0381	搭	咸开一入合端	taʔ^{5}	taʔ^{5}
0382	踏	咸开一入合透	daʔ^{2}	daʔ^{2}
0383	拉	咸开一入合来	la^{55}	la^{55}
0384	杂	咸开一入合从	zaʔ^{2}	zaʔ^{2}
0385	鸽	咸开一入合见	kəʔ^{5}	kəʔ^{5}
0386	盒	咸开一入合匣	aʔ^{2}	aʔ^{2}
0387	胆	咸开一上敢端	tɛ^{53}	tɛ^{53}
0388	毯	咸开一上敢透	t^{h}ɛ^{53}	t^{h}ɛ^{53}
0389	淡	咸开一上敢定	dɛ^{231}	dɛ^{231}
0390	蓝	咸开一平谈来	lɛ^{13}	lɛ^{13}
0391	三	咸开一平谈心	sɛ^{55}	sɛ^{55}
0392	甘	咸开一平谈见	kei^{55}	ke^{55}
0393	敢	咸开一上敢见	kei^{53}	ke^{53}
0394	喊	咸开一上敢晓	hɛ^{35}调殊	hɛ^{35}调殊
0395	塔	咸开一入盍透	t^{h}aʔ^{5}	t^{h}aʔ^{5}
0396	蜡	咸开一入盍来	laʔ^{2}	laʔ^{2}
0397	赚	咸开二去陷澄	zɛ^{231}	zɛ^{231}
0398	杉～木	咸开二平咸生	sɛ^{55}	sɛ^{55}
0399	减	咸开二上豏见	kɛ^{53}	kɛ^{53}

续表

编　号	单　字	音韵地位	老男音	青男音
0400	咸~淡	咸开二平咸匣	ɛ¹³	ɛ¹³
0401	插	咸开二入洽初	tsʰaʔ⁵	tsʰaʔ⁵
0402	闸	咸开二入洽崇	zaʔ²	zaʔ²
0403	夹~子	咸开二入洽见	kaʔ⁵	kaʔ⁵
0404	衫	咸开二平衔生	sɛ⁵⁵	sɛ⁵⁵
0405	监	咸开二平衔见	kɛ⁵⁵	kɛ⁵⁵
0406	岩	咸开二平衔疑	ɛ¹³	ɛ¹³
0407	甲	咸开二入狎见	tɕiaʔ⁵	tɕiaʔ⁵
0408	鸭	咸开二入狎影	aʔ⁵	aʔ⁵
0409	黏~液	咸开三平盐泥	ȵie⁵⁵	ȵie⁵⁵
0410	尖	咸开三平盐精	tɕie⁵⁵	tɕie⁵⁵
0411	签~名	咸开三平盐清	tɕʰie⁵⁵	tɕʰie⁵⁵
0412	占~领	咸开三去艳章	tsei³⁵	tsɛ³⁵
0413	染	咸开三上琰日	ȵie²³¹	ȵie²³¹
0414	钳	咸开三平盐群	dʑie¹³	dʑie¹³
0415	验	咸开三去艳疑	ȵiɛ¹³	ȵiɛ¹³
0416	险	咸开三上琰晓	ɕie⁵³	ɕie⁵³
0417	厌	咸开三去艳影	ie³⁵	ie³⁵
0418	炎	咸开三平盐云	ie¹³	ie¹³
0419	盐	咸开三平盐以	ie¹³	ie¹³
0420	接	咸开三入叶精	tɕieʔ⁵	tɕieʔ⁵
0421	折~叠	山开三入叶章	tsəʔ⁵	tsəʔ⁵
0422	叶树~	咸开三入叶以	ieʔ²	ieʔ²
0423	剑	咸开三去酽见	tɕie³⁵	tɕie³⁵

续表

编　号	单　字	音韵地位	老男音	青男音
0424	欠	咸开三去酽溪	tɕʰie³⁵	tɕʰie³⁵
0425	严	咸开三平严疑	ȵie¹³	ȵie¹³
0426	业	咸开三入业疑	ȵieʔ²	ieʔ²
0427	点	咸开四上忝端	tie⁵³	tie⁵³
0428	店	咸开四去㮇端	tie³⁵	tie³⁵
0429	添	咸开四平添透	tʰie⁵⁵	tʰie⁵⁵
0430	甜	咸开四平添定	die¹³	die¹³
0431	念	咸开四去㮇泥	ȵiɛ¹³～佛	ȵiɛ¹³～佛
0432	嫌	咸开四平添匣	ie¹³	ie¹³
0433	跌	咸开四入帖端	tieʔ⁵	tieʔ⁵
0434	贴	咸开四入帖透	tʰiaʔ⁵	tʰiaʔ⁵
0435	碟	咸开四入帖定	diaʔ²	diaʔ²
0436	协	咸开四入帖匣	iaʔ²	iaʔ²
0437	犯	咸合三上范奉	vɛ²³¹	vɛ²³¹
0438	法	咸合三入乏非	faʔ⁵	faʔ⁵
0439	品	深开三上寝滂	pʰiŋ⁵³	pʰiŋ⁵³
0440	林	深开三平侵来	liŋ¹³	liŋ¹³
0441	浸	深开三去沁精	tɕiŋ³⁵	tɕiŋ³⁵
0442	心	深开三平侵心	ɕiŋ⁵⁵	ɕiŋ⁵⁵
0443	寻	深开三平侵邪	dʑiŋ¹³	dʑiŋ¹³
0444	沉	深开三平侵澄	zəŋ¹³	zəŋ¹³
0445	参人～	咸开一平侵生	səŋ⁵⁵	səŋ⁵⁵
0446	针	深开三平侵章	tsəŋ⁵⁵	tsəŋ⁵⁵
0447	深	深开三平侵书	səŋ⁵⁵	səŋ⁵⁵

续表

编　号	单　字	音韵地位	老男音	青男音
0448	任责~	深开三去沁日	zəŋ¹³	zəŋ¹³
0449	金	深开三平侵见	tɕiŋ⁵⁵	tɕiŋ⁵⁵
0450	琴	深开三平侵群	dziŋ¹³	dziŋ¹³
0451	音	深开三平侵影	iŋ⁵⁵	iŋ⁵⁵
0452	立	深开三入缉来	lieʔ²	lieʔ²
0453	集	深开三入缉从	dzieʔ²	dzieʔ²
0454	习	深开三入缉邪	dzieʔ²	dzieʔ²
0455	汁	深开三入缉章	tsəʔ⁵	tsəʔ⁵
0456	十	深开三入缉禅	zəʔ²	zəʔ²
0457	入	深开三入缉日	zəʔ²	zəʔ²
0458	急	深开三入缉见	tɕieʔ⁵	tɕieʔ⁵
0459	及	深开三入缉群	dzieʔ²	dzieʔ²
0460	吸	深开三入缉晓	ɕieʔ⁵	ɕieʔ⁵
0461	单简~	山开一平寒端	tɛ⁵⁵	tɛ⁵⁵
0462	炭	山开一去翰透	thɛ³⁵	thɛ³⁵
0463	弹~琴	山开一平寒定	dɛ¹³	dɛ¹³
0464	难~易	山开一平寒泥	nɛ¹³	nɛ¹³
0465	兰	山开一平寒来	lɛ¹³	lɛ¹³
0466	懒	山开一上旱来	lɛ²³¹	lɛ²³¹
0467	烂	山开一去翰来	lɛ¹³	lɛ¹³
0468	伞	山开一上旱心	sɛ³⁵ 调殊	sɛ³⁵ 调殊
0469	肝	山开一平寒见	kei⁵⁵	ke⁵⁵
0470	看~见	山开一去翰溪	khei³⁵	khe³⁵
0471	岸	山开一去翰疑	ei¹³	e¹³

续表

编 号	单 字	音韵地位	老男音	青男音
0472	汉	山开一去翰晓	hei^{35}	he^{35}
0473	汗	山开一去翰匣	ei^{13}	e^{13}
0474	安	山开一平寒影	ei^{55}	e^{55}
0475	达	山开一入曷定	da^{2}	da^{2}
0476	辣	山开一入曷来	la^{2}	la^{2}
0477	擦	山开一入曷清	ts^{h}a^{5}	ts^{h}a^{5}
0478	割	山开一入曷见	kə^{5}	kə^{5}
0479	渴	山开一入曷溪	k^{h}ə^{5}	k^{h}ə^{5}
0480	扮	山开二去裥帮	pɛ^{35}	pɛ^{35}
0481	办	山开二去裥並	bɛ^{13}	bɛ^{13}
0482	铲	山开二上产初	ts^{h}ɛ^{53}	ts^{h}ɛ^{53}
0483	山	山开二平山生	sɛ^{55}	sɛ^{55}
0484	产~妇	山开二上产生	ts^{h}ɛ^{53}	ts^{h}ɛ^{53}
0485	间房~,一~房	山开二平山见	kɛ^{55}	kɛ^{55}
0486	眼	山开二上产疑	ɛ^{231}	ɛ^{231}
0487	限	山开二上产匣	ɛ^{53}	ɛ^{231}
0488	八	山开二入黠帮	po^{5}	pa^{5}
0489	扎	山开二入黠庄	tsa^{5}	tsa^{5}
0490	杀	山开二入黠生	sa^{5}	sa^{5}
0491	班	山开二平删帮	pɛ^{55}	pɛ^{55}
0492	板	山开二上潸帮	pɛ^{53}	pɛ^{53}
0493	慢	山开二去谏明	mɛ^{35}	mɛ^{35}
0494	奸	山开二平删见	kɛ^{55}	kɛ^{55}
0495	颜	山开二平删疑	ɛ^{13}	ɛ^{13}

续表

编 号	单 字	音韵地位	老男音	青男音
0496	瞎	山开二入辖晓	həʔ⁵	haʔ⁵
0497	变	山开三去线帮	pie³⁵	pie³⁵
0498	骗欺~	山开三去线滂	pʰie³⁵	pʰie³⁵
0499	便方~	山开三去线并	bie¹³	bie¹³
0500	棉	山开三平仙明	mie¹³	mie¹³
0501	面~孔	山开三去线明	mie¹³	mie¹³
0502	连	山开三平仙来	lie¹³	lie¹³
0503	剪	山开三上狝精	tɕie⁵³	tɕie⁵³
0504	浅	山开三上狝清	tɕʰie⁵³	tɕʰie⁵³
0505	钱	山开三平仙从	dzie¹³	dzie¹³
0506	鲜	山开三平仙心	ɕie⁵⁵	ɕie⁵⁵
0507	线	山开三去线心	ɕie³⁵	ɕie³⁵
0508	缠	山开三平仙澄	zei²³¹	ze¹³
0509	战	山开三去线章	tsei³⁵	tse³⁵
0510	扇名词	山开三去线书	sei³⁵	se³⁵
0511	善	山开三上狝禅	zei²³¹	ze²³¹
0512	件	山开三上狝群	dzie²³¹	dzie¹³
0513	延	山开三平仙以	ie¹³	ie¹³
0514	别~人	山开三入薛帮	bieʔ²	bieʔ²
0515	灭	山开三入薛明	mieʔ²	mieʔ²
0516	列	山开三入薛来	lieʔ²	lieʔ²
0517	撤	山开三入薛彻	tsʰəʔ⁵	tsʰaʔ⁵
0518	舌	山开三入薛船	zəʔ²	zəʔ²
0519	设	山开三入薛书	səʔ⁵	səʔ⁵

编　号	单　字	音韵地位	老男音	青男音
0520	热	山开三入薛日	ȵie?²	ȵie?²
0521	杰	山开三入薛群	dʑie?²	dʑie?²
0522	孽	山开三入薛疑	ȵie?²	ȵie?²
0523	建	山开三去愿见	tɕie³⁵	tɕie³⁵
0524	健	山开三去愿群	dʑie¹³	dʑie¹³
0525	言	山开三平元疑	ie¹³	ie¹³
0526	歇	山开三入月晓	ɕie?⁵	ɕie?⁵
0527	扁	山开四上铣帮	pie⁵³	pie⁵³
0528	片	山开四去霰滂	pʰie³⁵	pʰie³⁵
0529	面~条	山开四去霰明	mie¹³	mie¹³
0530	典	山开四上铣端	tie⁵³	tie⁵³
0531	天	山开四平先透	tʰie⁵⁵	tʰie⁵⁵
0532	田	山开四平先定	die¹³	die¹³
0533	垫	山开四去霰定	die¹³	die¹³
0534	年	山开四平先泥	ȵie¹³	ȵie¹³
0535	莲	山开四平先来	lie¹³	lie¹³
0536	前	山开四平先从	dʑie¹³	dʑie¹³
0537	先	山开四平先心	ɕie⁵⁵	ɕie⁵⁵
0538	肩	山开四平先见	tɕie⁵⁵	tɕie⁵⁵
0539	见	山开四去霰见	tɕie³⁵	tɕie³⁵
0540	牵	山开四平先溪	tɕʰie⁵⁵	tɕʰie⁵⁵
0541	显	山开四上铣晓	ɕie³⁵	ɕie⁵³
0542	现	山开四去霰匣	ie¹³	ie¹³
0543	烟	山开四平先影	ie⁵⁵	ie⁵⁵

续表

编　号	单　字	音韵地位	老男音	青男音
0544	憋	山开四入屑帮	pieʔ⁵	pieʔ⁵
0545	篾	山开四入屑明	mieʔ²	mieʔ²
0546	铁	山开四入屑透	tʰieʔ⁵	tʰieʔ⁵
0547	捏	山开四入屑泥	ȵiaʔ²	ȵiaʔ²
0548	节	山开四入屑精	tɕieʔ⁵	tɕieʔ⁵
0549	切 动词	山开四入屑清	tɕʰieʔ⁵	tɕʰieʔ⁵
0550	截	山开四入屑从	dzieʔ²	dzieʔ²
0551	结	山开四入屑见	tɕieʔ⁵	tɕieʔ⁵
0552	搬	山合一平桓帮	pei⁵⁵	pe⁵⁵
0553	半	山合一去换帮	pei³⁵	pe³⁵
0554	判	山合一去换滂	pʰei³⁵	pʰe³⁵
0555	盘	山合一平桓並	bei¹³	be¹³
0556	满	山合一上缓明	mei²³¹	me²³¹
0557	端～午	山合一平桓端	tei⁵⁵	te⁵⁵
0558	短	山合一上缓端	tei⁵³	te⁵³
0559	断绳～了	山合一上缓定	dei²³¹	de²³¹
0560	暖	山合一上缓泥	nei²³¹	ne²³¹
0561	乱	山合一去换来	lei¹³	le¹³
0562	酸	山合一平桓心	sei⁵⁵	se⁵⁵
0563	算	山合一去换心	sei³⁵	se³⁵
0564	官	山合一平桓见	kue⁵⁵	kue⁵⁵
0565	宽	山合一平桓溪	kʰue⁵⁵	kʰue⁵⁵
0566	欢	山合一平桓晓	hue⁵⁵	hue⁵⁵
0567	完	山合一平桓匣	ue¹³	ue¹³

续表

编 号	单 字	音韵地位	老男音	青男音
0568	换	山合一去换匣	ue^{35}	ue^{35}
0569	碗	山合一上缓影	ue^{53}	ue^{53}
0570	拨	山合一入末帮	pəʔ^{5}	poʔ^{5}
0571	泼	山合一入末滂	pʰəʔ^{5}	pʰoʔ^{5}
0572	末	山合一入末明	məʔ^{2}	moʔ^{2}
0573	脱	山合一入末透	tʰəʔ^{5}	tʰəʔ^{5}
0574	夺	山合一入末定	dəʔ^{2}	dəʔ^{2}
0575	阔	山合一入末溪	kʰuəʔ^{5}	kʰoʔ^{5}
0576	活	山合一入末匣	uəʔ^{2}	uaʔ^{2}
0577	顽~皮,~固	山合二平山疑	ue^{13}	ue^{13}
0578	滑	山合二入黠匣	uaʔ^{2}	uaʔ^{2}
0579	挖	山合二入黠影	uaʔ^{5}	uaʔ^{5}
0580	闩	山合二平删生	sei^{55}	se^{55}
0581	关~门	山合二平删见	kuɛ^{55}	kuɛ^{55}
0582	惯	山合二去谏见	kuɛ^{35}	kuɛ^{35}
0583	还动词	山合二平删匣	uɛ^{13}	uɛ^{13}
0584	还副词	山合二平删匣	ɛ^{13}	ɛ^{13}
0585	弯	山合二平删影	uɛ^{55}	uɛ^{55}
0586	刷	山合二入辖生	səʔ^{5}	səʔ^{5}
0587	刮	山合二入辖见	kuaʔ^{5}	kuaʔ^{5}
0588	全	山合三平仙从	dzie^{13}	dzie^{13}
0589	选	山合三上狝心	ɕie^{53}	ɕie^{53}
0590	转~眼,~送	山合三上狝知	tsɛ^{53}	tsɛ^{53}
0591	传~下来	山合三平仙澄	zei^{13}	ze^{13}

续表

编　号	单　字	音韵地位	老男音	青男音
0592	传~记	山合三去线澄	zei¹³	ze¹³
0593	砖	山合三平仙章	tsei⁵⁵	tse⁵⁵
0594	船	山合三平仙船	zei¹³	ze¹³
0595	软	山合三上狝日	ȵie²³¹	ȵie²³¹
0596	卷~起	山合三上狝见	tɕie⁵³	tɕie⁵³
0597	圈圆~	山合三平仙溪	tɕʰie⁵⁵	tɕʰie⁵⁵
0598	权	山合三平仙群	dʑie¹³	dʑie¹³
0599	圆	山合三平仙云	ie¹³	ie¹³
0600	院	山合三去线云	ie³⁵	ie³⁵
0601	铅~笔	山合三平仙以	kʰɛ⁵⁵ 音殊	kʰɛ⁵⁵ 音殊
0602	绝	山合三入薛从	dʑieʔ²	dʑieʔ²
0603	雪	山合三入薛心	ɕieʔ⁵	ɕieʔ⁵
0604	反	山合三上阮非	fɛ⁵³	fɛ⁵³
0605	翻	山合三平元敷	fɛ⁵⁵	fɛ⁵⁵
0606	饭	山合三去愿奉	vɛ¹³	vɛ¹³
0607	晚	山合三上阮微	mɛ²³¹白 vɛ²³¹文	mɛ²³¹白 vɛ²³¹文
0608	万麻将牌	山合三去愿微	vɛ¹³	vɛ¹³
0609	劝	山合三去愿溪	tɕʰie³⁵	tɕʰie³⁵
0610	原	山合三平元疑	ȵie¹³	ȵie¹³
0611	冤	山合三平元影	ie⁵⁵	ie⁵⁵
0612	园	山合三平元云	ie¹³	ie¹³
0613	远	山合三上阮云	ie²³¹	ie²³¹
0614	发头~	山合三入月非	faʔ⁵	faʔ⁵

续表

编　号	单　字	音韵地位	老男音	青男音
0615	罚	山合三入月奉	va?²	va?²
0616	袜	山合三入月微	ma?²	ma?²
0617	月	山合三入月疑	io?²	io?²
0618	越	山合三入月云	io?²	io?²
0619	县	山合四去霰匣	ie¹³	ie¹³
0620	决	山合四入屑见	tɕio?⁵	tɕio?⁵
0621	缺	山合四入屑溪	tɕʰio?⁵	tɕʰio?⁵
0622	血	山合四入屑晓	ɕio?⁵	ɕio?⁵
0623	吞	臻开一平痕透	tʰəŋ⁵³	tʰəŋ⁵³
0624	根	臻开一平痕见	kəŋ⁵⁵	kəŋ⁵⁵ kã̃⁵⁵ 量词
0625	恨	臻开一去恨匣	əŋ¹³	əŋ¹³
0626	恩	臻开一平痕影	əŋ⁵⁵	əŋ⁵⁵
0627	贫	臻开三平真並	biŋ¹³	biŋ¹³
0628	民	臻开三平真明	miŋ¹³	miŋ¹³
0629	邻	臻开三平真来	liŋ¹³	liŋ¹³
0630	进	臻开三去震精	tɕiŋ³⁵	tɕiŋ³⁵
0631	亲~人	臻开三平真清	tɕʰiŋ⁵⁵	tɕʰiŋ⁵⁵
0632	新	臻开三平真心	ɕiŋ⁵⁵	ɕiŋ⁵⁵
0633	镇	臻开三去震知	tsəŋ³⁵	tsəŋ³⁵
0634	陈	臻开三平真澄	zəŋ¹³	zəŋ¹³
0635	震	臻开三去震章	tsəŋ³⁵	tsəŋ³⁵
0636	神	臻开三平真船	zəŋ¹³	zəŋ¹³
0637	身	臻开三平真书	səŋ⁵⁵	səŋ⁵⁵

续表

编　号	单　字	音韵地位	老男音	青男音
0638	辰	臻开三平真禅	zəŋ¹³	zəŋ¹³
0639	人	臻开三平真日	n̠iŋ¹³白 zəŋ¹³文	n̠iŋ¹³白 zəŋ¹³文
0640	认	臻开三去震日	n̠iŋ¹³白 zəŋ¹³文	n̠iŋ¹³
0641	紧	臻开三上轸见	tɕiŋ⁵³	tɕiŋ⁵³
0642	银	臻开三平真疑	n̠iŋ¹³	n̠iŋ¹³
0643	印	臻开三去震影	iŋ³⁵	iŋ³⁵
0644	引	臻开三上轸以	iŋ²³¹	iŋ²³¹
0645	笔	臻开三入质帮	pieʔ⁵	pieʔ⁵
0646	匹	臻开三入质滂	pʰieʔ⁵	pʰieʔ⁵
0647	密	臻开三入质明	mieʔ²	mieʔ²
0648	栗	臻开三入质来	lieʔ²	lieʔ²
0649	七	臻开三入质清	tɕʰieʔ⁵	tɕʰieʔ⁵
0650	侄	臻开三入质澄	zəʔ²	zəʔ²
0651	虱	臻开三入质生	səʔ⁵	səʔ⁵
0652	实	臻开三入质船	zəʔ²	zəʔ²
0653	失	臻开三入质书	səʔ⁵	səʔ⁵
0654	日	臻开三入质日	n̠ieʔ²白 zəʔ²文	n̠ieʔ²白 zəʔ²文
0655	吉	臻开三入质见	tɕieʔ⁵	tɕieʔ⁵
0656	一	臻开三入质影	ieʔ⁵	ieʔ⁵
0657	筋	臻开三平殷见	tɕiŋ⁵⁵	tɕiŋ⁵⁵
0658	劲有~	臻开三去焮见	dʑiŋ¹³	dʑiŋ¹³
0659	勤	臻开三平殷群	dʑiŋ¹³	dʑiŋ¹³

续表

编　号	单　字	音韵地位	老男音	青男音
0660	近	臻开三上隐群	dʑiŋ²³¹	dʑiŋ²³¹
0661	隐	臻开三上隐影	iŋ⁵³	iŋ²³¹
0662	本	臻合一上混帮	pəŋ⁵³	pəŋ⁵³
0663	盆	臻合一平魂並	bəŋ¹³	bəŋ¹³
0664	门	臻合一平魂明	məŋ¹³	məŋ¹³
0665	墩	臻合一平魂端	təŋ⁵⁵	təŋ⁵⁵
0666	嫩	臻合一去恩泥	ləŋ¹³	nəŋ¹³
0667	村	臻合一平魂清	tsʰəŋ⁵⁵	tsʰəŋ⁵⁵
0668	寸	臻合一去恩清	tsʰəŋ³⁵	tsʰəŋ³⁵
0669	蹲	臻合一平魂从	təŋ⁵⁵	təŋ⁵⁵
0670	孙~子	臻合一平魂心	səŋ⁵⁵	səŋ⁵⁵
0671	滚	臻合一上混见	kuəŋ⁵³	kuəŋ⁵³
0672	困	臻合一去恩溪	kʰuəŋ³⁵	kʰuəŋ³⁵
0673	婚	臻合一平魂晓	huəŋ⁵⁵	huəŋ⁵⁵
0674	魂	臻合一平魂匣	uəŋ¹³	uəŋ¹³
0675	温	臻合一平魂影	uəŋ⁵⁵	uəŋ⁵⁵
0676	卒棋子	臻合一入没精	tsəʔ⁵	tsəʔ⁵
0677	骨	臻合一入没见	koʔ⁵	koʔ⁵
0678	轮	臻合三平谆来	ləŋ¹³	ləŋ¹³
0679	俊	臻合三去稕精	tɕiŋ³⁵	tɕiŋ³⁵
0680	笋	臻合三上准心	səŋ⁵³	səŋ⁵³
0681	准	臻合三上准章	tsəŋ⁵³	tsəŋ⁵³
0682	春	臻合三平谆昌	tsʰəŋ⁵⁵	tsʰəŋ⁵⁵
0683	唇	臻合三平谆船	zəŋ¹³	zəŋ¹³

续表

编　号	单　字	音韵地位	老男音	青男音
0684	顺	臻合三去稕船	zəŋ¹³	zəŋ¹³
0685	纯	臻合三平谆禅	zəŋ¹³	zəŋ¹³
0686	闰	臻合三去稕日	zəŋ¹³	zəŋ¹³
0687	均	臻合三平谆见	tɕiŋ⁵⁵	tɕiŋ⁵⁵
0688	匀	臻合三平谆以	iŋ¹³	iŋ¹³
0689	律	臻合三入术来	lieʔ²	lieʔ²
0690	出	臻合三入术昌	tsʰəʔ⁵	tsʰəʔ⁵
0691	橘	臻合三入术见	tɕioʔ⁵	tɕioʔ⁵
0692	分动词	臻合三平文非	fəŋ⁵⁵	fəŋ⁵⁵
0693	粉	臻合三上吻非	fəŋ⁵³	fəŋ⁵³
0694	粪	臻合三去问非	fəŋ³⁵	fəŋ³⁵
0695	坟	臻合三平文奉	vəŋ¹³	vəŋ¹³
0696	蚊	臻合三平文微	məŋ¹³	məŋ¹³
0697	问	臻合三去问微	məŋ¹³白 vəŋ¹³文	məŋ¹³白 vəŋ¹³文
0698	军	臻合三平文见	tɕiŋ⁵⁵	tɕiŋ⁵⁵
0699	裙	臻合三平文群	dʑiŋ¹³	dʑiŋ¹³
0700	熏	臻合三平文晓	ɕiŋ⁵⁵	ɕiŋ⁵⁵
0701	云~彩	臻合三平文云	iŋ¹³	iŋ¹³
0702	运	臻合三去问云	iŋ³⁵	iŋ³⁵
0703	佛~像	臻合三入物奉	vəʔ²	voʔ²
0704	物	臻合三入物微	vəʔ²	vəʔ²
0705	帮	宕开一平唐帮	pã⁵⁵	pã⁵⁵
0706	忙	宕开一平唐明	mã̃¹³	mã̃¹³

编　号	单　字	音韵地位	老男音	青男音
0707	党	宕开一上荡端	$t\tilde{a}^{53}$	$t\tilde{a}^{53}$
0708	汤	宕开一平唐透	$t^h\tilde{a}^{55}$	$t^h\tilde{a}^{55}$
0709	糖	宕开一平唐定	$d\tilde{a}^{13}$	$d\tilde{a}^{13}$
0710	浪	宕开一去宕来	$l\tilde{a}^{13}$	$l\tilde{a}^{13}$
0711	仓	宕开一平唐清	$ts^h\tilde{a}^{55}$	$ts^h\tilde{a}^{55}$
0712	钢 名词	宕开一平唐见	$ku\tilde{a}^{55}$	$k\tilde{a}^{55}$
0713	糠	宕开一平唐溪	$k^h\tilde{a}^{55}$	$k^h\tilde{a}^{55}$
0714	薄 形容词	宕开一入铎並	$bo\textipa{P}^{2}$	$bo\textipa{P}^{2}$
0715	摸	宕开一入铎明	$mo\textipa{P}^{2}$	$mo\textipa{P}^{2}$
0716	托	宕开一入铎透	$t^ho\textipa{P}^{5}$	$t^ho\textipa{P}^{5}$
0717	落	宕开一入铎来	$lo\textipa{P}^{2}$	$lo\textipa{P}^{2}$
0718	作	宕开一入铎精	$tso\textipa{P}^{5}$	$tso\textipa{P}^{5}$
0719	索	宕开一入铎心	$so\textipa{P}^{5}$	$so\textipa{P}^{5}$
0720	各	宕开一入铎见	$ko\textipa{P}^{5}$	$ko\textipa{P}^{5}$
0721	鹤	宕开一入铎匣	$o\textipa{P}^{2}$	$o\textipa{P}^{2}$
0722	恶 形容词,入声	宕开一入铎影	$o\textipa{P}^{5}$	$o\textipa{P}^{5}$
0723	娘	宕开三平阳泥	$\textipa{n}i\tilde{a}^{13}$	$\textipa{n}i\tilde{a}^{13}$
0724	两 斤~	宕开三上养来	$li\tilde{a}^{231}$	$li\tilde{a}^{231}$
0725	亮	宕开三去漾来	$li\tilde{a}^{13}$	$li\tilde{a}^{13}$
0726	浆	宕开三平阳精	$t\textctc i\tilde{a}^{55}$	$t\textctc i\tilde{a}^{55}$
0727	抢	宕开三上养清	$t\textctc^h i\tilde{a}^{53}$	$t\textctc^h i\tilde{a}^{53}$
0728	匠	宕开三去漾从	$d\textctz i\tilde{a}^{231}$	$t\textctc i\tilde{a}^{231}$
0729	想	宕开三上养心	$\textctc i\tilde{a}^{53}$	$\textctc i\tilde{a}^{53}$
0730	像	宕开三上养邪	$d\textctz i\tilde{a}^{231}$	$d\textctz i\tilde{a}^{231}$

续表

编　号	单　字	音韵地位	老男音	青男音
0731	张量词	宕开三平阳知	tsɑ̃⁵⁵	tsɑ̃⁵⁵
0732	长～短	宕开三平阳澄	zɑ̃¹³	zɑ̃¹³
0733	装	宕开三平阳庄	tsɑ̃⁵⁵	tsɑ̃⁵⁵
0734	壮	宕开三去漾庄	tsɑ̃³⁵	tsɑ̃³⁵
0735	疮	宕开三平阳初	tsʰɑ̃⁵⁵	tsʰɑ̃⁵⁵
0736	床	宕开三平阳崇	zɑ̃¹³	zɑ̃¹³
0737	霜	宕开三平阳生	sɑ̃⁵⁵	sɑ̃⁵⁵
0738	章	宕开三平阳章	tsɑ̃⁵⁵	tsɑ̃⁵⁵
0739	厂	宕开三上养昌	tsʰɑ̃⁵³	tsʰɑ̃⁵³
0740	唱	宕开三去漾昌	tsʰɑ̃³⁵	tsʰɑ̃³⁵
0741	伤	宕开三平阳书	sɑ̃⁵⁵	sɑ̃⁵⁵
0742	尝	宕开三平阳禅	zɑ̃¹³	zɑ̃¹³
0743	上～去	宕开三上养禅	zɑ̃²³¹	zɑ̃²³¹
0744	让	宕开三去漾日	ȵia¹³	ȵia¹³
0745	姜生～	宕开三平阳见	tɕiã⁵⁵	tɕiã⁵⁵
0746	响	宕开三上养晓	ɕiã⁵³	ɕiã⁵³
0747	向	宕开三去漾晓	ɕiã³⁵	ɕiã³⁵
0748	秧	宕开三平阳影	iã⁵⁵	iã⁵⁵
0749	痒	宕开三上养以	iã²³¹	iã²³¹
0750	样	宕开三去漾以	iã³⁵	iã³⁵
0751	雀	宕开三入药精	tɕʰia?⁵	tɕʰia?⁵
0752	削	宕开三入药心	ɕia?⁵	ɕia?⁵
0753	着火～了	宕开三入药知	za?²	za?²
0754	勺	宕开三入药禅	zo?²	zo?²

续表

编　号	单　字	音韵地位	老男音	青男音
0755	弱	宕开三入药日	za?²	za?²
0756	脚	宕开三入药见	tɕia?⁵	tɕia?⁵
0757	约	宕开三入药影	ia?⁵	ia?⁵
0758	药	宕开三入药以	ia?²	ia?²
0759	光～线	宕合一平唐见	kuɑ̃⁵⁵	kuɑ̃⁵⁵
0760	慌	宕合一平唐晓	huɑ̃⁵⁵	huɑ̃⁵⁵
0761	黄	宕合一平唐匣	uɑ̃¹³	uɑ̃¹³
0762	郭	宕合一入铎见	ko?⁵	ko?⁵
0763	霍	宕合一入铎晓	ho?⁵	ho?⁵
0764	方	宕合三平阳非	fɑ̃⁵⁵	fɑ̃⁵⁵
0765	放	宕合三去漾非	fɑ̃³⁵	fɑ̃³⁵
0766	纺	宕合三上养敷	fɑ̃⁵³	fɑ̃⁵³
0767	房	宕合三平阳奉	vɑ̃¹³	uɑ̃¹³
0768	防	宕合三平阳奉	bɑ̃¹³	bɑ̃¹³
0769	网	宕合三上阳微	moŋ²³¹白 mɑ̃²³¹文	mɑ̃²³¹
0770	筐	宕合三平阳溪	kʰuɑ̃⁵⁵	kʰuɑ̃⁵⁵
0771	狂	宕合三平阳群	guɑ̃¹³	guɑ̃¹³
0772	王	宕合三平阳云	uɑ̃¹³	uɑ̃¹³
0773	旺	宕合三去漾云	ia¹³白 uɑ̃¹³文	ia¹³白 uɑ̃¹³文
0774	缚	宕合三入药奉	vo?²	vo?²
0775	绑	江开二上讲帮	pɑ̃⁵³	pɑ̃⁵³
0776	胖	江开二去绛滂	pʰɑ̃³⁵	pʰɑ̃³⁵

续表

编　号	单　字	音韵地位	老男音	青男音
0777	棒	江开二上讲並	boŋ²³¹白 bɑ̃²³¹文	boŋ²³¹白 bɑ̃²³¹文
0778	桩	江开二平江知	tsɑ̃⁵⁵	tsɑ̃⁵⁵
0779	撞	江开二去绛澄	zɑ̃¹³	zɑ̃¹³
0780	窗	江开二平江初	tsʰɑ̃⁵⁵	tsʰɑ̃⁵⁵
0781	双	江开二平江生	sɑ̃⁵⁵	sɑ̃⁵⁵
0782	江	江开二平江见	kuɑ̃⁵⁵	kɑ̃⁵⁵
0783	讲	江开二上讲见	kuɑ̃⁵³	kɑ̃⁵³
0784	降投~	江开二平江匣	ɑ̃¹³	ɑ̃¹³
0785	项	江开二上讲匣	ɑ̃²³¹	ɑ̃²³¹
0786	剥	江开二入觉帮	poʔ⁵	poʔ⁵
0787	桌	江开二入觉知	tsoʔ⁵	tsoʔ⁵
0788	镯	江开二入觉崇	zoʔ²	zoʔ²
0789	角	江开二入觉见	koʔ⁵	koʔ⁵
0790	壳	江开二入觉溪	kʰoʔ⁵	kʰoʔ⁵
0791	学	江开二入觉匣	oʔ²	oʔ²
0792	握	江开二入觉影	oʔ⁵	oʔ⁵
0793	朋	曾开一平登並	bɑ̃¹³	bɑ̃¹³
0794	灯	曾开一平登端	təŋ⁵⁵	təŋ⁵⁵
0795	等	曾开一上等端	təŋ⁵³	təŋ⁵³
0796	凳	曾开一去嶝端	təŋ³⁵	təŋ³⁵
0797	藤	曾开一平登定	dəŋ¹³	dəŋ¹³
0798	能	曾开一平登泥	ləŋ¹³声殊	nəŋ¹³
0799	层	曾开一平登从	zəŋ¹³	zəŋ¹³

续表

编　号	单　字	音韵地位	老男音	青男音
0800	僧	曾开一平登心	səŋ⁵⁵	səŋ⁵⁵
0801	肯	曾开一上等溪	kʰəŋ⁵³	kʰəŋ⁵³
0802	北	曾开一入德帮	poʔ⁵	poʔ⁵
0803	墨	曾开一入德明	moʔ²	moʔ²
0804	得	曾开一入德端	təʔ⁵	təʔ⁵
0805	特	曾开一入德定	dəʔ²	dəʔ²
0806	贼	曾开一入德从	zəʔ²	zəʔ²
0807	塞	曾开一入德心	saʔ⁵	saʔ⁵
0808	刻	曾开一入德溪	kʰəʔ⁵	kʰəʔ⁵
0809	黑	曾开一入德晓	həʔ⁵	həʔ⁵
0810	冰	曾开三平蒸帮	piŋ⁵⁵	piŋ⁵⁵
0811	证	曾开三去证章	tsəŋ³⁵	tsəŋ³⁵
0812	秤	曾开三去证昌	tsʰəŋ³⁵	tsʰəŋ³⁵
0813	绳	曾开三平蒸船	zəŋ¹³	zəŋ¹³
0814	剩	曾开三去证船	zã¹³	zã¹³～脱
0815	升	曾开三平蒸书	səŋ⁵⁵	səŋ⁵⁵
0816	兴高~	曾开三去证晓	ɕiŋ⁵⁵	ɕiŋ⁵⁵
0817	蝇	曾开三平蒸以	iŋ⁵⁵	iŋ⁵⁵
0818	逼	曾开三入职帮	pieʔ⁵	pieʔ⁵
0819	力	曾开三入职来	lieʔ²	lieʔ²
0820	息	曾开三入职心	ɕieʔ⁵	ɕieʔ⁵
0821	直	曾开三入职澄	zəʔ²	zəʔ²
0822	侧	曾开三入职庄	tsʰəʔ⁵	tsʰəʔ⁵
0823	测	曾开三入职初	tsʰəʔ⁵	tsʰəʔ⁵

续表

编 号	单 字	音韵地位	老男音	青男音
0824	色	曾开三入职生	səʔ⁵	səʔ⁵
0825	织	曾开三入职章	tsəʔ⁵	tsəʔ⁵
0826	食	曾开三入职船	zəʔ²	zəʔ²
0827	式	曾开三入职书	səʔ⁵	səʔ⁵
0828	极	曾开三入职群	dzieʔ²	dzieʔ²
0829	国	曾合一入德见	koʔ⁵	koʔ⁵
0830	或	曾合一入德匣	uəʔ²	oʔ²
0831	猛	梗开二上梗明	mã²³¹	mã²³¹
0832	打	梗开二上梗端	tã⁵³	tã⁵³
0833	冷	梗开二上梗来	lã²³¹	lã²³¹
0834	生	梗开二平庚生	sã⁵⁵	sã⁵⁵
0835	省~长	梗开二上梗生	sã⁵³	sã⁵³
0836	更三~,打~	梗开二平庚见	kã⁵⁵	kã⁵⁵
0837	梗	梗开二上梗见	kã⁵⁵调殊	kã⁵⁵调殊
0838	坑	梗开二平庚溪	kʰã⁵⁵	kʰã⁵⁵
0839	硬	梗开二去映疑	ã¹³	ã¹³
0840	行~为,~走	梗开二平庚匣	iŋ¹³	iŋ¹³
0841	百	梗开二入陌帮	paʔ⁵	paʔ⁵
0842	拍	梗开二入陌滂	pʰaʔ⁵	pʰaʔ⁵
0843	白	梗开二入陌並	baʔ²	baʔ²
0844	拆	梗开二入陌彻	tsʰaʔ⁵	tsʰaʔ⁵
0845	择	梗开二入陌澄	zəʔ²	zəʔ²
0846	窄	梗开二入陌庄	tsaʔ⁵	tsaʔ⁵
0847	格	梗开二入陌见	kaʔ⁵	kaʔ⁵

编 号	单 字	音韵地位	老男音	青男音
0848	客	梗开二入陌溪	$k^h a\mathrm{ʔ}^5$	$k^h a\mathrm{ʔ}^5$
0849	额	梗开二入陌疑	$a\mathrm{ʔ}^2$	$\mathrm{ə ʔ}^2$
0850	棚	梗开二平耕並	$b\tilde{a}^{13}$	$b\tilde{a}^{13}$
0851	争	梗开二平耕庄	$ts\tilde{a}^{55}$白 $tsəŋ^{55}$文	$ts\tilde{a}^{55}$白 $tsəŋ^{55}$文
0852	耕	梗开二平耕见	$kəŋ^{55}$	$kəŋ^{55}$
0853	麦	梗开二入麦明	$ma\mathrm{ʔ}^2$	$ma\mathrm{ʔ}^2$
0854	摘	梗开二入麦知	$tsa\mathrm{ʔ}^5$	$tsa\mathrm{ʔ}^5$
0855	策	梗开二入麦初	$ts^h a\mathrm{ʔ}^5$	$ts^h a\mathrm{ʔ}^5$
0856	隔	梗开二入麦见	$ka\mathrm{ʔ}^5$	$kə\mathrm{ʔ}^5$
0857	兵	梗开三平庚帮	$piŋ^{55}$	$piŋ^{55}$
0858	柄	梗开三去映帮	$piŋ^{55}$调殊	$piŋ^{35}$
0859	平	梗开三平庚並	$biŋ^{13}$	$biŋ^{13}$
0860	病	梗开三去映並	$biŋ^{13}$	$biŋ^{13}$
0861	明	梗开三平庚明	$miŋ^{13}$	$miŋ^{13}$
0862	命	梗开三去映明	$miŋ^{13}$	$miŋ^{13}$
0863	镜	梗开三去映见	$tɕiŋ^{35}$	$tɕiŋ^{35}$
0864	庆	梗开三去映溪	$tɕ^h iŋ^{35}$	$tɕ^h iŋ^{35}$
0865	迎	梗开三平庚疑	$\textrm{ȵ}iŋ^{13}$	$\textrm{ȵ}iŋ^{13}$
0866	影	梗开三上梗影	$iŋ^{53}$	$iŋ^{53}$
0867	剧戏~	梗开三入陌群	$d\textrm{ʑ}ie\mathrm{ʔ}^2$	$d\textrm{ʑ}ie\mathrm{ʔ}^2$
0868	饼	梗开三上静帮	$piŋ^{53}$	$piŋ^{53}$
0869	名	梗开三平清明	$miŋ^{13}$	$miŋ^{13}$
0870	领	梗开三上静来	$liŋ^{231}$	$liŋ^{231}$

续表

编　号	单　字	音韵地位	老男音	青男音
0871	井	梗开三上静精	$t\varepsilon i\eta^{53}$	$t\varepsilon i\eta^{53}$
0872	清	梗开三平清清	$t\varepsilon^{h}i\eta^{55}$	$t\varepsilon^{h}i\eta^{55}$
0873	静	梗开三上静从	$dzi\eta^{231}$	$dzi\eta^{231}$
0874	姓	梗开三去劲心	$\varepsilon i\eta^{35}$	$\varepsilon i\eta^{35}$
0875	贞	梗开三平清知	$ts\partial\eta^{55}$	$ts\partial\eta^{55}$
0876	程	梗开三平清澄	$z\partial\eta^{13}$	$z\partial\eta^{13}$
0877	整	梗开三上静章	$ts\partial\eta^{53}$	$ts\partial\eta^{53}$
0878	正~反	梗开三去劲章	$ts\partial\eta^{35}$	$ts\partial\eta^{35}$
0879	声	梗开三平清书	$s\tilde{\alpha}^{55}$白 $s\partial\eta^{55}$文	$s\tilde{\alpha}^{55}$白 $s\partial\eta^{55}$文
0880	城	梗开三平清禅	$z\partial\eta^{13}$	$z\partial\eta^{13}$
0881	轻	梗开三平清溪	$t\varepsilon^{h}i\eta^{55}$	$t\varepsilon^{h}i\eta^{55}$
0882	赢	梗开三平清以	$i\eta^{13}$	$i\eta^{13}$
0883	积	梗开三入昔精	$t\varepsilon ie?^{5}$	$t\varepsilon ie?^{5}$
0884	惜	梗开三入昔心	$\varepsilon ie?^{5}$	$\varepsilon ie?^{5}$
0885	席	梗开三入昔邪	$dzie?^{2}$	$dzie?^{2}$
0886	尺	梗开三入昔昌	$ts^{h}a?^{5}$	$ts^{h}a?^{5}$
0887	石	梗开三入昔禅	$za?^{2}$ $z\partial?^{2}$ 碝~	$za?^{2}$
0888	益	梗开三入昔影	$ie?^{5}$	$ie?^{2}$
0889	瓶	梗开四平青并	$bi\eta^{13}$	$bi\eta^{13}$
0890	钉名词	梗开四平青端	$ti\eta^{55}$	$ti\eta^{55}$
0891	顶	梗开四上迥端	$ti\eta^{53}$	$ti\eta^{53}$
0892	厅	梗开四平青透	$t^{h}i\eta^{55}$	$t^{h}i\eta^{55}$
0893	听~见	梗开四平青透	$t^{h}i\eta^{55}$	$t^{h}i\eta^{55}$

续表

编 号	单 字	音韵地位	老男音	青男音
0894	停	梗开四平青定	diŋ¹³	diŋ¹³
0895	挺	梗开四上迥定	tʰiŋ⁵³	tʰiŋ⁵³
0896	定	梗开四去径定	diŋ¹³	diŋ¹³
0897	零	梗开四平青来	liŋ¹³	liŋ¹³
0898	青	梗开四平青清	tɕʰiŋ⁵⁵	tɕʰiŋ⁵⁵
0899	星	梗开四平青心	ɕiŋ⁵⁵	ɕiŋ⁵⁵
0900	经	梗开四平青见	tɕiŋ⁵⁵	tɕiŋ⁵⁵
0901	形	梗开四平青匣	iŋ¹³	iŋ¹³
0902	壁	梗开四入锡帮	pieʔ⁵	pieʔ⁵
0903	劈	梗开四入锡滂	pʰieʔ⁵	pʰieʔ⁵
0904	踢	梗开四入锡透	tʰieʔ⁵	tʰieʔ⁵
0905	笛	梗开四入锡定	dieʔ²	dieʔ²
0906	历衣~	梗开四入锡来	lieʔ²	lieʔ²
0907	锡	梗开四入锡心	ɕieʔ⁵	ɕieʔ⁵
0908	击	梗开四入锡见	tɕieʔ⁵	tɕieʔ⁵
0909	吃	梗开四入锡溪	tɕʰieʔ⁵	tɕʰieʔ⁵
0910	横~竖	梗合二平庚匣	uã¹³	uã¹³
0911	划计~	梗合二入麦匣	uaʔ²	uaʔ²
0912	兄	梗合三平庚晓	ɕioŋ⁵⁵	ɕioŋ⁵⁵
0913	荣	梗合三平庚云	ioŋ¹³	ioŋ¹³
0914	永	梗合三上梗云	ioŋ⁵³	ioŋ⁵³
0915	营	梗合三平清以	iŋ¹³	iŋ¹³
0916	蓬~松	通合一平东並	boŋ¹³	boŋ¹³
0917	东	通合一平东端	toŋ⁵⁵	toŋ⁵⁵

续表

编　号	单　字	音韵地位	老男音	青男音
0918	懂	通合一上董端	toŋ⁵³	toŋ⁵³
0919	冻	通合一去送端	toŋ³⁵	toŋ³⁵
0920	通	通合一平东透	tʰoŋ⁵⁵	tʰoŋ⁵⁵
0921	桶	通合一上董透	doŋ²³¹	doŋ²³¹
0922	痛	通合一去送透	tʰoŋ³⁵	toŋ³⁵
0923	铜	通合一平东定	doŋ¹³	doŋ¹³
0924	动	通合一上董定	doŋ²³¹	doŋ²³¹
0925	洞	通合一去送定	doŋ¹³	doŋ¹³
0926	聋	通合一平东来	loŋ¹³	loŋ¹³
0927	弄	通合一去送来	loŋ¹³	noŋ¹³
0928	粽	通合一去送精	tsoŋ³⁵	tsoŋ³⁵
0929	葱	通合一平东清	tsʰoŋ⁵⁵	tsʰoŋ⁵⁵
0930	送	通合一去送心	soŋ³⁵	soŋ³⁵
0931	公	通合一平东见	koŋ⁵⁵	koŋ⁵⁵
0932	孔	通合一上董溪	kʰoŋ⁵³	kʰoŋ⁵³
0933	烘~干	通合一平东晓	hoŋ⁵⁵	hoŋ⁵⁵
0934	红	通合一平东匣	oŋ¹³	oŋ¹³
0935	翁	通合一平东影	oŋ⁵⁵	uəŋ⁵⁵
0936	木	通合一入屋明	moʔ²	moʔ²
0937	读	通合一入屋定	doʔ²	doʔ²
0938	鹿	通合一入屋来	loʔ²	loʔ²
0939	族	通合一入屋从	zoʔ²	zoʔ²
0940	谷稻~	通合一入屋见	koʔ⁵	koʔ⁵
0941	哭	通合一入屋溪	kʰoʔ⁵	kʰoʔ⁵

续表

编 号	单 字	音韵地位	老男音	青男音
0942	屋	通合一入屋影	o?^{5}	o?^{5}
0943	冬~至	通合一平冬端	toŋ^{55}	toŋ^{55}
0944	统	通合一去宋透	tʰoŋ^{53}	tʰoŋ^{53}
0945	脓	通合一平冬泥	loŋ^{13}	noŋ^{13}
0946	松~紧	通合一平冬心	soŋ^{55}	soŋ^{55}
0947	宋	通合一去宋心	soŋ^{35}	soŋ^{35}
0948	毒	通合一入沃定	do?^{2}	do?^{2}
0949	风	通合三平东非	foŋ^{55}	foŋ^{55}
0950	丰	通合三平东敷	foŋ^{55}	foŋ^{55}
0951	凤	通合三去送奉	voŋ^{13}	voŋ^{13}
0952	梦	通合三去送明	mã^{13}白 moŋ^{13}文	moŋ^{13}
0953	中当~	通合三平东知	tsoŋ^{55}	tsoŋ^{55}
0954	虫	通合三平东澄	zoŋ^{13}	zoŋ^{13}
0955	终	通合三平东章	tsoŋ^{55}	tsoŋ^{55}
0956	充	通合三平东昌	tsʰoŋ^{55}	tsʰoŋ^{55}
0957	宫	通合三平东见	koŋ^{55}	koŋ^{55}
0958	穷	通合三平东群	dʑioŋ^{13}	dʑioŋ^{13}
0959	熊	通合三平东云	ioŋ^{13}	ioŋ^{13}
0960	雄	通合三平东云	ioŋ^{13}	ioŋ^{13}
0961	福	通合三入屋非	fo?^{5}	fo?^{5}
0962	服	通合三入屋奉	vo?^{2}	vo?^{2}
0963	目	通合三入屋明	mo?^{2}	mo?^{2}
0964	六	通合三入屋来	lo?^{2}	lo?^{2}

续表

编　号	单　字	音韵地位	老男音	青男音
0965	宿住~,~舍	通合三入屋心	soʔ⁵	soʔ⁵
0966	竹	通合三入屋知	tsoʔ⁵	tsoʔ⁵
0967	畜~生	通合三入屋彻	tsʰoʔ⁵	tsʰoʔ⁵
0968	缩	通合三入屋生	soʔ⁵	soʔ⁵
0969	粥	通合三入屋章	tsoʔ⁵	tsoʔ⁵
0970	叔	通合三入屋书	soʔ⁵	soʔ⁵
0971	熟	通合三入屋禅	zoʔ²	zoʔ²
0972	肉	通合三入屋日	n̠ioʔ²	n̠ioʔ²
0973	菊	通合三入屋见	tɕioʔ⁵	tɕioʔ⁵
0974	育	通合三入屋以	ioʔ²	ioʔ²
0975	封	通合三平钟非	foŋ⁵⁵	foŋ⁵⁵
0976	蜂	通合三平钟敷	foŋ⁵⁵	foŋ⁵⁵
0977	缝一条~	通合三去用奉	voŋ¹³	voŋ¹³
0978	浓	通合三平钟泥	n̠ioŋ¹³	n̠ioŋ¹³
0979	龙	通合三平钟来	loŋ¹³	loŋ¹³
0980	松~树	通合三平钟邪	soŋ⁵⁵	soŋ⁵⁵
0981	重轻~	通合三上肿澄	zoŋ²³¹	zoŋ²³¹
0982	肿	通合三上肿章	tsoŋ⁵³	tsoŋ⁵³
0983	种~树	通合三去用章	tsoŋ³⁵	tsoŋ³⁵
0984	冲	通合三平钟昌	tsʰoŋ⁵⁵	tsʰoŋ⁵⁵
0985	恭	通合三平钟见	koŋ⁵⁵	koŋ⁵⁵
0986	共	通合三去用群	goŋ¹³	goŋ¹³
0987	凶吉~	通合三平钟晓	ɕioŋ⁵⁵	ɕioŋ⁵⁵
0988	拥	通合三上肿影	ioŋ⁵³调殊	ioŋ⁵⁵

续表

编 号	单 字	音韵地位	老男音	青男音
0989	容	通合三平钟以	$ioŋ^{13}$	$ioŋ^{13}$
0990	用	通合三去用以	$ioŋ^{53}$	$ioŋ^{53}$
0991	绿	通合三入烛来	$loʔ^2$	$loʔ^2$
0992	足	通合三入烛精	$tsoʔ^5$	$tsoʔ^5$
0993	烛	通合三入烛章	$tsoʔ^5$	$tsoʔ^5$
0994	赎	通合三入烛船	$zoʔ^2$	$zoʔ^2$
0995	属	通合三入烛禅	$zoʔ^2$	$zoʔ^2$
0996	褥	通合三入烛日	$ȵioʔ^2$	$ȵioʔ^2$
0997	曲~折,歌~	通合三入烛溪	$tɕʰioʔ^5$	$tɕʰioʔ^5$
0998	局	通合三入烛群	$dʑioʔ^2$	$dʑioʔ^2$
0999	玉	通合三入烛疑	$ȵioʔ^2$	$ȵioʔ^2$
1000	浴	通合三入烛以	$ioʔ^2$	$ioʔ^2$

第三章　词　汇

一、天文地理

编　号	词　条	方　言
0001	太阳～下山了	日头 $\mathrm{ȵieʔ^{2}\,dəɯ^{13}}$ 老 太阳 $\mathrm{t^{h}a^{33}\,i\tilde{a}^{31}}$ 新
0002	月亮～出来了	月亮 $\mathrm{ioʔ^{2}\,li\tilde{a}^{31}}$
0003	星星	星星 $\mathrm{ɕiŋ^{55}\,ɕiŋ^{55}}$
0004	云	云 $\mathrm{iŋ^{13}}$
0005	风	风 $\mathrm{foŋ^{55}}$
0006	台风	台风 $\mathrm{dɛ^{33}\,foŋ^{55}}$
0007	闪电名词	霍险⁼ $\mathrm{hoʔ^{5}\,ɕie^{0}}$
0008	雷	雷 $\mathrm{ləɯ^{13}}$
0009	雨	雨 $\mathrm{i^{231}}$
0010	下雨	落雨 $\mathrm{loʔ^{2}\,i^{231}}$
0011	淋衣服被雨～湿了	落 $\mathrm{loʔ^{2}}$
0012	晒～粮食	晒 $\mathrm{so^{35}}$
0013	雪	雪 $\mathrm{ɕieʔ^{5}}$

编　号	词　　条	方　　言
0014	冰	冰 piŋ⁵⁵
0015	冰雹	冰雹 piŋ⁵⁵ bɔ⁵⁵
0016	霜	霜 sã⁵⁵
0017	雾	雾露 vu³³ lu⁵³
0018	露	露水 lu³³ sɿ⁵³
0019	虹统称	鲎 həɯ³⁵
0020	日食	天狗吃太阳 tʰie⁵⁵ kəɯ⁵⁵ tɕʰieʔ⁵ tʰa³³ iã⁵³
0021	月食	天狗吃月亮 tʰie⁵⁵ kəɯ⁵⁵ tɕʰieʔ⁵ ioʔ² liã³¹
0022	天气	天公 tʰie⁵⁵ koŋ⁵⁵
0023	晴天~	晴 dʑiŋ¹³
0024	阴天~	阴 iŋ⁵⁵
0025	旱天~	旱 e³¹
0026	涝天~	大水 dəu³³ sɿ⁵³
0027	天亮	天亮 tʰie⁵⁵ liã¹³
0028	水田	稻田 dɔ³³ die³³
0029	旱地浇不上水的耕地	旱地 e¹³ di⁰
0030	田埂	田埂 die³³ kã⁵⁵
0031	路野外的	路 ləu¹³
0032	山	山 sɛ⁵⁵
0033	山谷	山坳 sɛ⁵⁵ ɔ⁵⁵
0034	江大的河	江 kuã⁵⁵
0035	溪小的河	河滨 u³³ pã⁵⁵
0036	水沟儿较小的水道	水沟 sɿ⁵⁵ kəɯ⁵⁵
0037	湖	湖 u¹³

续表

编　号	词　条	方　言
0038	池塘	池潭 z$ʅ^{33}$ dei^{55}
0039	水坑儿地面上有积水的小洼儿	水潭 s$ʅ^{55}$ dei^{55}
0040	洪水	大水 dəu^{33} s$ʅ^{55}$
0041	淹被水~了	没 mə$ʔ^2$
0042	河岸	河滩头 u^{33} t^{h}e^{55} dəu^{31} 浜岸 pã^{55} e^{55}
0043	坝拦河修筑拦水的	坝 po^{55}
0044	地震	地震 di^{31} tsəŋ^{53}
0045	窟窿小的	洞眼 doŋ^{33} e^{31} 洞洞 doŋ^{33} doŋ^{31} 洞洞眼 doŋ^{33} doŋ^{33} e^0
0046	缝儿统称	缝缝 voŋ^{33} voŋ^{31}
0047	石头统称	石头 za$ʔ^5$ dəu^{13}
0048	土统称	烂糊泥 lɛ^{33} u^{55} n̠i^0
0049	泥湿的	烂泥 lɛ^{33} n̠i^{53}
0050	水泥旧称	水门汀 s$ʅ^{55}$ məŋ^{33} t^{h}iŋ^{55}
0051	沙子	河沙 u^{33} so^{55}
0052	砖整块的	砖头 tsɛ^{55} dəu^{55}
0053	瓦整块的	瓦条爿 o^{33} diɔ^{33} bɛ^{33}
0054	煤	煤 me^{13}
0055	煤油	洋油 iã^{33} iəu^{55}
0056	炭木~	炭 t^{h}ɛ^{35}
0057	灰烧成的	毛灰 mɔ^{33} hue^{55}
0058	灰尘桌面上的	蓬尘 boŋ^{33} zəŋ^{55}
0059	火	火 fu^{53}

续表

编　号	词　条	方　言
0060	烟烧火形成的	烟 ie^{55}
0061	失火	火烧 fu^{55}sɔ^{55}
0062	水	水 sʅ^{53}
0063	凉水	冷水 lɑ̃^{35}sʅ^{0}
0064	热水如洗脸的热水,不是指喝的开水	烫水 tʰɑ̃^{33}sʅ^{53} 暖水 nei^{35}sʅ^{0}
0065	开水喝的	开水 kʰɛ^{33}sʅ^{33} 滚水 kuəŋ^{55}sʅ^{0}
0066	磁铁	吸铁石 ɕieʔ^{5}tʰieʔ^{5}zaʔ^{2}

二、时间方位

编　号	词　条	方　言
0067	时候吃饭的～	辰光 zəŋ^{33}kuɑ̃^{55}
0068	什么时候	啥辰光 sa^{55}zəŋ^{13}kuɑ̃^{0}
0069	现在	个卯 kəʔ^{5}mɔ^{55} 个歇 kəʔ^{5}ɕieʔ^{5}
0070	以前	老底子 lɔ^{35}ti^{53}tsʅ^{0} 从前 zoŋ^{33}dzie^{33}
0071	以后	那＝来 na^{11}lɛ^{33}
0072	一辈子	一世 ieʔ^{5}sʅ^{0}
0073	今年	今年 tɕiŋ^{55}ȵie^{55}
0074	明年	明年 miŋ^{33}ȵie^{33}
0075	后年	后年 əɯ^{55}ȵie^{55}

续表

编　号	词　条	方　言
0076	去年	旧年 dziəɯ³³ ȵie³¹
0077	前年	个年 kəʔ⁵ ȵie³³ 个年子 kəʔ⁵ ȵie³³ tsɿ⁵⁵
0078	往年_{过去的年份}	老底子 lɔ¹³ ti⁵⁵ tsɿ⁰ 从前 zoŋ³³ dzie⁵³
0079	年初	年头浪 =ȵie³³ dəɯ³³ lɑ̃³³
0080	年底	年脚底 ȵie³³ tɕiaʔ⁵ ti⁰
0081	今天	今朝 tsəŋ⁵⁵ tsɔ⁵⁵
0082	明天	明朝 məŋ³³ tsɔ⁵⁵
0083	后天	后日 əɯ¹³ ȵieʔ²
0084	大后天	大后日 dəɯ³³ əɯ³⁵ ȵieʔ²
0085	昨天	昨日 zoʔ² ȵieʔ⁰ 昨日子 zoʔ² ȵi³³ tsɿ⁰ "日"舒化
0086	前天	个日 kəʔ⁵ ȵieʔ² 个日子 kəʔ⁵ ȵieʔ² tsɿ⁵⁵
0087	大前天	前葛日 dzie³³ kəʔ⁵ ȵieʔ² 前葛日子 dzie³³ kəʔ⁵ ȵieʔ² tsɿ⁰
0088	整天	全日头 dzie³³ ȵieʔ⁴ dəɯ⁰ 原日头 ȵie³³ ȵieʔ⁴ dəɯ⁰
0089	每天	日日 ȵieʔ² ȵieʔ²
0090	早晨	早上头 tsɔ⁵⁵ zɑ̃³³ dəɯ³³
0091	上午	上半日 zɑ̃³³ pei⁵⁵ ȵieʔ² 上昼 zɑ̃³³ tsəɯ⁵³
0092	中午	中晚头 tsoŋ⁵⁵ mɛ⁵⁵ dəɯ⁵⁵ 日中心 ȵieʔ² tsoŋ⁵⁵ ɕiŋ⁵⁵
0093	下午	晚头 mɛ³³ dəɯ³³ 下昼 o¹³ tsəɯ⁰ 下半日 o¹³ pei⁵⁵ ȵieʔ²

编　号	词　条	方　言
0094	傍晚	黄昏头 uã³³ huəŋ⁵⁵ dɯ⁵⁵ 夜快边 ia³³ kʰua⁵⁵ pie⁰
0095	白天	日里 ȵieʔ² li⁰ 日里向 ȵieʔ² li³³ ɕiã⁰
0096	夜晚与白天相对,统称	夜里 ia⁵⁵ li³³ 夜里向 ia⁵⁵ li³³ ɕiã⁰
0097	半夜	半夜三更 pe³³ ia³⁵ sɛ⁰ kã⁰
0098	正月农历	正月里 tsəŋ⁵⁵ ioʔ² li⁰
0099	大年初一农历	年初一 ȵie³³ tsʰəu⁵⁵ ieʔ⁵
0100	元宵节	正月半 tsəŋ⁵⁵ ioʔ² pe⁰
0101	清明	清明日 tɕʰiŋ⁵⁵ miŋ³³ ȵieʔ²
0102	端午	端午日 tɛ⁵⁵ ŋ³³ ȵieʔ²
0103	七月十五农历,节日名	七月半 tɕʰieʔ⁵ ioʔ² pe⁵⁵
0104	中秋	八月半 poʔ⁵ ioʔ² pe⁵⁵
0105	冬至	冬至日 toŋ⁵⁵ tsɿ⁵⁵ ȵieʔ²
0106	腊月农历十二月	十二月里 zəʔ² ȵi³³ ioʔ² li⁰
0107	除夕农历	年三十 ȵie³³ sɛ⁵⁵ səʔ⁵ 年夜里 ȵie³³ ia⁵⁵ li⁰
0108	历书	历本 lieʔ⁵ pəŋ⁰
0109	阴历	阴历 iŋ⁵⁵ lieʔ²
0110	阳历	阳历 iã³³ lieʔ²
0111	星期天	礼拜日 li¹³ pa³³ ȵieʔ²
0112	地方	地方 di³³ fa⁵³
0113	什么地方	鞋=里塔= a³³ li³³ tʰaʔ⁵ "鞋="本字当作"何"
0114	家里	屋里 oʔ⁵ li⁰

续表

编　号	词　条	方　言
0115	城里	街浪= ka⁵⁵ lɑ̃³³
0116	乡下	乡下 ɕiɑ̃⁵⁵ o³³
0117	上面从~滚下来	上头 zɑ̃³³ dəɯ³¹
0118	下面从~爬上去	下底 o¹³ ti³³
0119	左边	济= 面 tɕi⁵⁵ mie³¹
0120	右边	顺面 zəŋ³³ mie³¹
0121	中间排队排在~	当中 tɑ̃⁵⁵ tsoŋ⁵⁵
0122	前面排队排在~	前头 dʑie³³ dəɯ⁵⁵
0123	后面排队排在~	后头 əɯ¹³ dəɯ³³
0124	末尾排队排在~	尾巴头 mi¹³ po⁵⁵ dəɯ⁵⁵
0125	对面	对过 tei⁵⁵ kəu⁵³
0126	面前	门底 məŋ³³ ti⁵⁵
0127	背后	背后头 pe⁵⁵ əɯ³⁵ dəɯ⁰
0128	里面躲在~	里头 li³³ dəɯ³³ 里向 li¹³ ɕiɑ̃⁰
0129	外面衣服晒在~	外头 ua⁵⁵ dəɯ⁵³ 外肆= ua³³ sɿ⁵³
0130	旁边	边浪= pie⁵⁵ lɑ̃⁵⁵
0131	上碗在桌子~	浪= lɑ̃¹³
0132	下凳子在桌子~	下头 o³³ dəɯ³³
0133	边儿桌子的~	边边头 pie⁵⁵ pie⁵⁵ dəɯ³³
0134	角儿桌子的~	角 koʔ⁵
0135	上去他~了	上去 zɑ̃¹³ tɕʰi⁰
0136	下来他~了	落来 loʔ² le³³

续表

编号	词 条	方 言
0137	进去他~了	进去 tɕiŋ⁵⁵tɕʰi⁵³
0138	出来他~了	出来 tsʰəʔ⁵lɛ³³
0139	出去他~了	出去 tsʰəʔ⁵tɕʰi⁰
0140	回来他~了	回转 ue³³tsei⁵⁵ 回来 ue³³lɛ³³
0141	起来天冷~了	起来 tɕʰi⁵⁵lɛ³³

三、植 物

编 号	词 条	方 言
0142	树	树 zʅ¹³
0143	木头	木头 moʔ²dəɯ³³
0144	松树统称	松树 soŋ⁵⁵zʅ⁵⁵
0145	柏树统称	柏树 paʔ⁵zʅ⁰
0146	杉树	杉树 sɛ⁵⁵zʅ⁵⁵
0147	柳树	杨柳 iã³³ləɯ³³
0148	竹子统称	竹头 tsoʔ⁵dəɯ³³
0149	笋	笋 səŋ⁵³
0150	叶子	叶爿 ieʔ²bɛ³³
0151	花	花 ho⁵⁵
0152	花蕾花骨朵	花蕊头 ho⁵⁵mi⁵⁵dəɯ⁵⁵
0153	梅花	梅花 mei³³ho⁵⁵
0154	牡丹	牡丹 məu¹³tɛ⁵⁵

续表

编　号	词　条	方　言
0155	荷花	荷花 u³³ho⁵⁵
0156	草	草 tsʰɔ⁵³
0157	藤	藤 dəŋ¹³
0158	刺名词	刺 tsʰɿ³⁵
0159	水果	水果 sɿ⁵⁵kəu⁰
0160	苹果	苹果 biŋ³³kəu⁵⁵
0161	桃子	桃子 dɔ³³tsɿ⁵⁵
0162	梨	千⁼梨 tɕʰie⁵⁵li⁵⁵老 梨子 li³³tsɿ⁵⁵新
0163	李子	李子 li³⁵tsɿ⁰
0164	杏	杏子 ã³³tsɿ⁵⁵ 杏梅 ã⁵⁵me³³
0165	橘子	橘子 tɕioʔ⁵tsɿ⁰
0166	柚子	柚子 iɯ³³tsɿ⁵⁵
0167	柿子	柿子 zɿ³⁵tsɿ⁰
0168	石榴	石榴 zaʔ²ləɯ³³
0169	枣	枣子 tsɔ⁵⁵tsɿ⁰
0170	栗子	栗子 lieʔ²tsɿ⁰
0171	核桃	蒲桃 bu³³dɔ³³
0172	银杏白果	白果 baʔ²kəu⁰
0173	甘蔗	甘蔗 kei⁵⁵tso⁵⁵
0174	木耳	木耳 moʔ²əɯ⁰
0175	蘑菇野生的	蘑菇 mo³³kəu⁵⁵
0176	香菇	香蕈 ɕiã⁵⁵dziŋ⁵⁵

续表

编　号	词　条	方　言
0177	稻子指植物	稻 dɔ²³¹
0178	稻谷指籽实，脱粒后是大米	谷 koʔ⁵
0179	稻草脱粒后的	稻柴 dɔ¹³ za³³
0180	大麦指植物	大麦 dəu³³ maʔ²
0181	小麦指植物	小麦 ɕiɔ⁵⁵ maʔ²
0182	麦秸脱粒后的	麦柴 maʔ⁵ za³³ 老 麦秸 maʔ² tɕieʔ⁵ 新
0183	谷子指植物（籽实脱粒后是小米）	（无）
0184	高粱指植物	芦粟 ləu³³ soʔ⁵
0185	玉米指成株的植物	粟米 soʔ⁵ mi⁰
0186	棉花指植物	棉花 mie³³ ho⁵⁵
0187	油菜油料作物，不是蔬菜	菜花 tsʰɛ⁵⁵ ho⁵³
0188	芝麻	芝麻 tsʅ⁵⁵ mo⁵⁵
0189	向日葵指植物	向日葵 ɕiã⁵⁵ zəʔ² gue³¹
0190	蚕豆	蚕豆 zei³³ dəɯ⁵⁵
0191	豌豆	寒豆 ei³³ dəɯ⁵⁵
0192	花生指果实	长生果 zã³³ səŋ⁵⁵ kəɯ⁵⁵
0193	黄豆	黄豆 uã³³ dəɯ⁵⁵
0194	绿豆	绿豆 loʔ² dəɯ⁰
0195	豇豆长条形的	豇豆 kuã⁵⁵ dəɯ⁵⁵
0196	大白菜东北～	胶菜 tɕiɔ⁵⁵ tsʰɛ⁵⁵
0197	包心菜卷心菜，圆白菜，球形的	包心菜 pɔ⁵⁵ ɕiŋ⁵⁵ tsʰɛ⁵⁵
0198	菠菜	菠菜 pu⁵⁵ tsʰɛ⁵⁵
0199	芹菜	芹菜 dziŋ³³ tsʰɛ⁵⁵

续表

编　号	词　条	方　言
0200	莴笋	莴苣笋 u⁵⁵ tɕi⁵⁵ səŋ⁵⁵
0201	韭菜	韭菜 tɕiəu⁵⁵ tsʰɛ⁰
0202	香菜芫荽	香菜 ɕiã⁵⁵ tsʰɛ⁵⁵
0203	葱	葱 tsʰoŋ⁵⁵
0204	蒜	大蒜 da³³ sei⁵³ 蒜头 sei⁵⁵ dɯ⁵³
0205	姜	老姜 lɔ¹³ tɕiã⁵⁵
0206	洋葱	洋葱头 iã³³ tsʰoŋ⁵⁵ dəɯ⁵⁵
0207	辣椒统称	辣茄 ləʔ² ga³³
0208	茄子统称	茄子 ga³³ tsɿ⁵⁵
0209	西红柿	番茄 fɛ⁵⁵ ga⁵⁵
0210	萝卜统称	萝卜 lo³³ bo⁵³
0211	胡萝卜	洋花萝卜 iã³³ ho⁵⁵ lo⁵⁵ bo⁰
0212	黄瓜	黄瓜 uɑ̃³³ ko⁵⁵
0213	丝瓜无棱的	丝瓜 sɿ⁵⁵ ko⁵⁵
0214	南瓜扁圆形或梨形，成熟时赤褐色	南瓜 nei³³ ko⁵⁵
0215	荸荠	地梨 di³³ li⁵³
0216	红薯统称	山薯 sɛ⁵⁵ zɿ⁵⁵
0217	马铃薯	洋山薯 iã³³ sɛ⁵⁵ zɿ⁵⁵
0218	芋头	芋艿 i³³ na⁵³
0219	山药圆柱形的	山药 sɛ⁵⁵ iaʔ²
0220	藕	藕 əɯ²³¹

四、动 物

编 号	词 条	方 言
0221	老虎	老虎 $lɔ^{35} fu^0$
0222	猴子	活⁼ 狲 $oʔ^2 sən^{55}$
0223	蛇 统称	蛇 zo^{13}
0224	老鼠 家里的	老鼠 $lɔ^{35} sʅ^0$
0225	蝙蝠	蝙蝠 $pie^{55} foʔ^5$
0226	鸟儿 飞鸟,统称	鸟 $tiɔ^{53}$
0227	麻雀	麻鸟 $mo^{33} tiɔ^{55}$
0228	喜鹊	鸦鹊 $o^{55} tɕʰiaʔ^5$
0229	乌鸦	癞鸦 $la^{33} o^{53}$
0230	鸽子	鸽子 $kəʔ^5 tsʅ^0$
0231	翅膀 鸟的,统称	翼肌⁼膀 $ieʔ^5 tɕi^{55} p\tilde{a}^{55}$
0232	爪子 鸟的,统称	脚爪 $tɕiaʔ^5 tsɔ^0$
0233	尾巴	尾巴 $mi^{13} po^{55}$
0234	窝 鸟的	窠 $kʰəu^{55}$
0235	虫子 统称	虫 $zoŋ^{13}$
0236	蝴蝶 统称	蝴蝶 $vu^{33} diaʔ^2$
0237	蜻蜓 统称	蜻蜓 $tɕʰiŋ^{55} diŋ^{55}$
0238	蜜蜂	蜜蜂 $mieʔ^2 foŋ^{55}$
0239	蜂蜜	蜂蜜 $foŋ^{55} mieʔ^2$
0240	知了 统称	河⁼知他⁼ $u^{33} tsʅ^{53} tʰa^{55}$
0241	蚂蚁	蚂蚁子 $mo^{55} n̪i^{55} tsʅ^{55}$
0242	蚯蚓	蛐蟮 $tɕʰioʔ^5 zei^0$
0243	蚕	蚕宝宝 $zei^{33} pɔ^{55} pɔ^{55}$

续表

编　号	词　条	方　言
0244	蜘蛛会结网的	结蜘 tɕie?⁵tsʅ⁵⁵
0245	蚊子统称	蚊子 məŋ³³tsʅ⁵⁵
0246	苍蝇统称	苍蝇 tsʰã̃⁵⁵iŋ⁵⁵
0247	跳蚤咬人的	蚤虱 tsɔ⁵⁵sə?⁵
0248	虱子	蚤虱 tsɔ⁵⁵sə?⁶
0249	鱼	鱼 ŋ¹³
0250	鲤鱼	鲤鱼 li³⁵ŋ⁵⁵
0251	鳙鱼胖头鱼	包头鱼 pɔ⁵⁵dəɯ⁵⁵ŋ⁵⁵
0252	鲫鱼	河鲫鱼 u³³tɕie?⁵ŋ⁰ 鲫鱼 tɕie?⁵ŋ⁰
0253	甲鱼	甲鱼 tɕia?⁵ŋ⁰
0254	鳞鱼的	厣 ie⁵³
0255	虾统称	虾 hei⁵⁵韵殊
0256	螃蟹统称	蟹 ha⁵³
0257	青蛙统称	田鸡 die³³tɕi⁵⁵
0258	癞蛤蟆表皮多疙瘩	癞司＝la³³sʅ⁵³
0259	马	马 mo²³¹
0260	驴	驴子 li³³tsʅ⁵⁵
0261	骡	骡子 ləu³³tsʅ⁵⁵
0262	牛	牛 ȵiəɯ¹³
0263	公牛统称	公牛 koŋ⁵⁵ȵiəɯ¹³
0264	母牛统称	母牛 məu³³ȵiəɯ¹³
0265	放牛	放牛 fã̃⁵⁵ȵiəɯ¹³
0266	羊	羊 iã̃¹³

编 号	词 条	方 言
0267	猪	猪猡 tsʅ⁵⁵ləu⁵⁵
0268	种猪配种用的公猪	老公猪 lɔ³³koŋ⁵⁵tsʅ⁵⁵
0269	公猪成年的，已阉的	公猪 koŋ⁵⁵tsʅ⁵⁵
0270	母猪成年的，未阉的	老母猪 lɔ¹³məu³³tsʅ⁵⁵
0271	猪崽	小猪猡 ɕiɔ⁵⁵tsʅ⁵⁵ləu⁵⁵
0272	猪圈	猪棚 tsʅ⁵⁵bɑ̃⁵⁵
0273	养猪	养猪猡 iɑ̃³³tsʅ⁵⁵ləu⁵⁵
0274	猫	猫 mɔ¹³
0275	公猫	雄猫 ioŋ³³mɔ⁵⁵
0276	母猫	雌猫 tsʰʅ⁵⁵mɔ⁵⁵
0277	狗统称	狗 kɯ⁵³
0278	公狗	雄狗 ioŋ³³kɯ⁵⁵
0279	母狗	雌狗 tsʰʅ⁵⁵kɯ⁵⁵
0280	叫狗～	叫 tɕiɔ³⁵
0281	兔子	兔子 tʰəu⁵⁵tsʅ⁵³
0282	鸡	鸡 tɕi⁵⁵
0283	公鸡成年的，未阉的	骚骨头雄鸡 sɔ⁵⁵koʔ⁵dəu³¹ioŋ³³tɕi³³
0284	母鸡已下过蛋的	老母鸡 lɔ¹³m̩⁵⁵tɕi⁰
0285	叫公鸡～（即打鸣儿）	叫 tɕiɔ³⁵
0286	下鸡～蛋	生 sɑ̃⁵⁵
0287	孵～小鸡	伏 bu¹³
0288	鸭	鸭 aʔ⁵
0289	鹅	鹅 u¹³
0290	阉～公的猪	阉 ie⁵⁵

续表

编　号	词　　条	方　　言
0291	阉~母的猪	（无）
0292	阉~鸡	劁 ɕie⁵⁵
0293	喂~猪	喂 i³⁵
0294	杀猪统称	杀猪 saʔ⁵tsʅ⁵⁵
0295	杀~鱼	杀 saʔ⁵

五、房舍器具

编　号	词　　条	方　　言
0296	村庄一个~	村 tsʰəŋ⁵⁵
0297	胡同统称:一条~	弄堂 loŋ³³dɑ̃³¹
0298	街道	街路 ka⁵⁵ləu⁵⁵
0299	盖房子	造房子 zɔ³³vɑ̃³³tsʅ⁵⁵
0300	房子整座的,不包括院子	房子 vɑ̃³³tsʅ⁵⁵
0301	屋子房子里分隔而成的,统称	房间 vɑ̃³³kɛ⁵⁵
0302	卧室	睏间 kʰuəŋ⁵⁵kɛ⁵³
0303	茅屋茅草等盖的	茅草棚 mɔ³³tsʰɔ⁵⁵bɑ̃⁵⁵
0304	厨房	灶头间 tsɔ⁵⁵dəɯ⁵⁵kɛ⁰ 灶披间 tsɔ⁵⁵pʰi⁵⁵kɛ⁰
0305	灶统称	灶头 tsɔ⁵⁵dəɯ³¹
0306	锅统称	镬子 oʔ²tsʅ⁰
0307	饭锅煮饭的	饭镬子 vɛ³³oʔ²tsʅ⁰
0308	菜锅炒菜的	菜镬子 tsʰɛ⁵⁵oʔ²tsʅ⁰

续表

编 号	词 条	方 言
0309	厕所旧式的，统称	茅坑 mɔ³³kʰã̃⁵⁵
0310	檩左右方向的	梁条 liã³³diɔ³³
0311	柱子	廊柱 lã̃³³zʅ³¹
0312	大门	大门 dəu³³məŋ³¹
0313	门槛儿	户槛 u⁵⁵kʰɛ⁰
0314	窗旧式的	窗 tsʰã̃⁵⁵
0315	梯子可移动的	扶梯 vu³³tʰi⁵⁵
0316	扫帚统称	扫帚 sɔ⁵⁵tsɯ⁵³
0317	扫地	扫地 sɔ⁵⁵di¹³
0318	垃圾	劳＝潮＝lɔ³³zɔ³³
0319	家具统称	家生 ka⁵⁵sã̃⁵⁵
0320	东西我的～	物事 məʔ²zʅ³³ 东西 toŋ⁵⁵ɕi⁵⁵
0321	炕土、砖砌的，睡觉用	（无）
0322	床木制的，睡觉用	床 zã̃¹³
0323	枕头	枕头 tsəŋ⁵⁵dɯ⁵⁵
0324	被子	被头 bi¹³dɯ³³
0325	棉絮	棉花絮 mie³³ho⁵⁵ɕi⁵⁵
0326	床单	褥单 ȵioʔ²tɛ⁵⁵
0327	褥子	垫絮 die³³ɕi⁵³
0328	席子	席 dzieʔ²
0329	蚊帐	帐子 tsã̃⁵⁵tsʅ⁵³
0330	桌子统称	台子 dɛ³³tsʅ⁵⁵
0331	柜子统称	橱门 zʅ³³məŋ³³

续表

编　号	词　条	方　言
0332	抽屉_{桌子的}	抽斗 tsʰəɯ⁵⁵təɯ⁵⁵
0333	案子_{长条形的}	柜台 dzi³³dɛ³¹
0334	椅子_{统称}	椅子 i⁵⁵tsɿ⁰
0335	凳子_{统称}	凳子 təŋ⁵⁵tsɿ⁵³
0336	马桶_{有盖的}	马桶 mo¹³doŋ⁰
0337	菜刀	切菜刀 tɕʰieʔ⁵tsʰɛ⁵³tɔ⁰
0338	瓢_{舀水的}	铜勺 doŋ³³zoʔ²
0339	缸	水缸 sɿ⁵⁵kuã̃⁵⁵
0340	坛子_{装酒的～}	酒甏 tɕiəɯ⁵⁵bã̃⁰
0341	瓶子_{装酒的～}	瓶 biŋ¹³
0342	盖子_{杯子的～}	盖头 kɛ⁵⁵dəɯ⁵³
0343	碗_{统称}	碗 ue⁵³
0344	筷子	筷 kʰue⁵³
0345	汤匙	瓢羹 biɔ³³kã̃⁵⁵ 瓢勺 biɔ³³kəɯ⁵⁵
0346	柴火_{统称}	柴爿 zã̃³³bɛ³³
0347	火柴	洋媒头 iã̃³³mei³³dəɯ³³ 洋火子 iã̃³³fu⁵⁵tsɿ⁵⁵
0348	锁	锁 so⁵³
0349	钥匙	钥匙 iaʔ²zɿ³³
0350	暖水瓶	热水瓶 nieʔ⁴sɿ⁵⁵biŋ⁰
0351	脸盆	面盆 mie³³bəŋ³¹
0352	洗脸水	潮ᵉ面水 zɔ³³mie³⁵sɿ⁰
0353	毛巾_{洗脸用}	潮ᵉ面手巾 zɔ³³mie³⁵səɯ⁵³tɕiŋ⁰

续表

编　号	词　条	方　言
0354	手绢	手巾 $\text{səɯ}^{55}\text{tɕiŋ}^{55}$ 绢头 $\text{tɕie}^{55}\text{dəɯ}^{53}$
0355	肥皂洗衣服用	洋肥皂 $\text{i}\tilde{\text{a}}^{33}\text{bi}^{33}\text{zɔ}^{33}$
0356	梳子旧式的,不是篦子	木梳 $\text{moʔ}^{2}\text{sʅ}^{55}$
0357	缝衣针	染=线 $\text{ȵie}^{13}\text{ɕie}^{0}$
0358	剪子	剪刀 $\text{tɕie}^{55}\text{tɔ}^{55}$
0359	蜡烛	洋蜡烛 $\text{i}\tilde{\text{a}}^{33}\text{laʔ}^{2}\text{tsoʔ}^{5}$
0360	手电筒	电筒 $\text{die}^{33}\text{doŋ}^{31}$
0361	雨伞挡雨的,统称	伞 sɛ^{35}
0362	自行车	脚踏车 $\text{tɕiaʔ}^{5}\text{daʔ}^{2}\text{tsʰo}^{55}$

六、服饰饮食

编　号	词　条	方　言
0363	衣服统称	衣裳 $\text{i}^{55}\text{z}\tilde{\text{ɑ}}^{55}$
0364	穿~衣服	着 tsaʔ^{5}
0365	脱~衣服	脱 tʰəʔ^{5}
0366	系~鞋带	苏= səɯ^{55}
0367	衬衫	衬衫 $\text{tsʰəŋ}^{55}\text{sɛ}^{53}$
0368	背心带两条杠的,内衣	汗背心 $\text{ei}^{33}\text{pei}^{55}\text{ɕiŋ}^{0}$
0369	毛衣	绒线衫 $\text{ȵioŋ}^{33}\text{ɕie}^{55}\text{sɛ}^{0}$
0370	棉衣	棉袄 $\text{mie}^{33}\text{ɔ}^{33}$
0371	袖子	袖子管 $\text{zəɯ}^{33}\text{tsʅ}^{55}\text{kue}^{0}$

续表

编　号	词　条	方　言
0372	口袋衣服上的	袋袋 dɛ³³dɛ³¹
0373	裤子	裤子 kʰəɯ⁵⁵tsղ⁵³
0374	短裤外穿的	短脚裤 tei⁵⁵tɕiaʔ⁵kʰəɯ⁰
0375	裤腿	裤脚管 kʰəɯ⁵⁵tɕiaʔ⁵kue⁰ 裤子脚管 kʰəɯ⁵⁵tsղ⁵⁵tɕiaʔ⁵kue⁰
0376	帽子统称	帽子 mɔ³³tsղ⁵³
0377	鞋子	鞋子 a³³tsղ⁵⁵
0378	袜子	洋袜 ia³³məʔ²
0379	围巾	围巾 i³³tɕiŋ⁵⁵
0380	围裙	围身 i³³səŋ⁵⁵
0381	尿布	尿布头 sղ⁵⁵pu⁵⁵dəɯ⁵⁵
0382	扣子	纽子 ȵiou¹³tsղ⁵⁵
0383	扣~扣子	纽 ȵiəɯ¹³
0384	戒指	戒指 ka⁵⁵tsղ⁵³
0385	手镯	镯子 zoʔ²tsղ⁰
0386	理发	剃头 tʰi⁵⁵dəɯ¹³
0387	梳头	梳头 sղ⁵⁵dəɯ¹³
0388	米饭	饭 vɛ¹³
0389	稀饭用米熬的，统称	粥 tsoʔ⁵
0390	面粉麦子磨的，统称	面粉 mie³³fəŋ⁵³
0391	面条统称	面羹 mie³³kã⁵³
0392	面儿玉米~，辣椒~	粉 fəŋ⁵³
0393	馒头无馅的，统称	面包 mie³³pɔ⁵³
0394	包子	包子 pɔ⁵⁵tsղ⁵⁵

编　号	词　条	方　言
0395	饺子	水饺 $sɿ^{55}$ tɕiɔ^0
0396	馄饨	馄饨 uəŋ^{33} dəŋ^{33}
0397	馅儿	馅子 ɛ^{55} tsɿ^{53}
0398	油条长条形的，旧称	油煤桧 iəu^{33} zaʔ^2 kue^0
0399	豆浆	豆腐浆 dəɯ^{33} vu^{13} tɕiã^0
0400	豆腐脑	豆腐花 dəɯ^{33} vu^{13} ho^0
0401	元宵食品	汤团 tʰã^{55} dei^{55}
0402	粽子	粽子 tsoŋ^{55} tsɿ^{53}
0403	年糕用黏性大的米或米粉做的	年糕 ȵie^{33} kɔ^{55}
0404	点心统称	点心 tie^{55} ɕiŋ^{55}
0405	菜吃饭时吃的，统称	小菜 ɕiɔ^{55} tsʰɛ^0
0406	干菜统称	梅干菜 mei^{33} kei^{55} tsʰɛ^{55}
0407	豆腐	豆腐 dəɯ^{33} vu^{31}
0408	猪血当菜的	猪血 tsɿ^{55} ɕioʔ^5
0409	猪蹄当菜的	脚爪 tɕiaʔ^5 tsɔ^0 脚蹄 tɕiaʔ^5 di^{55}
0410	猪舌头当菜的	门腔 məŋ^{33} tɕʰiã^{55}
0411	猪肝当菜的	猪肝 tsɿ^{55} kei^{55}
0412	下水猪牛羊的内脏	下水 o^{35} sɿ^0
0413	鸡蛋	鸡蛋 tɕi^{55} dɛ^{55}
0414	松花蛋	皮蛋 bi^{33} dɛ^{55}
0415	猪油	猪油 tsɿ^{55} iəu^{55}
0416	香油	麻油 mo^{33} iəu^{55}
0417	酱油	酱油 tɕiã^{55} iəu^{31}

续表

编　号	词　　条	方　言
0418	盐名词	盐 ie³⁵
0419	醋	神仙 zəŋ³³ ɕie³⁵ 老,婉称,常用 醋 tsʰəɯ³⁵ 新
0420	香烟	香烟 ɕia̠⁵⁵ ie⁵⁵
0421	旱烟	老烟 lɔ¹³ ie⁵⁵
0422	白酒	烧酒 sɔ⁵⁵ tsəɯ⁵⁵
0423	黄酒	绍兴酒 zɔ³³ ɕiŋ⁵³ tsəɯ⁵³ 老 黄酒 ua̠³³ tsəɯ⁵⁵ 新
0424	江米酒酒酿,醪糟	甜酒酿 die³³ tsəɯ⁵⁵ n̠ia̠⁵⁵
0425	茶叶	茶叶 zo³³ ieʔ²
0426	沏～茶	泡 pʰɔ³⁵
0427	冰棍儿	棒冰 ba̠³³ piŋ⁵⁵
0428	做饭统称	烧饭 sɔ⁵⁵ vɛ¹³
0429	炒菜统称,和做饭相对	烧菜 sɔ⁵⁵ tsʰɛ³⁵
0430	煮～带壳的鸡蛋	焐 u³⁵
0431	煎～鸡蛋	煎 tɕie⁵⁵
0432	炸～油条	余 tʰəŋ⁵³ 老 沸 fi³⁵ 新
0433	蒸～鱼	隔水蒸 kaʔ⁵ sɿ⁵³ tsəŋ⁰
0434	揉～面做馒头等	㧅 n̠ioʔ²
0435	擀～面,～皮儿	擀 kei⁵³
0436	吃早饭	吃早饭 tɕʰieʔ⁵ tsɔ³⁵ vɛ⁰
0437	吃午饭	吃中饭 tɕʰieʔ⁵ tsoŋ⁵⁵ vɛ⁵⁵
0438	吃晚饭	吃晚饭 tɕʰieʔ⁵ mɛ¹³ vɛ⁰ 吃夜饭 tɕʰieʔ⁵ ia⁵⁵ vɛ⁵³

编 号	词 条	方 言
0439	吃~饭	吃 tɕʰieʔ⁵
0440	喝~酒	吃 tɕʰieʔ⁵
0441	喝~茶	吃 tɕʰieʔ⁵
0442	抽~烟	吃 tɕʰieʔ⁵
0443	盛~饭	兜 təɯ⁵⁵
0444	夹用筷子~菜	搛 tɕie⁵⁵
0445	斟~酒	筛 sa⁵⁵
0446	渴口~	干 kei⁵⁵
0447	饿肚子~	饿 u¹³
0448	噎吃饭~着了	噎 ieʔ⁵

七、身体医疗

编 号	词 条	方 言
0449	头人的,统称	头 dəɯ¹³
0450	头发	头发 dəɯ³³faʔ⁵
0451	辫子	辫子 bie¹³tsɿ⁰
0452	旋	旋螺 dzie³³ləɯ³³
0453	额头	额骨头 aʔ²koʔ⁵dəɯ³⁵
0454	相貌	卖相 ma³³ɕiã~⁵³
0455	脸洗~	面 mie¹³
0456	眼睛	眼睛 ɛ¹³tɕiŋ⁵⁵
0457	眼珠统称	眼乌珠 ɛ¹³u⁵⁵tsɿ⁵⁵

续表

编　号	词　　条	方　　言
0458	眼泪哭的时候流出来的	眼泪水 ɛ¹³ li³³ sʅ⁰
0459	眉毛	眉毛 mi³³ mɔ³³
0460	耳朵	耳朵 ȵi¹³ to⁰
0461	鼻子	鼻头 bieʔ² dəɯ³³
0462	鼻涕统称	鼻涕 bieʔ² tʰi⁰
0463	擤~鼻涕	擤 hoŋ³⁵
0464	嘴巴人的,统称	嘴脯 tsʅ⁵⁵ bu⁵⁵
0465	嘴唇	嘴唇 tsʅ⁵⁵ zəŋ⁵⁵
0466	口水~流出来	馋吐水 ze³³ tʰəɯ⁵⁵ sʅ⁵⁵ 口里水 kʰəɯ⁵³ li³¹ sʅ⁰
0467	舌头	舌头 zəʔ² dəɯ³³
0468	牙齿	牙齿 a³³ tsʰʅ⁵⁵
0469	下巴	下巴头 o¹³ bo⁵⁵ dəɯ⁵⁵
0470	胡子嘴周围的	胡须 vu³³ ɕi⁵⁵
0471	脖子	头颈 də³³ tɕiŋ⁵³
0472	喉咙	喉咙头 əɯ³³ loŋ⁵⁵ dəɯ⁵⁵
0473	肩膀	肩架 tɕie⁵⁵ ka⁵⁵
0474	胳膊	臂膊 pi⁵⁵ po⁵³ "膊"舒化
0475	手他的~摔断了	手 səɯ⁵³ 包括臂
0476	左手	济⁼手 tɕi⁵⁵ səɯ⁵³
0477	右手	顺手 zəŋ³³ səɯ⁵³
0478	拳头	拳头 dzie³³ dəɯ³³
0479	手指	节头 tɕieʔ⁵ dəɯ³³ 节头牯 tɕieʔ⁵ dəɯ⁵⁵ kəɯ⁵⁵

编　号	词　条	方　言
0480	大拇指	大拇节头 dəɯ³³ m³⁵ tɕieʔ⁵ dəɯ⁰
0481	食指	二拇节头 ȵi³³ m³⁵ tɕieʔ⁵ dəɯ⁰ 老 点人节头 tie⁵⁵ ȵiŋ⁵⁵ tɕieʔ² dəɯ⁰ 新
0482	中指	中拇节头 tsoŋ⁵⁵ m³⁵ tɕieʔ⁵ dəɯ⁰ 老 当中节头 tã⁵⁵ tsoŋ⁵⁵ tɕieʔ⁵ dəɯ⁰ 新
0483	无名指	四拇节头 sɿ⁵⁵ m³⁵ tɕieʔ⁵ dəɯ⁰ 老 无名节头 u³³ miŋ³⁵ tɕieʔ⁵ dəɯ⁰ 新
0484	小拇指	末拖节头 məʔ² tʰəɯ⁵⁵ tɕieʔ⁵ dəɯ⁰ 老 小拇节头 ɕiɔ⁵³ m³⁵ tɕieʔ⁵ dəɯ⁰ 新
0485	指甲	指爪 tsɿ⁵⁵ tsɔ⁰
0486	腿	脚 tɕiaʔ⁵
0487	脚他的~压断了	脚 tɕiaʔ⁵ 包括大腿和小腿
0488	膝盖指部位	脚馒头 tɕiaʔ⁵ mɛ⁵⁵ dəɯ⁵⁵ 膝壳馒头 ɕieʔ⁵ kʰu⁵⁵ mɛ⁵⁵ dəɯ⁵⁵
0489	背名词	背脊 pei⁵⁵ tɕieʔ⁵
0490	肚子腹部	肚皮 dəɯ³³ bi³³
0491	肚脐	肚脐眼 dəɯ¹³ dʑi⁵⁵ ɛ⁵⁵
0492	乳房女性的	妈妈 ma⁵⁵ ma⁵⁵
0493	屁股	屁烂＝ pʰi⁵⁵ lɛ⁵³
0494	肛门	洞疝 doŋ³³ koŋ⁵³ 洞疝子 doŋ³³ koŋ⁵³ tsɿ⁰
0495	阴茎成人的	百鸟 paʔ⁵ tiɔ⁵³
0496	女阴成人的	屄 pi⁵⁵
0497	奅动词	戳 tsʰoʔ⁵
0498	精液	屄水 zoŋ³³ sɿ⁵⁵

续表

编　号	词　　条	方　　言
0499	来月经	身浪=来 səŋ⁵⁵ lɑ̃³³ lɛ³³
0500	拉屎	拆浣 tsʰaʔ⁵ u³⁵ 老 射浣① zaʔ¹³ u³⁵ 新
0501	撒尿	拆屎 tsʰaʔ⁵ sʯ⁵⁵ 老 射尿 zaʔ³³ sʯ⁵⁵ 新
0502	放屁	拆屁 tsʰaʔ⁵ pʰi³⁵ 射屁 zaʔ¹³ pʰi³⁵
0503	相当于"他妈的"的口头禅	俫妈癫痢 na⁵⁵ maʔ² la⁵⁵ li⁵⁵ 俫妈拉=乌 na⁵⁵ maʔ² la⁵⁵ u⁵⁵
0504	病了	生毛病 sɑ̃⁵⁵ mɔ³³ biŋ³³
0505	着凉	受凉 zə³³ liɑ̃³³
0506	咳嗽	呛 tɕʰiɑ̃³⁵
0507	发烧	发寒热 faʔ⁵ ɛ³³ ȵieʔ²
0508	发抖	发抖 faʔ⁵ təɯ⁵³
0509	肚子疼	肚里痛 dəɯ¹³ li³¹ tʰoŋ⁰
0510	拉肚子	肚皮射 dəɯ¹³ bi³³ za³³
0511	患疟疾	发冷热病 faʔ⁵ lɑ̃¹³ ȵieʔ² biŋ⁰
0512	中暑	痧气 sa⁵⁵ tɕʰi⁵⁵
0513	肿	虚 həɯ⁵⁵
0514	化脓	灌脓 kuəŋ⁵⁵ loŋ¹³
0515	疤好了的	疤 po⁵⁵
0516	癣	癣 ɕie⁵³
0517	痣凸起的	痣 tsʯ³⁵

---

　　①　海宁方言"射浣"实际音值同"柴=浣","柴=""射"不同音,"柴="音 za¹³,
"射"音 zei¹³ 老男,ze¹³ 青男。下同。

续表

编 号	词 条	方 言
0518	疙瘩_{蚊子咬后形成的}	块 k^hue^{35}
0519	狐臭	猫狗臭 mɔ^{33}kəɯ^{55}ts^{h}əɯ^{55}
0520	看病	看毛病 k^hei^{55}mɔ^{31}biŋ^{33}
0521	诊脉	搭脉 taʔ^{5}maʔ^2
0522	针灸	针灸 tsəŋ^{55}tɕiəɯ^{55}
0523	打针	打针 tã^{55}tsəŋ^{55}
0524	打吊针	挂盐水 ko^{55}ie^{33}sʅ^{55}
0525	吃药_{统称}	吃药 tɕ^{h}ieʔ^{5}iaʔ^2
0526	汤药	中药 tsoŋ^{55}iaʔ^2
0527	病轻了	毛病好点哩 mɔ^{33}biŋ^{33}hɔ^{55}tieʔ^{5}li^0

八、婚丧信仰

编 号	词 条	方 言
0528	说媒	做媒人 tsəɯ^{55}mei^{33}ȵiŋ^{55}
0529	媒人	媒婆 mei^{33}bu^{55}
0530	相亲	见面 tɕie^{55}mie^{13}
0531	订婚	定亲 diŋ^{33}tɕ^{h}iŋ^{55}
0532	嫁妆	嫁妆 ka^{55}tsã^{53}
0533	结婚_{统称}	拜堂 pa^{55}dã^{13}
0534	娶妻子_{男子～,动宾}	讨娘子 t^hɔ^{55}ȵiã^{33}tsʅ^{55}
0535	出嫁_{女子～}	嫁姑娘 ka^{55}kəɯ^{55}ȵiã^{55}
0536	拜堂	拜天地 pa^{55}t^{h}ie^{55}di^{55}

续表

编　号	词　条	方　言
0537	新郎	新官人 ɕiŋ⁵⁵ kue⁵⁵ ȵiŋ⁵⁵
0538	新娘子	新娘子 ɕiŋ⁵⁵ ȵiã̃³³ tsʅ⁵⁵
0539	孕妇	大肚皮 dəu³³ dɯ¹³ bi³¹
0540	怀孕	有喜 iəu³³ ɕi⁵³
0541	害喜妊娠反应	反应 fei⁵⁵ iŋ⁰
0542	分娩	养小人 iã̃³³ ɕiɔ⁵⁵ ȵiŋ⁵⁵
0543	流产	落小产 loʔ² ɕiɔ⁵⁵ tsʰɛ⁰
0544	双胞胎	双生子 sã̃⁵⁵ sã̃⁵⁵ tsʅ⁵⁵
0545	坐月子	做舍姆 tsəu⁵⁵ so⁵⁵ m⁰
0546	吃奶	吃妈妈 tɕʰieʔ⁵ ma⁵⁵ ma⁵⁵
0547	断奶	辣⁼妈妈 laʔ² ma⁵⁵ ma⁵⁵
0548	满月	满月 mɛ³³ ioʔ²
0549	生日统称	生日 sã̃⁵⁵ ȵieʔ²
0550	做寿	做寿 tsəu⁵⁵ zəɯ¹³
0551	死统称	死 ɕi⁵³
0552	死婉称,最常用的几种,指老人:他～了	过世 kəu⁵⁵ sʅ³⁵ 回去 ue³³ tɕʰi³⁵
0553	自杀	自杀 zʅ³³ saʔ⁵
0554	咽气	断气 dei⁵⁵ tɕʰi⁵⁵
0555	入殓	收作 səɯ⁵⁵ tsoʔ⁵
0556	棺材	棺材 kue⁵⁵ zei⁵⁵
0557	出殡	出丧 tsʰəʔ⁵ sã̃⁵⁵
0558	灵位	牌位 ba³³ ue³³
0559	坟墓单个的,老人的	坟墩 vəŋ³³ təŋ⁵⁵

编　号	词　条	方　言
0560	上坟	上坟 za^{33} vəŋ^{33}
0561	纸钱	黄千纸 uɑ̃^{33} tɕʰie^{55} tsʅ^{55}
0562	老天爷	天老爷 tʰie^{55} lɔ^{55} ia^{55}
0563	菩萨统称	菩萨 bu^{33} saʔ^5
0564	观音	观世音娘娘 kue^{55} sʅ^{55} iŋ^{55} ȵiɑ̃^{55} ȵiɑ̃^{55}
0565	灶神口头的叫法	灶家菩萨 tsɔ^{55} ka^{55} bu^{33} səʔ^5 灶头菩萨 tsɔ^{55} dɯ^{55} bu^{33} səʔ^5
0566	寺庙	庙 miɔ^{13}
0567	祠堂	祠堂 zʅ^{33} dɑ̃^{33}
0568	和尚	和尚 u^{33} zɑ̃^{33}
0569	尼姑	师姑 sʅ^{55} kəu^{55}
0570	道士	道士 dɔ^{13} zʅ^{0}
0571	算命统称	算命 sei^{55} miŋ^{13}
0572	运气	运道 iŋ^{55} dɔ^{53}
0573	保佑	保佑 pɔ^{55} iəu^{0}

九、人品称谓

编　号	词　条	方　言
0574	人一个~	人 ȵiŋ^{13}
0575	男人成年的,统称	男人家 nei^{33} ȵiŋ^{55} ka^{55}
0576	女人三四十岁已婚的,统称	女人家 ȵi^{33} ȵiŋ^{55} ka^{55}
0577	单身汉	光棍 kuɑ̃^{55} kuəŋ^{55} 光棍大佬 kuɑ̃^{55} kuəŋ^{55} dəu^{53} lɔ^{0}

续表

编　号	词　条	方　言
0578	老姑娘	老大姑娘 lɔ¹³ dəu³³ kəu³¹ n̠iã⁰
0579	婴儿	小毛头 ɕiɔ⁵⁵ mɔ⁵⁵ dəu⁵⁵
0580	小孩三四岁的,统称	小人家 ɕiɔ⁵⁵ n̠iŋ⁵⁵ ka⁵⁵ 小把戏 ɕiɔ⁵⁵ paʔ⁵ ɕi⁰ "把"促化 小鬼头 ɕiɔ⁵⁵ tɕi⁵⁵ dəu⁰
0581	男孩统称:外面有个~在哭	男小人 neʔ³³ ɕiɔ⁵⁵ n̠iŋ⁵⁵
0582	女孩统称:外面有个~在哭	女小人 n̠i³⁵ ɕiɔ⁵⁵ n̠iŋ⁰ 小姑娘 ɕiɔ⁵⁵ kəu⁵⁵ n̠iã⁵⁵
0583	老人七八十岁的,统称	老人家 lɔ¹³ n̠iŋ⁵⁵ ka⁵⁵
0584	亲戚统称	亲眷 tɕʰiŋ⁵⁵ tɕie⁵⁵
0585	朋友统称	朋友 bã³³ iəu³³
0586	邻居统称	邻舍 liŋ³³ so⁵⁵ 邻舍隔壁 liŋ³³ so⁵⁵ kaʔ⁵ pieʔ⁵
0587	客人	客人 kʰaʔ⁵ n̠iŋ⁵⁵
0588	农民	乡下人 ɕiã⁵⁵ o⁵⁵ n̠iŋ⁵⁵
0589	商人	生意人 sã⁵⁵ i⁵⁵ n̠iŋ⁵⁵
0590	手艺人统称	手艺人 səu⁵⁵ n̠i³¹ n̠iŋ⁵⁵
0591	泥水匠	泥水 n̠i³³ sʅ⁵⁵
0592	木匠	木匠 moʔ² dʑiã⁰
0593	裁缝	裁缝 zei³³ voŋ¹³
0594	理发师	剃头师父 tʰi⁵⁵ dəu⁵⁵ sʅ⁵³ vu⁰
0595	厨师	厨上师父 zʅ³³ zã³⁵ sʅ⁵⁵ vu⁵⁵
0596	师傅	师父 sʅ⁵⁵ vu⁵⁵
0597	徒弟	徒弟 dəu³³ di⁵⁵
0598	乞丐统称,非贬称	告化子 kɔ⁵⁵ ho⁵⁵ tsʅ⁰

续表

编　号	词　条	方　言
0599	妓女	野鸡 ia^{13}tɕi^{55} 癞三 la^{33}sɛ^{53}
0600	流氓	阿飞 aʔ^{5}fi^{55}女 流氓 ləɯ^{33}mã^{33}男
0601	贼	贼骨头 zəʔ^{2}koʔ^{5}dəɯ^{55}
0602	瞎子统称,非贬称	盲子 mã^{33}tsɿ^{55} 瞎子 haʔ^{5}tsɿ^0
0603	聋子统称,非贬称	聋鼙 loŋ^{33}bã^{55}
0604	哑巴统称,非贬称	哑巴子 a^{55}pa^{55}tsɿ^{55} 哑子 o^{55}tsɿ^0
0605	驼子统称,非贬称	驼背 dəɯ^{33}pei^{55} 驼子 dəɯ^{33}tsɿ^{55}
0606	瘸子统称,非贬称	翘脚 tɕʰiɔ^{55}tɕiaʔ^5
0607	疯子统称,非贬称	独头 doʔ^{2}dəɯ^{33}
0608	傻子统称,非贬称	呆徒 ɛ^{33}dəɯ^{55} 木徒 moʔ^{2}dəɯ^{55}
0609	笨蛋蠢的人	笨徒 bəŋ^{33}dəɯ^{31} 木撞 moʔ^{2}tsʰoŋ^0
0610	爷爷呼称,最通用的	爹爹 tia^{55}tia^{55}
0611	奶奶呼称,最通用的	奶奶 na^{55}na^{55}
0612	外祖父叙称	外公 a^{33}koŋ^{53}
0613	外祖母叙称	外婆 a^{33}bu^{31}
0614	父母合称	爷娘 ia^{33}ȵiã^{33}
0615	父亲叙称	爷 ia^{13}
0616	母亲叙称	娘 ȵiã^{13}

续表

编　号	词　条	方　言
0617	爸爸_{呼称,最通用的}	爸爸 pa⁵⁵ pa⁵⁵
0618	妈妈_{呼称,最通用的}	姆妈 m³³ ma³³
0619	继父_{叙称}	晚爷 mɛ³³ ia³³
0620	继母_{叙称}	晚娘 mɛ³³ n̠ia³³
0621	岳父_{叙称}	丈人 zã¹³ n̠iŋ³³ 丈人阿伯 zã¹³ n̠iŋ³³ aʔ⁵ paʔ⁵
0622	岳母_{叙称}	丈母 zã¹³ m⁰ 丈母娘 zã¹³ m³³ n̠iã⁰
0623	公公_{叙称}	阿公 aʔ⁵ koŋ⁵⁵ 阿公老头 aʔ⁵ koŋ⁵⁵ lɔ⁵⁵ dəu⁵⁵
0624	婆婆_{叙称}	阿婆 aʔ⁵ bu³³ 阿婆娘 aʔ⁵ bu⁵⁵ n̠iã⁵⁵
0625	伯父_{呼称,统称}	大伯 dəu³³ paʔ⁵
0626	伯母_{呼称,统称}	大妈 dəu³³ ma³¹
0627	叔父_{呼称,统称}	小伯 ɕiɔ⁵⁵ paʔ⁵ 阿叔 aʔ⁵ soʔ⁵
0628	排行最小的叔父_{呼称,如"幺叔"}	小阿叔 ɕiɔ⁵⁵ aʔ⁵ soʔ⁵
0629	叔母_{呼称,统称}	婶婶 səŋ⁵⁵ səŋ⁰
0630	姑_{呼称,统称}	伯伯 ba³³ pa⁵³ 五⁼娘 ŋ⁵⁵ n̠iã⁵⁵ 伯 paʔ⁵
0631	姑父_{呼称,统称}	伯爷 pa³³ ia⁵³ 老 姑夫 kəu⁵⁵ fu⁵⁵ 新
0632	舅舅_{呼称}	娘舅 n̠iã³³ dziəu³³
0633	舅妈_{呼称}	舅妈 dziəu³³ ma³³
0634	姨_{呼称,统称}	阿姨 a⁵⁵ i⁵⁵

编　号	词　条	方　言
0635	姨父 呼称,统称	姨夫 i³³fu⁵⁵
0636	弟兄 合称	兄弟 ɕioŋ⁵⁵di⁵⁵
0637	姊妹 合称	姊妹 tɕi⁵⁵mei⁰ 不包括男性
0638	哥哥 呼称,统称	阿哥 aʔ⁵kəu⁵⁵
0639	嫂子 呼称,统称	阿嫂 aʔ⁵sɔ⁵⁵ 老 嫂嫂 sɔ⁵⁵sɔ⁵⁵ 新
0640	弟弟 叙称	兄弟 ɕioŋ⁵⁵di⁵⁵
0641	弟媳 叙称	弟媳 di¹³ɕi⁵⁵ 弟媳妇 di¹³ɕi⁵⁵vu⁵⁵
0642	姐姐 呼称,统称	阿姊 aʔ⁵tɕi⁵⁵
0643	姐夫 呼称	姊夫 tɕi⁵⁵fu⁵⁵
0644	妹妹 叙称	妹子 mei³³tsʅ⁵³
0645	妹夫 叙称	妹夫 mei³³fu⁵³
0646	堂兄弟 叙称,统称	堂兄弟 dã³³ɕioŋ⁵⁵di⁵⁵
0647	表兄弟 叙称,统称	表兄弟 piɔ⁵⁵ɕioŋ⁵⁵di⁵⁶
0648	妯娌 弟兄妻子的合称	伯母 paʔ⁵mu⁰
0649	连襟 姊妹丈夫的关系,叙称	连襟 lie³³tɕiŋ⁵⁵
0650	儿子 叙称	儿子 ŋ³³tsʅ⁵⁵
0651	儿媳妇 叙称	媳妇 ɕi⁵⁵vu⁵⁵
0652	女儿 叙称	姑娘 kəu⁵⁵ɳiã⁵⁵
0653	女婿 叙称	女婿 ɳi¹³ɕi⁰
0654	孙子 儿子之子	孙子 səŋ⁵⁵tsʅ⁵⁵
0655	重孙子 儿子之孙	玄孙 ie³³səŋ⁵⁵
0656	侄子 弟兄之子	侄儿 zəʔ²ŋ³³

续表

编　号	词　条	方　言
0657	外甥_{姐妹之子}	外甥 ua⁵⁵sã⁵³
0658	外孙_{女儿之子}	外甥 ua⁵⁵sã⁵³
0659	夫妻_{合称}	夫妻 fu⁵⁵tɕʰi⁵⁵
0660	丈夫_{叙称，最通用的，非贬称}	男人 nei³³n̠iŋ⁵⁵ 老官 lɔ¹³kue⁵⁵
0661	妻子_{叙称，最通用的，非贬称}	女人 n̠i¹³n̠iŋ³³ 屋里向 oʔ⁵li³³ɕiã̃⁰
0662	名字	名字 miŋ³³zɿ⁵⁵
0663	绰号	绰号 tsʰəʔ⁵ɔ⁰

十、农工商文

编　号	词　条	方　言
0664	干活儿_{统称：在地里～}	做生活 tsəu⁵⁵sã̃⁵³uəʔ²
0665	事情_{一件～}	事体 zɿ³³tʰi⁵³
0666	插秧	插秧 tsʰaʔ⁵iã̃⁵⁵
0667	割稻	斫稻 tsoʔ⁵dɔ³¹
0668	种菜	种菜 tsoŋ⁵⁵tsʰɛ⁵⁵
0669	犁_{名词}	犁 li¹³
0670	锄头	锄头 zɿ³³dɯ⁵⁵
0671	镰刀	稻镠 dɔ¹³tɕieʔ⁵
0672	把儿_{刀～}	柄 piŋ³⁵
0673	扁担	扁担 pie⁵⁵tei⁰
0674	箩筐	箩 ləu¹³

续表

编 号	词 条	方 言
0675	筛子_{统称}	筛子 s $_1^{55}$ ts $_1^{55}$
0676	簸箕_{农具,有梁的}	土箕 tʰu^{55} da^0
0677	簸箕_{簸米用}	(无)
0678	独轮车	独轮车 doʔ^2 leŋ^{33} tsʰo^{55}
0679	轮子_{旧式的,如独轮车上的}	轮盘 ləŋ^{33} bei^{55}
0680	碓_{整体}	(无)
0681	臼	石臼 zaʔ^2 dʑiɯ^0
0682	磨_{名词}	磨子 mo^{33} ts $_1^{53}$
0683	年成	年成 n̠ie^{33} zəŋ^{55} 收成 sɯ^{55} zəŋ^{55}
0684	走江湖_{统称}	跑江湖 bɔ^{33} kuã^{55} ɸu^{55}
0685	打工	学生意 oʔ^2 sã^{55} i^{55}
0686	斧子	斧头 fu^{55} dɯ^{55}
0687	钳子	夹钳 gəʔ^2 dʑie^{35}
0688	螺丝刀	开刀 kʰɛ^{55} tɔ^{55}
0689	锤子	榔头 lã^{33} dɯ^{33}
0690	钉子	洋钉 iã^{33} tiŋ^{55}
0691	绳子	绳 zəŋ^{13}
0692	棍子	棍子 kuəŋ^{55} ts $_1^{53}$
0693	做买卖	做生意 tsɯ^{55} sã^{55} i^{55}
0694	商店	店家 tie^{55} ka^{53}
0695	饭馆	馆子店 kue^{55} ts $_1^{53}$ tie^0
0696	旅馆_{旧称}	客栈 kʰaʔ^5 zei^0
0697	贵	贵 tɕi^{35}

续表

编　号	词　条	方　言
0698	便宜	贱 dzie¹³
0699	合算	合算 kəʔ⁵ sei⁰
0700	折扣	折头 tsəʔ⁵ dɯ⁵⁵
0701	亏本	折本 zəʔ² pəŋ⁵³
0702	钱统称	铜钿 doŋ³³ die³⁵ 老 洋钿 ĩã³³ die³⁵ 老 钞票 tsʰɔ⁵⁵ pʰiɔ⁰ 新
0703	零钱	零钿 liŋ³³ die³⁵
0704	硬币	角子 koʔ⁵ tsʅ⁰
0705	本钱	本钿 pəŋ⁵⁵ die⁵⁵
0706	工钱	工钿 koŋ⁵⁵ die⁵⁵
0707	路费	盘缠 bei³³ zei³⁵ 盘钿 bei³³ die³⁵
0708	花~钱	用 ioŋ³⁵
0709	赚卖一斤能~一毛钱	赚 zɛ²³¹
0710	挣打工~了一千块钱	寻 dziŋ¹³
0711	欠~他十块钱	缺 tɕʰioʔ⁵ 欠 tɕʰie³⁵
0712	算盘	算盘 sei⁵⁵ bei⁵³
0713	秤统称	秤 tsʰəŋ³⁵
0714	称用秤秤~	称 tsʰəŋ⁵⁵
0715	赶集	出市 tsʰəʔ⁵ zʅ³¹
0716	集市	市 zʅ²³¹
0717	庙会	庙会 miɔ³³ ue⁵³
0718	学校	学堂 oʔ² dã³⁵

续表

编 号	词 条	方 言
0719	教室	课堂 $k^h\partial u^{55} d\tilde{a}^{53}$
0720	上学	读书 $do?^2 s\eta^{55}$
0721	放学	放中饭 $f\tilde{a}^{55} tso\eta^{55} v\varepsilon^{55}$ 放晚学 $f\tilde{a}^{55} m\varepsilon^{13} o?^2$
0722	考试	考试 $k^h\mathfrak{o}^{55} s\eta^0$
0723	书包	书包 $s\eta^{55} p\mathfrak{o}^{55}$
0724	本子	簿子 $bu^{13} ts\eta^0$
0725	铅笔	铅笔 $k^h\varepsilon^{55} pie?^5$
0726	钢笔	钢笔 $ku\tilde{a}^{55} pie?^5$
0727	圆珠笔	原珠笔 $\textrm{n}ie^{33} ts\eta^{53} pie?^5$
0728	毛笔	墨笔 $m\partial?^2 pie?^5$ 老 毛笔 $m\mathfrak{o}^{33} pie?^5$ 新
0729	墨	墨 $m\partial?^2$
0730	砚台	砚瓦 $\textrm{n}ie^{33} o^{31}$
0731	信—封~	信 $\varepsilon i\eta^{35}$
0732	连环画	花书 $ho^{55} s\eta^{55}$
0733	捉迷藏	盘＝猫 $b\varepsilon^{33} m\mathfrak{o}^{13}$
0734	跳绳	跳绳 $t^h i\mathfrak{o}^{55} z\partial\eta^{13}$
0735	毽子	毽子 $t\varepsilon ie^{55} ts\eta^{53}$
0736	风筝	鹞子 $i\mathfrak{o}^{33} ts\eta^{53}$
0737	舞狮	狮子舞 $s\eta^{55} ts\eta^{55} u^{55}$ 舞狮子 $u^{33} s\eta^{55} ts\eta^{55}$
0738	鞭炮统称	百子 $pa?^5 ts\eta^0$
0739	唱歌	唱歌 $ts^h\tilde{a}^{55} k\partial u^{55}$
0740	演戏	做戏 $tsu\partial^{55} \varepsilon i^{35}$

续表

编　号	词　条	方　言
0741	锣鼓 统称	锣鼓家生 ləu^{33} kəu^{55} kɑ̃^{55} sɑ̃^{55}
0742	二胡	胡琴 u^{33} dʑiŋ^{55} 二胡 ȵi^{33} u^{31}
0743	笛子	笛 dieʔ^{2} 笛子 dieʔ^{2} tsɿ^{0}
0744	划拳	豁拳头 huaʔ^{5} dʑie^{33} dəɯ^{55}
0745	下棋	走棋 tsəɯ^{55} dʑi^{33}
0746	打扑克	打牌 tɑ̃^{55} bɑa^{33}
0747	打麻将	抄麻将 tsʰɔ^{53} mo^{33} tɕiɑ̃^{55}
0748	变魔术	变戏法 pie^{55} ɕi^{55} faʔ^{5}
0749	讲故事	讲故事 kuɑ̃^{55} kəu^{55} zɿ^{31}
0750	猜谜语	猜谜子 tsʰei^{55} mei^{33} tsɿ^{53}
0751	玩儿 游玩：到城里～	别＝相 bieʔ^{2} ɕiɑ̃^{0}
0752	串门儿	跑人家 bɔ^{33} ȵiŋ^{33} ka^{55}
0753	走亲戚	跑亲眷 bɔ^{33} tɕʰiŋ^{55} tɕie^{55}

十一、动作行为

编　号	词　条	方　言
0754	看～电视	看 kʰei^{35}
0755	听 用耳朵～	听 tʰiŋ^{55}
0756	闻 嗅：用鼻子～	闻 vəŋ^{13}
0757	吸～气	吸 ɕieʔ^{5}
0758	睁～眼	张开 tsɑ̃^{55} kʰɛ^{55}

续表

编　号	词　条	方　言
0759	闭～眼	眕 ka?⁵
0760	眨～眼	睞 ka?⁵
0761	张～嘴	张开 tsɑ̃⁵⁵ kʰɛ⁵⁵
0762	闭～嘴	闭拢 pi⁵⁵ loŋ⁵³
0763	咬狗～人	咬 ɔ²³¹
0764	嚼把肉～碎	嚼 dzia?²
0765	咽～下去	咽 ie³⁵ 吞 tʰəŋ⁵⁵
0766	舔人用舌头～	舔 tʰie⁵³
0767	含～在嘴里	含 ɛ³³
0768	亲嘴	香嘴脯＝ ɕiã⁵³ tsɿ⁵⁵ bu⁵⁵ 香面孔 ɕiã⁵³ mie³³ kʰoŋ⁵³
0769	吮吸用嘴唇聚拢吸取液体,如吃奶时	唦 so?⁵
0770	吐上声,把果核儿～掉	吐 tʰəu⁵³
0771	吐去声,呕吐:喝酒喝～了	吐 tʰəu³⁵
0772	打喷嚏	打嚏 tɑ̃⁵⁵ tʰi³⁵
0773	拿用手把苹果～过来	拿 no⁵⁵
0774	给他～我一个苹果	本＝ pəŋ⁵³ 拨 pə?⁵
0775	摸～头	摸 mo?²
0776	伸～手	伸 səŋ⁵⁵
0777	挠～痒痒	爪 tsɔ⁵⁵
0778	掐用拇指和食指的指甲～皮肉	扚 tie?⁵
0779	拧～螺丝	搣 mie?² 老 旋 dzie¹³ 新

续表

编　号	词　条	方　言
0780	拧~毛巾	捩 lieʔ²
0781	捻用拇指和食指来回~碎	捻 ȵie¹³
0782	掰把橘子~开,把馒头~开	擘 paʔ⁵
0783	剥~花生	剥 poʔ⁵
0784	撕把纸~了	扯 tsʰa⁵³
0785	折把树枝~断	拗 ɔ⁵³
0786	拔~萝卜	拔 baʔ²
0787	摘~花	采 tsʰei⁵³
0788	站站立:~起来	立 lieʔ²
0789	倚斜靠:~在墙上	隑 gei¹³
0790	蹲~下	伏 bu¹³
0791	坐~下	坐 zəu²³¹
0792	跳青蛙~起来	蹦 poŋ³⁵ 蹿 tsʰei⁵⁵
0793	迈跨过高物:从门槛上~过去	跨 kʰo³⁵
0794	踩脚~在牛粪上	踏 daʔ²
0795	翘~腿	翘 tɕʰiɔ³⁵
0796	弯~腰	怄 =əɯ³⁵老 弯 uɛ⁵⁵新
0797	挺~胸	挺 tʰiŋ⁵³
0798	趴~着睡	覆 pʰoʔ⁵
0799	爬小孩在地上~	爬 bo¹³
0800	走慢慢儿~	跑 bɔ¹³
0801	跑慢慢儿走,别~	傽 =zɛ¹³

续表

编号	词　条	方　言
0802	逃逃跑：小偷~走了	逃 dɔ¹³
0803	追追赶：~小偷	追 tse⁵⁵
0804	抓~小偷	捉 tsoʔ⁵
0805	抱把小孩~在怀里	怀 ga¹³ 老 抱 bɔ²³¹ 新
0806	背~孩子	驮 dəu¹³ 老 背 pei³⁵ 新
0807	搀~老人	搀 tsʰɛ⁵⁵ 扶 vu¹³
0808	推几个人一起~汽车	搀= tsʰɛ⁵⁵
0809	摔跌：小孩~倒了	掼 guɛ¹³
0810	撞人~到电线杆上	撞 zɑ̃²³¹
0811	挡你~住我了，我看不见	兜= tei⁵³
0812	躲躲藏：他~在床底下	伴= bɛ¹³
0813	藏藏放，收藏：钱~在枕头下面	园 kʰuɑ̃³⁵
0814	放把碗~在桌子上	摆 pa⁵³
0815	摞把砖~起来	叠 diaʔ²
0816	埋~在地下	埋 ma²³¹
0817	盖把茶杯~上	盖 kɛ³⁵
0818	压用石头~住	压 aʔ⁵
0819	撳用手指按：~图钉	揿 tɕʰiŋ³⁵
0820	捅用棍子~鸟窝	捅 tʰoŋ⁵³
0821	插把香~到香炉里	插 tsʰaʔ⁵
0822	戳~个洞	戳 tsʰoʔ⁵
0823	砍~树	劈 pʰieʔ⁵

续表

编 号	词 条	方 言
0824	剁把肉~碎做馅儿	斩 tsei⁵⁵ 调殊
0825	削~苹果	削 ɕiaʔ⁵
0826	裂木板~开了	豁 huaʔ⁵
0827	皱皮~起来	皱 tsɯ³⁵
0828	腐烂死鱼~了	烂 lɛ¹³
0829	擦用毛巾~手	揩 kʰa⁵⁵
0830	倒把碗里的剩饭~掉	划 uaʔ²
0831	扔丢弃:这个东西坏了,~了它	掼 guɛ¹³
0832	扔投掷:比一比谁~得远	甩 toʔ⁵
0833	掉掉落,坠落:树上~下一个梨	开⁼ kʰei⁵³
0834	滴水~下来	渧 ti³⁵
0835	丢丢失:钥匙~了	开⁼脱 kʰei⁵⁵tʰəʔ⁵
0836	找寻找:钥匙~到	寻 dziŋ¹³
0837	捡~到十块钱	撰⁼ zei²³¹
0838	提用手把篮子~起来	拎 liŋ⁵⁵
0839	挑~担	挑 tʰiɔ⁵⁵
0840	扛把锄头~在肩上	掮 dzie¹³
0841	抬~轿	抬 dei¹³
0842	举~旗子	举 tɕi⁵³
0843	撑~伞	撑 tsʰã̃⁵⁵
0844	撬把门~开	挢 dziɔ²³¹
0845	挑挑选,选择:你自己~一个	拣 kei⁵³
0846	收拾~东西	收作 sɯ⁵⁵tsoʔ⁵
0847	挽~袖子	卷 tɕie⁵³

编　号	词　条	方　言
0848	涮把杯子~一下	汰 da¹³
0849	洗~衣服	汰 da¹³
0850	捞~鱼	捞 lɔ⁵⁵
0851	拴~牛	苏⁼ səu⁵⁵
0852	捆~起来	□ guəŋ²³¹
0853	解~绳子	解 ga²³¹
0854	挪~桌子	挪 no⁵⁵
0855	端~碗	端 tei⁵⁵
0856	摔碗~碎了	开⁼ kʰei⁵⁵
0857	掺~水	掺 tsʰɛ⁵⁵
0858	烧~柴	烧 sɔ⁵⁵
0859	拆~房子	拆 tsʰaʔ⁵
0860	转~圈儿	旋 dʑie¹³
0861	捶用拳头~	敲 kʰɔ⁵⁵
0862	打统称:他~了我一下	敲 kʰɔ⁵⁵
0863	打架动手:两个人在~	打相打 tɑ̃⁵⁵ ɕiɑ̃⁵⁵ tɑ̃⁵⁵
0864	休息	醒⁼醒 ɕiŋ⁵⁵ ɕiŋ⁰ 醒⁼醒力 ɕiŋ⁵⁵ ɕiŋ⁵⁵ lieʔ²
0865	打哈欠	打花⁼险 tɑ̃⁵⁵ ho⁵⁵ ɕie⁵⁵
0866	打瞌睡	打瞌睖 tɑ̃⁵⁵ kʰəʔ⁵ tsʰoŋ⁰
0867	睡他已经~了	睏 kʰuəŋ³⁵
0868	打呼噜	打图⁼ tɑ̃⁵⁵ dəu¹³ 打昏⁼图 tɑ̃⁵⁵ huəŋ⁵⁵ dəu⁵⁵
0869	做梦	做梦 tsəu⁵⁵ moŋ¹³

续表

编　号	词　　条	方　　言
0870	起床	拉起 la^{55}tɕʰi^{55}
0871	刷牙	搓牙齿 tsʰəu^{55}a^{33}tsʰʅ^{55}
0872	洗澡	潮⁼浴 zɔ^{33}ioʔ^{2} 汰浴 da^{33}ioʔ^{2}
0873	想思索:让我～一下	想 ɕiã^{53}
0874	想想念:我很～他	想 ɕiã^{55}
0875	打算我～开个店	预备 i^{33}bei^{31}
0876	记得	记得 tɕi^{55}təʔ^{5}
0877	忘记	忘记 mã^{33}tɕi^{53}
0878	怕害怕:你别～	极⁼dzieʔ^{2} 老 吓 haʔ^{5} 新
0879	相信我～你	相信 ɕiã^{55}ɕiŋ^{55}
0880	发愁	忧结 iəu^{55}tɕieʔ^{5}
0881	小心过马路要～	当心 tã^{55}ɕiŋ^{55}
0882	喜欢～看电视	欢喜 huei^{55}ɕi^{55}
0883	讨厌～这个人	惹厌 za^{13}ie^{0}
0884	舒服凉风吹来很～	写意 ɕia^{35}i^{0} 适意 səʔ^{5}i^{0}
0885	难受生理的	难过 nɛ^{33}kəu^{55}
0886	难过心理的	难过 nɛ^{33}kəu^{55}
0887	高兴	捂心 əu^{55}ɕiŋ^{55}
0888	生气	弗开心 fəʔ^{5}kʰei^{55}ɕiŋ^{55} 火冒 fu^{55}mɔ^{55}
0889	责怪	埋怨 ma^{33}ie^{55}

编　号	词　条	方　言
0890	后悔	懊恼 ɔ⁵⁵lɔ⁵³老 懊悔 ɔ⁵⁵hue⁵³新
0891	忌妒	大热 dəu³³ȵieʔ²
0892	害羞	怕难为情 pʰo⁵⁵nei³³ue¹³dʑiŋ⁰
0893	丢脸	坍台 tʰei⁵⁵dɛ¹³ 坍招势 tʰei⁵³tsɔ⁵⁵sɿ⁵⁵
0894	欺负	欺负 tɕʰi⁵⁵vu⁵⁵
0895	装~病	假扮 ka⁵⁵pei⁵⁵
0896	疼~小孩儿	肉麻 ȵieʔ²mo³¹
0897	要我~这个	要 iɔ³⁵
0898	有我~一个孩子	赅 kəu⁵⁵
0899	没有他~孩子	无没 m³³məʔ²
0900	是我~老师	是 zɿ²³¹
0901	不是他~老师	弗是 fəʔ⁵zɿ⁰
0902	在他~家	有起霍＝iəu³⁵tɕʰi⁵⁵hoʔ⁵
0903	不在他~家	无不拉＝霍＝ m³³pəʔ⁵la³³hoʔ⁵
0904	知道我~这件事	晓得 ɕiɔ⁵⁵təʔ⁵
0905	不知道我~这件事	弗晓得 fəʔ⁵ɕiɔ⁵⁵təʔ⁵
0906	懂我~英语	懂 toŋ⁵³
0907	不懂我~英语	弗懂 fəʔ⁵toŋ⁰
0908	会我~开车	会得 ue⁵⁵təʔ⁵
0909	不会我~开车	弗会得 fəʔ⁵ue⁵⁵təʔ⁵
0910	认识我~他	认得 ȵiŋ³³təʔ⁵
0911	不认识我~他	弗认得 fəʔ⁵ȵiŋ³³təʔ⁵

续表

编　号	词　条	方　言
0912	行_{应答语}	来赛⁼ lɛ³³sɛ⁵⁵ 来事 lɛ³³zʅ¹³
0913	不行_{应答语}	弗来赛⁼ fəʔ⁵lɛ⁵⁵sɛ⁵⁵ 弗来事 fəʔ⁵lɛ⁵⁵zʅ⁵⁵
0914	肯_{~来}	肯 kʰəŋ⁵³ 高兴 kɔ⁵⁵ɕiŋ⁵⁵
0915	应该_{~去}	该应 kei⁵⁵iŋ⁵⁵
0916	可以_{~去}	好 hɔ⁵³
0917	说_{~话}	讲 kuã⁵³
0918	话说~	闲话 ɛ³³o⁵⁵
0919	聊天儿	讲空头 kuã⁵⁵kʰoŋ⁵⁵dəu⁵³ 讲别⁼相 kuã⁵⁵bieʔ²ɕiã⁰
0920	叫_{~他一声儿}	喊 hei³⁵
0921	吰喝_{大声喊}	叫 tɕiɔ³⁵
0922	哭_{小孩~}	哭 kʰoʔ⁵
0923	骂_{当面~人}	骂 mo¹³
0924	吵架_{动嘴:两个人在~}	吵相骂 tsʰɔ⁵⁵ɕiã⁵⁵mo⁵⁵ 趁⁼相骂 tsʰəŋ⁵⁵ɕiã⁵⁵mo⁵⁵
0925	骗_{~人}	骗 pʰie³⁵
0926	哄_{~小孩}	拐 kua⁵³
0927	撒谎	造出来 zɔ³³tsʰəʔ⁵lei⁰
0928	吹牛	吹牛屄 tsʰʅ⁵⁵ȵiəu³³pi⁵⁵
0929	拍马屁	翘须 tɕʰiɔ⁵⁵ɕi⁵⁵
0930	开玩笑	打朋⁼相 tã⁵⁵bã³³ 造别⁼相 zɔ³³bieʔ²ɕiã⁰

续表

编 号	词 条	方 言
0931	告诉~他	同···讲 doŋ³³···kuã̃⁵³ 朝···话 zɔ³³···o³⁵
0932	谢谢致谢语	谢谢 dʑia³³dʑia³¹
0933	对不起致歉语	对弗住 tei⁵⁵fəʔ⁵zɿ³³
0934	再见告别语	下埭会 o¹³da³³ue³³老 碰着会 bã̃³³zəʔ²ue³³老 再会 tsei⁵⁵ue³³新

十二、性质状态

编 号	词 条	方 言
0935	大苹果~	大 dəu²³¹
0936	小苹果~	小 ɕiɔ⁵³
0937	粗绳子~	粗 tsʰəu⁵⁵
0938	细绳子~	细 ɕi³⁵
0939	长线~	长 zã̃¹³
0940	短线~	短 tei⁵³
0941	长时间~	长 zã̃¹³
0942	短时间~	短 tei⁵³
0943	宽路~	阔 kʰuəʔ⁵
0944	宽敞房子~	大 dəu¹³
0945	窄路~	狭窄 əʔ²tsaʔ⁵
0946	高飞机飞得~	高 kɔ⁵⁵
0947	低鸟飞得~	低 ti⁵⁵

续表

编　号	词　条	方　言
0948	高他比我~	长 zã¹³
0949	矮他比我~	矮 a⁵³
0950	远路~	远 ie⁵³
0951	近路~	近 dʑiŋ²³¹
0952	深水~	深 səŋ⁵⁵
0953	浅水~	浅 tɕʰie⁵³
0954	清水~	清 tɕʰiŋ⁵⁵
0955	浑水~	浑 uəŋ¹³
0956	圆	圆 ie¹³
0957	扁	扁 pie⁵³
0958	方	方 fã⁵⁵
0959	尖	尖 tɕie⁵⁵
0960	平	平 biŋ¹³
0961	肥~肉	油 iəu¹³
0962	瘦~肉	精 tɕiŋ⁵⁵
0963	肥形容猪等动物	壮 tsã³⁵
0964	胖形容人	壮 tsã³⁵
0965	瘦形容人、动物	瘦 səɯ³⁵
0966	黑黑板的颜色	黑 həʔ⁵
0967	白雪的颜色	白 baʔ²
0968	红国旗的主颜色,统称	红 oŋ¹³
0969	黄国旗上五星的颜色	黄 uã¹³
0970	蓝蓝天的颜色	蓝 lɛ¹³
0971	绿绿叶的颜色	绿 loʔ²

编 号	词 条	方 言
0972	紫 紫药水的颜色	紫 tsʅ⁵³
0973	灰 草木灰的颜色	灰 hue⁵⁵
0974	多 东西~	多 təu⁵⁵
0975	少 东西~	少 sɔ⁵³
0976	重 担子~	重 zoŋ²³¹
0977	轻 担子~	轻 tɕʰiŋ⁵⁵
0978	直 线~	直 zə?²
0979	陡 坡~,楼梯~	笃 ᵈto?⁵
0980	弯 弯曲:这条路是~的	弯 ue⁵⁵
0981	歪 帽子戴~了	歪 hua⁵⁵
0982	厚 木板~	厚 əɯ²³¹
0983	薄 木板~	薄 bo?²
0984	稠 稀饭~	厚 əɯ²³¹
0985	稀 稀饭~	薄 bo?²
0986	密 菜种得~	猛 ᵐmã̃²³¹
0987	稀 稀疏:菜种得~	稀 ɕi⁵⁵
0988	亮 指光线,明亮	亮 liã̃¹³
0989	黑 指光线,完全看不见	暗 ɛ³⁵
0990	热 天气~	热 ȵie?²
0991	暖和 天气~	暖热 nei¹³ȵie?²
0992	凉 天气~	风凉 foŋ⁵⁵liã̃⁵⁵
0993	冷 天气~	冷 lã̃²³¹
0994	热 水~	烫 tʰã̃³⁵
0995	凉 水~	冷 lã̃²³¹

续表

编 号	词 条	方 言
0996	干干燥:衣服晒~了	干 kei⁵⁵
0997	湿潮湿:衣服淋~了	湿 səʔ⁵
0998	干净衣服~	清爽 tɕʰiŋ⁵⁵sɑ̃⁵⁵
0999	脏肮脏,不干净,统称:衣服~	邋杂 laʔ²zaʔ²
1000	快锋利:刀子~	快 kʰua³⁵
1001	钝刀~	钝 dəŋ¹³
1002	快坐车比走路~	快 kʰua³⁵
1003	慢走路比坐车~	慢 mei¹³
1004	早来得~	早 tsɔ⁵³
1005	晚来~了	晏 ɛ³⁵
1006	晚天色~	晏 ɛ³⁵
1007	松捆得~	松 soŋ⁵⁵
1008	紧捆得~	紧 tɕiŋ⁵³
1009	容易这道题~	省力 sɑ̃⁵⁵lieʔ²
1010	难这道题~	难 nɛ¹³
1011	新衣服~	新 ɕiŋ⁵⁵
1012	旧衣服~	旧 dziəu¹³
1013	老人~	老 lɔ²³¹
1014	年轻人~	后生 əɯ¹³sɑ̃⁵⁵ 清健 tɕʰiŋ⁵⁵dzie⁵⁵
1015	软糖~	软 ȵie²³¹
1016	硬骨头~	硬 ɑ̃¹³
1017	烂肉煮得~	酥 səu⁵⁵
1018	糊饭烧~了	焦 tɕiɔ⁵⁵

续表

编 号	词 条	方 言
1019	结实家具~	牢实 lɔ³³zəʔ²
1020	破衣服~	坍⁼ tʰɛ⁵⁵
1021	富他家很~	兴 ɕiŋ³⁵
1022	穷他家很~	穷 dʑioŋ¹³
1023	忙最近很~	忙 moŋ¹³
1024	闲最近比较~	空 kʰoŋ³⁵
1025	累走路走得很~	吃力 tɕʰieʔ⁵lieʔ²
1026	疼摔~了	痛 tʰoŋ³⁵
1027	痒皮肤~	鲜⁼ ɕie⁵⁵
1028	热闹看戏的地方很~	闹猛 nɔ³³mã⁵³
1029	熟悉这个地方我很~	熟 zoʔ²
1030	陌生这个地方我很~	陌生 maʔ²sã⁵⁵
1031	味道尝尝~	滋味 tsʅ⁵⁵mi⁵⁵
1032	气味闻闻~	气子 tɕʰi⁵⁵tsʅ⁵³
1033	咸菜~	咸 ɛ¹³
1034	淡菜~	淡 dɛ²³¹
1035	酸	酸 sei⁵⁵
1036	甜	甜 die¹³
1037	苦	苦 kʰəu⁵³
1038	辣	辣 laʔ²
1039	鲜鱼汤~	鲜 ɕie⁵⁵
1040	香	香 ɕiã⁵⁵
1041	臭	臭 tsʰɯ³⁵
1042	馊饭~	馊 sɯ⁵⁵

续表

编 号	词 条	方 言
1043	腥鱼~	腥气 ɕiŋ⁵⁵ tɕʰi⁵⁵
1044	好人~	好 hɔ⁵³
1045	坏人~	怵 tɕʰiəu⁵⁵
1046	差东西质量~	蹩脚 bieʔ² tɕiaʔ⁵ 推扳 tʰei⁵⁵ pɛ⁵⁵
1047	对账算~了	对 tei³⁵
1048	错账算~了	差 tsʰo⁵⁵
1049	漂亮形容年轻女性的长相:她很~	齐整 dʑi³³ tsəŋ⁵⁵
1050	丑形容人的长相:猪八戒很~	难看 nɛ³³ kʰei⁵⁵
1051	勤快	勤今= dʑiŋ³³ tɕiŋ⁵⁵
1052	懒	懒惰 lɛ¹³ dəu⁰
1053	乖	乖 kua⁵⁵
1054	顽皮	皮 bi¹³
1055	老实	老实 lɔ³³ zəʔ²
1056	傻痴呆	呆 ɛ¹³
1057	笨蠢	木 moʔ²
1058	大方不吝啬	派头大 pʰa⁵⁵ dəu⁵³ dəu¹³
1059	小气吝啬	狗屎 kəu⁵⁵ pi⁵⁵
1060	直爽性格~	爽 sã⁵³
1061	犟脾气~	犟 dʑiã²³¹

十三、数 量

编 号	词 条	方 言
1062	一～二三四五……,下同	一 ieʔ⁵
1063	二	二 n̠i¹³
1064	三	三 sɛ⁵⁵
1065	四	四 sɿ³⁵
1066	五	五 ŋ²³¹
1067	六	六 loʔ²
1068	七	七 tɕʰieʔ⁵
1069	八	八 poʔ⁵
1070	九	九 tɕiəu⁵³
1071	十	十 zəʔ²
1072	二十有无合音	廿 n̠iɛ¹³
1073	三十有无合音	三十 sɛ⁵⁵ səʔ⁵ "十"音殊
1074	一百	一百 ieʔ⁵ paʔ⁵
1075	一千	一千 ieʔ⁵ tɕʰie⁵⁵
1076	一万	一万 ieʔ⁵ vɛ⁰
1077	一百零五	一百零五 ieʔ⁵ paʔ⁵ liŋ³³ ŋ³¹
1078	一百五十	一百五十 ieʔ⁵ paʔ⁵ ŋ³³ səʔ⁵ 音殊
1079	第一～,第二	头一 dəɯ³³ ieʔ⁵ 第一 di³³ ieʔ⁵
1080	二两重量	二两 n̠i³³ liã³¹
1081	几个你有～孩子?	几个 tɕi⁵⁵ kəʔ⁵
1082	俩你们～	两个 liã³³ kəɯ⁵⁵
1083	仨你们～	三个 sɛ⁵⁵ kəɯ⁵⁵

续表

编　号	词　　条	方　　言
1084	个把	个把 kəɯ⁵⁵ po⁵³
1085	个一～人	个 kə?⁵
1086	匹一～马	只 tsa?⁵
1087	头一～牛	只 tsa?⁵
1088	头一～猪	只 tsa?⁵
1089	只一～狗	只 tsa?⁵
1090	只一～鸡	只 tsa?⁵
1091	只一～蚊子	只 tsa?⁵
1092	条一～鱼	梗 kɑ̃⁵⁵
1093	条一～蛇	梗 kɑ̃⁵⁵
1094	张一～嘴	只 tsa?⁵
1095	张一～桌子	只 tsa?⁵
1096	床一～被子	条 diɔ¹³
1097	领一～席子	条 diɔ¹³
1098	双一～鞋	双 sɑ̃⁵⁵
1099	把一～刀	把 po⁵³
1100	把一～锁	管 kue⁵³
1101	根一～绳子	梗 kɑ̃⁵⁵
1102	支一～毛笔	支 tsɿ⁵⁵
1103	副一～眼镜	副 fu³⁵
1104	面一～镜子	面 mie¹³
1105	块一～香皂	孛⁼ bə?²
1106	辆一～车	部 bu²³¹
1107	座一～房子	间 kɛ⁵⁵

编 号	词 条	方 言
1108	座一~桥	爿 bɛ¹³
1109	条一~河	条 diɔ¹³
1110	条一~路	条 diɔ¹³
1111	棵一~树	株 tsʅ⁵⁵
1112	朵一~花	朵 to⁵³
1113	颗一~珠子	粒 ləʔ²
1114	粒一~米	粒 ləʔ²
1115	顿一~饭	顿 təŋ⁵³
1116	剂一~中药	帖 tʰiaʔ⁵
1117	股一~香味	股 kəu⁵³
1118	行一~字	埭 da¹³
1119	块一~钱	块 kʰue³⁵
1120	毛角:一~钱	角 koʔ⁵
1121	件一~事情	桩 tsã⁵⁵
1122	点儿一~东西	滴 tieʔ⁵
1123	些一~东西	些 ɕie³⁵
1124	下打一~,动量词,不是时量词	记 tɕi³⁵
1125	会儿坐了一~	歇 ɕieʔ⁵
1126	顿打一~	顿 təŋ⁵³
1127	阵下了一~雨	阵 zəŋ¹³
1128	趟去了一~	埭 da¹³

十四、代副介连词

编　号	词　条	方　言
1129	我～姓王	吾 u^{53} 我侬 o?^{5} noŋ^0
1130	你～也姓王	㑚 nəɯ^{53}
1131	您尊称	（无）
1132	他～姓张	伊 i^{53} 叶＝侬 ie?^{2} nəɯ^0
1133	我们不包括听话人：你们别去，～去	吾拉 u^{53} la^0
1134	咱们包括听话人：他们不去，～去吧	吾拉 u^{53} la^0
1135	你们～去	㑚 na^{53}
1136	他们～去	伊拉 i^{53} la^0
1137	大家～一起干	柴＝家 za^{33} ka^{53}
1138	自己我～做的	自家 zɿ^{33} ka^{53}
1139	别人这是～的	别人家 bie?^{2} ȵiŋ^{35} ka^0
1140	我爸～今年八十岁	吾拉爷 u^{53} la^{33} ia^{13}
1141	你爸～在家吗？	㑚爷 na^{53} ia^{13}
1142	他爸～去世了	伊拉爷 ie?^{5} la^{33} ia^{13}
1143	这个我要～，不要那个	个个 kə?^{5} kə?^{5}①
1144	那个我要这个，不要～	黑＝里个 hə?^{5} li^{33} kə?^{5}
1145	哪个你要～杯子？	鞋＝里个 a^{33} li^{33} kə?^{5}
1146	谁你找～？	啥人 sa^{55} ȵiŋ^{55}
1147	这里在～，不在那里	个塔＝kə?^{5} tʰa?^{5}

---

① 海宁方言"格""个"不同音，"格"音 ka?^{5}，"个"音 kə?^{5}。《中国语言资源集・浙江》从众，统为"格个"，单行本用"个个"。下同。

编　号	词　条	方　言
1148	那里在这里,不在~	黑＝里塔＝ həʔ⁵ li³³ tʰa ʔ⁵
1149	哪里你到~去?	鞋＝里塔＝ a³³ li³³ tʰa ʔ⁵
1150	这样事情是~的,不是那样的	直＝介 zəʔ² ka⁵⁵
1151	那样事情是这样的,不是~的	该＝介 kei⁵⁵ ka⁰
1152	怎样什么样:你要~的?	纳＝哈＝ naʔ² ha⁰
1153	这么~贵啊	介拉＝ ka⁵⁵ laʔ²
1154	怎么这个字~写?	纳＝哈 naʔ² ha⁰
1155	什么这个是~字?	啥个 sa⁵⁵ kəʔ⁵
1156	什么你找~?	啥 sa³⁵
1157	为什么你~不去?	为啥 ue¹³ sa³⁵
1158	干什么你在~?	做啥 tsəu⁵⁵ sa³⁵
1159	多少这个村有~人?	几许 tɕi⁵⁵ ho⁰
1160	很今天~热	蛮 mɛ³³
1161	非常比上条程度深:今天~热	来得介 lɛ³³ təʔ⁵ ka⁵³
1162	更今天比昨天~热	还要 ɛ³³ iɔ³⁵
1163	太这个东西~贵,买不起	忒加 tʰəʔ⁵ ka⁰
1164	最弟兄三个中他~高	顶 tiŋ⁵³
1165	都大家~来了	侪 zɛ¹³
1166	一共~多少钱?	共总 goŋ³³ tsoŋ⁵³ 一塌刮子 ieʔ⁵ tʰa ʔ⁵ kuəʔ⁵ tsɿ⁰
1167	一起我和你~去	一道 ieʔ⁵ dɔ⁵⁵
1168	只我~去过一趟	便得 bie³³ təʔ⁵ 只有 tsəʔ⁵ iou³³
1169	刚这双鞋我穿着~好	正 tsəŋ³⁵

续表

编 号	词 条	方 言
1170	刚我~到	鞋＝暴 a^{33} bɔ^{33}
1171	才你怎么~来啊?	(无)
1172	就我吃了饭~去	就介 dʑiou^{55} ka^{55}
1173	经常我~去	专门 tsei^{55} məŋ^{55}
1174	又他~来了	又 i^{35}
1175	还他~没回家	还 ɛ^{13}
1176	再你明天~来	再 tsei^{55}
1177	也我~去;我~是老师	也 a^{53}
1178	反正不用急,~还来得及	反正 fɛ^{55} tsəŋ^{0}
1179	没有昨天我~去	无不 m^{33} pə^{ʔ5} 无没 m^{33} mə^{ʔ5}
1180	不明天我~去	弗 fə^{ʔ5}
1181	别你~去	［弗要］fiɔ^{55}
1182	甭不用,不必:你~客气	［弗要］fiɔ^{55}
1183	快天~亮了	那＝要 na^{33} iɔ^{55}
1184	差点儿~摔倒了	险把险 ɕie^{35} po^{55} ɕie^{0} 推扳 tʰɛ^{55} pɛ^{55}
1185	宁可~买贵的	宁得 ɲiŋ^{13} tə^{ʔ5}
1186	故意~打破的	敌＝为介 die^{ʔ2} ue^{33} ka^{0} 特为介 də^{ʔ2} ue^{33} ka^{0}
1187	随便~弄一下	约摸着 ia^{ʔ5} mɔ^{ʔ2} zə^{ʔ2}
1188	白~跑一趟	白 ba^{ʔ2}
1189	肯定~是他干的	呆板 ɛ^{33} pɛ^{55}
1190	可能~是他干的	作兴 tsɔ^{ʔ5} ɕiŋ^{55}
1191	一边~走,~说	一面 ie^{ʔ5} mie^{0}

续表

编　号	词　条	方　言
1192	和我~他都姓王	同 doŋ¹³
1193	和我昨天~他去城里了	同 doŋ¹³
1194	对他~我很好	待 dɛ²³¹
1195	往~东走	望 mã¹³
1196	向~他借一本书	同 doŋ¹³
1197	按~他的要求做	照 tsɔ³⁵
1198	替~他写信	代 dɛ¹³
1199	如果~忙你就别来了	假使 tɕia⁵⁵sʅ⁰
1200	不管~怎么劝他都不听	随便 zei³³bie³³

第四章　语　法

0001　小张昨天钓了一条大鱼，我没有钓到鱼。

小张昨日钓牢梗大鱼，吾无不钓牢。

ɕiɔ⁵⁵ tsɑ̃⁵⁵ zoʔ² ȵieʔ² tiɔ⁵⁵ lɔ⁵⁵ kɑ̃⁵⁵ dəu³³ ŋ³¹ , u⁵³ m³³ pəʔ⁵ tiɔ⁵⁵ lɔ³¹ 。

0002　a. 你平时抽烟吗？ b. 不，我不抽烟。

a. 倷平常香烟吃哦？ b. 吾弗吃个。

a. nɯ⁵³ biŋ³³ zɑ̃⁵⁵ ɕiɑ̃⁵⁵ ie⁵⁵ tɕʰieʔ⁵ vaʔ² ? b. u⁵³ fəʔ⁵ tɕʰieʔ⁵ gəʔ² 。

0003　a. 你告诉他这件事了吗？ b. 是，我告诉他了。

a. 个桩事体倷同伊讲过哦？ b. 吾同伊讲过咧。

a. kəʔ⁵ tsɑ̃⁵³ zɿ³³ tʰi⁵³ nɯ⁵⁵ doŋ³³ i³³ kuɑ̃⁵⁵ kəu⁵⁵ vaʔ² ?

b. u⁵³ doŋ³³ i³³ kuɑ̃⁵⁵ kəu⁵⁵ lieʔ² 。

0004　你吃米饭还是吃馒头？

倷吃饭还是吃馒头啊？

nɯ⁵⁵ tɕʰieʔ⁵ vɛ³³ ɛ³³ zɿ³³ tɕʰieʔ⁵ mɯ³³ dɯ³³ a⁰ ?

0005　你到底答应不答应他？

到底倷答应伊哦？

tɔ⁵⁵ ti⁵³ nɯ⁵³ təʔ⁵ iŋ⁰ i³³ vaʔ² ?

0006　a. 叫小强一起去电影院看《刘三姐》。

b. 这部电影他看过了。／他这部电影看过了。／他看过这部电影了。

a. 叫小强一道到电影馆里去看《刘三姊》。

b. 个本电影伊看过咧。

a. tɕiɔ⁵⁵ɕiɔ⁵⁵dʑiã⁵⁵ie?⁵dɔ⁵⁵tɔ⁵⁵die³³iŋ³⁵kue⁵⁵li³³tɕhi⁵⁵khei⁵⁵ləɯ³³sɛ⁵⁵tɕi⁵⁵。

b. kə?⁵pəŋ⁵³die³³iŋ³⁵i⁵⁵khei⁵⁵kəɯ⁵³lie?²。

0007　你把碗洗一下。

倷去汏汏个两只碗。

nəɯ³⁵tɕhi⁵³da³³da³³kə?⁵liã⁵³tsa?⁵ue⁵³。

0008　他把橘子剥了皮，但是没吃。

橘子皮伊已经剥脱咧，就是无不吃。

tɕio?⁵tsɿ⁵³bi³³i³³i³³tɕiŋ⁵⁵po?⁵thə?⁵lie?²，dʑiəɯ³³zɿ¹³m³³pə?⁵tɕhie?⁵。

0009　他们把教室都装上了空调。

教室里伊拉空调侪装好霍⁼咧。　"霍⁼"有［ho?⁵］［o⁵⁵］等变音

tɕiɔ⁵⁵sə?⁵li⁰i⁵⁵la³¹khoŋ⁵⁵diɔ³¹zɛ³³tsã⁵⁵hɔ⁵⁵ho?⁵lie?²。

0010　帽子被风吹走了。

帽子本⁼风吹掉哩。

mɔ³³tsɿ⁵³pəŋ⁵³foŋ⁵³tshɿ⁵⁵diɔ⁵⁵li³³。

0011　张明被坏人抢走了一个包，人也差点儿被打伤。

张明只包本⁼坏人抢掉哩，人也差点拨伊拉敲伤脱。

tsã⁵⁵miŋ⁵⁵tsa?⁵pɔ⁵⁵pəŋ⁵³ua³³ɲiŋ³¹tɕhiã⁵³diɔ³³li⁰，ɲiŋ³³a¹³tsho⁵⁵tie?⁵pə?⁵i³³la³³khɔ³³sã⁵⁵thə?²。

0012　快要下雨了，你们别出去了。

那⁼要落雨咧，倷［弗要］跑出去咧。

na³³iɔ³⁵lo?²i³⁵lie?²，na⁵³fiɔ⁵⁵bɔ⁵⁵tshə?⁵tɕhi⁵⁵lie?²。

0013　这毛巾很脏了，扔了它吧。

个块毛巾蛮邋杂咧，掼掉伊好咧。

kəʔ^{5} kue^{53} mɔ^{33} tɕiŋ^{55} mɛ^{55} ləʔ^{2} zəʔ^{2} lieʔ^{2}，ɡuɛ^{33} diɔ^{33} i^{33} hɔ^{33} lieʔ^{2}。

0014　我们是在车站买的车票。

吾拉个车票是车站里买霍⁼个。

u^{53} la^{31} ɡəʔ^{2} tsʰo^{55} pʰiɔ^{55} zɿ^{33} tsʰo^{55} zɛ^{55} li^{33} ma^{13} hoʔ^{5} əʔ^{2}。

0015　墙上贴着一张地图。

墙头浪⁼贴哩一张地图。

dʑiã^{33} dəɯ^{55} lɑ̃^{55} tʰiaʔ^{5} li^{31} ieʔ^{5} tsɑ̃^{33} di^{33} dəu^{31}。

0016　床上躺着一个老人。

一个老人家睏起牢⁼床里。

ieʔ^{5} kəʔ^{5} lɔ^{13} ȵiŋ^{55} ka^{53} kʰuəŋ^{55} tɕʰi^{33} lɔ^{55} zɑ̃^{33} li^{33}。

0017　河里游着好多小鱼。

河里向有交关小鱼霍⁼游。

u^{33} li^{13} ɕiã^{55} iəu^{53} tɕiəu^{55} kuɛ^{53} ɕiɔ^{55} ŋ^{55} hoʔ^{5} iəu^{13}。

0018　前面走来了一个胖胖的小男孩。

一个蛮胖个男小把戏前头走过来咧。

ieʔ^{5} kəʔ^{5} mɛ^{55} pɑ̃^{55} kəʔ^{5} nɛ^{33} ɕiɔ^{55} paʔ^{5} ɕi^{53} dʑie^{33} dəɯ^{13} tsəɯ^{55} kəu^{33} lɛ^{33} lieʔ^{2}。

0019　他家一下子死了三头猪。

伊拉屋里一记头死脱三只猪猡。

i^{55} la^{53} oʔ^{5} li^{0} ieʔ^{5} tɕi^{53} dei^{31} ɕi^{55} tʰəʔ^{5} sɛ^{55} tsaʔ^{5} tsɿ^{55} ləu^{55}。

0020　这辆汽车要开到广州去。/这辆汽车要开去广州。

个部车子要到广州去个。

kəʔ^{5} bu^{31} tsʰo^{55} tsɿ^{55} iɔ^{55} tɔ^{53} kuɑ̃^{55} tsəɯ^{55} tɕʰi^{55} əʔ^{2}。

0021　学生们坐汽车坐了两整天了。

学生子拉乘汽车乘哩实足两日天。

oʔ² sã³⁵ tsʅ⁵³ la³¹ tsʰ ən⁵⁵ tɕi⁵⁵ tsʰ o⁵³ tsʰ ən³⁵ li⁵³ zəʔ² tsoʔ² liã¹³ ȵieʔ² tʰ ie⁵⁵ 。

0022　你尝尝他做的点心再走吧。

伊做个点心傸吃吃看再走好咧。

i⁵³ tsəɯ⁵⁵ gəʔ² tie⁵⁵ ɕiŋ⁵⁵ nəɯ⁵³ tɕʰ ieʔ² tɕʰ ieʔ² kʰ ei⁵⁵ tsɛ⁵³ tsəɯ⁵³ hɔ⁵³ lieʔ² 。

0023　a. 你在唱什么？ b. 我没在唱，我放着录音呢。

a. 傸霍⁼唱点啥？ b. 吾无没霍⁼唱，霍⁼放录音。

a. nəɯ³⁵ oʔ² tsʰ ã⁵⁵ tieʔ² sa³⁵ ?

b. u³¹ m³³ məʔ² ho³³ tsʰ ã³³ ，ho³³ fã⁵⁵ loʔ² iŋ⁵⁵ 。

0024　a. 我吃过兔子肉，你吃过没有？ b. 没有，我没吃过。

a. 兔子肉吾吃过哩，傸吃过哦？ b. 吾无没吃过。

a. tʰ əu³³ tsʅ⁵³ ȵioʔ² u³³ tɕʰ ieʔ² kəu⁰ li⁰ ，nəɯ⁵⁵ tɕʰ ieʔ² kəu⁵⁵ vaʔ² ?

b. u³¹ m³³ məʔ² tɕʰ ieʔ² kəu⁰ 。

0025　我洗过澡了，今天不打篮球了。

浴吾潮⁼过咧，篮球今朝弗打咧。

ioʔ² u⁵³ zɔ³³ kəu⁵⁵ lieʔ² ，lɛ³³ dʑiəu³⁵ tsəŋ⁵⁵ tsɔ⁵³ fəʔ² tã⁵³ lieʔ² 。

0026　我算得太快算错了，让我重新算一遍。

吾算来太快算错哩，让吾再来算遍。

u⁵³ sɛ⁵⁵ lɛ⁵³ tʰ əʔ⁵ kʰ ua⁵⁵ sɛ⁵⁵ tsʰ o⁵³ li⁰ ，ȵiã¹³ u³¹ tsɛ⁵⁵ lɛ⁵³ sɛ³⁵ pie⁵³ 。

0027　他一高兴就唱起歌来了。

伊一开心就唱歌咧。

i³⁵ ieʔ⁵ kʰ ɛ⁵⁵ ɕiŋ⁵³ dʑiəu³³ tsʰ ã³³ kəu⁵⁵ lieʔ² 。

0028　谁刚才议论我老师来着？

刚刚歇啥人霍⁼讲吾拉老师啊？

kuã⁵⁵ kuã⁵⁵ ɕieʔ² sa⁵⁵ ȵiŋ⁵⁵ hoʔ² kuã⁵⁵ u³³ la³³ lɔ¹³ sʅ⁵⁵ a⁰ ?

0029　只写了一半，还得写下去。

便得写哩一半，还要写落去咧。

bie¹³təʔ⁵ɕia⁵⁵li³³ieʔ⁵pei⁰，ɛ³³iɔ³⁵ɕia⁵⁵loʔ²tɕʰi⁵⁵lieʔ³。

0030　你才吃了一碗米饭，再吃一碗吧。

倷便得吃嚜一碗，再吃碗好哦？

nɯ⁵³bie¹³təʔ⁵tɕʰieʔ⁵təʔ⁵ieʔ⁵uɛ³¹，tsɛ⁵⁵tɕʰieʔ⁵uɛ⁵³hɔ⁵⁵vaʔ²？

0031　让孩子们先走，你再把展览仔仔细细地看一遍。

让小把戏拉先走，倷再细细叫看遍展览。

n̠iã³³ɕiɔ⁵⁵paʔ⁵ɕi⁵⁵la³³ɕie⁵⁵tsɯ⁵³，nɯ⁵⁵tsɛ⁵³ɕi³³ɕi⁵⁵tɕiɔ⁵³kʰei³³
pie³³tsɛ³³lɛ³³。

0032　他在电视机前看着看着睡着了。

伊霍˭看电视，看看看看瞓着咧。

i⁵⁵ho³³kʰei⁵³die³³zʅ³¹，kʰei⁵⁵kʰei⁵³kʰei⁵⁵kʰei⁵³kʰuəŋ³³zaʔ²lieʔ²。

0033　你算算看，这点钱够不够花？

倷算算看，个点钞票够哦？

nɯ⁵⁵sɛ⁵⁵sɛ⁵³kʰei⁵³，kəʔ⁵tieʔ⁵tsʰɔ⁵⁵pʰiɔ⁵³kəɯ⁵⁵vaʔ²？

0034　老师给了你一本很厚的书吧？

老师拨倷一本蛮厚个书是哦？

lɔ¹³sʅ⁵³pəʔ⁵nɯ⁵⁵ieʔ⁵pəŋ³³mɛ³¹əɯ¹³kəʔ⁵sʅ⁵⁵zʅ³³vaʔ⁵？

0035　那个卖药的骗了他一千块钱呢。

黑˭里个卖药个骗脱伊唻一千块洋钿。

həʔ⁵li³¹kəʔ⁵ma³³iaʔ²əʔ²pʰie⁵⁵tʰəʔ⁵i⁵³lei³¹ieʔ⁵tɕie⁵⁵kʰuɛ⁵⁵iã³³die³³。

0036　a. 我上个月借了他三百块钱。借入

　　　b. 我上个月借了他三百块钱。借出

　　　a. 上个月吾同伊借哩三百块洋钿。

　　　b. 上个月吾借拨伊三百块洋钿。

a. zã³³ kəʔ⁵ ioʔ² u⁵³ doŋ³³ i¹³ tɕia³³ li⁵³ sɛ⁵⁵ paʔ⁵ kʰuɛ³³ iã³³ die³³。

b. zã³³ kəʔ⁵ ioʔ² u⁵³ tɕia⁵⁵ pəʔ⁵ i⁵³ sɛ⁵⁵ paʔ⁵ kʰuɛ³³ iã³³ die³³。

0037 a. 王先生的刀开得很好。施事

b. 王先生的刀开得很好。受事

a. 王先生开起刀来好来野ᵈ。

b. 王先生个刀开来蛮好。

a. uã³³ ɕie⁵⁵ sã⁵³ kʰɛ⁵⁵ tɕʰi⁵³ tɔ⁵⁵ lɛ³¹ hɔ⁵⁵ lɛ³³ ia³¹。

b. uã³³ ɕie⁵⁵ sã⁵³ gəʔ² tɔ³⁵ kʰɛ⁵³ lɛ³³ mɛ³³ hɔ⁵³。

0038 我不能怪人家，只能怪自己。

吾弗好怪人家个，只好怪自家个。

u⁵³ fəʔ⁵ hɔ⁵³ kua⁵³ ȵiŋ³³ ka⁵⁵ əʔ⁰ ,tsəʔ⁵ hɔ⁵³ kua⁵³ zɿ³³ ka⁵³ əʔ⁰。

0039 a. 明天王经理会来公司吗？ b. 我看他不会来。

a. 王经理明朝公司里来哦？ b. 吾看伊是弗会得来个。

a. uã³³ tɕiŋ⁵⁵ li³³ məŋ³³ tsɔ⁵⁵ koŋ⁵⁵ sɿ⁵⁵ li⁵⁵ lɛ³³ vaʔ²？

b. u³⁵ kʰei⁵⁵ i⁵⁵ zɿ³³ fəʔ⁵ uɛ³³ təʔ⁵ lɛ³³ gəʔ²。

0040 我们用什么车从南京往这里运家具呢？

吾拉用啥个车子从南京往个塔ᵈ运家生呢？

u³⁵ la⁵³ ioŋ⁵⁵ sa⁵⁵ kəʔ⁵ tsʰo⁵⁵ tsɿ⁵⁵ zoŋ³³ nɛ³³ tɕiŋ⁵³ uã³³ kəʔ⁵ tʰaʔ⁵ iŋ³³ ka⁵⁵ sã⁵⁵ ȵi³³？

0041 他像个病人似的靠在沙发上。

伊赛过道ᵈ像个生病人隑牢沙发浪ᵈ。

i⁵³ sɛ⁵⁵ kəu⁵⁵ dɔ⁵³ dziã³³ kəʔ⁵ sã³⁵ biŋ³¹ ȵiŋ³¹ gɛ³³ lɔ³³ so⁵⁵ fəʔ⁵ lã⁰。

0042 这么干活连小伙子都会累坏的。

介辣ᵈ法子做生活连小潮头也吃弗消个。

ka³⁵ laʔ² fəʔ⁵ tsɿ⁵³ tsəu⁵⁵ sã⁵⁵ uəʔ² lie³³ ɕiɔ⁵⁵ zɔ⁵⁵ dəɯ⁵³ a³¹ tɕʰieʔ⁵ fəʔ⁵ ɕiɔ⁵⁵ əʔ⁰。

0043　他跳上末班车走了。我迟到一步，只能自己慢慢走回学

校了。

伊么搭牢〓部末班车跑哩。吾么晏哩一步，只好自家慢慢叫

走回到学堂。

i⁵³ məʔ² taʔ⁵ lɔ³³ bəɯ³³ məʔ² pɛ⁵⁵ tsʰo⁵⁵ bɔ³³ li⁰。u⁵³ məʔ² ɛ³³ li³³ ieʔ⁵ bu³¹，

tsəʔ⁵ hɔ⁵³ zɿ³³ ka⁵³ me³³ ɿɯ³⁵ tɕiɔ⁵³ tsəɯ⁵⁵ uɛ³³ tɔ⁵⁵ oʔ² dɑ̃³³。

0044　这是谁写的诗？谁猜出来我就奖励谁十块钱。

个首诗啥人写霍〓个？俫猜得出么吾奖励俫十块洋钿。发音

人将"谁"说成了"你们"

kəʔ⁵ səɯ⁵³ sɿ⁵³ sa⁵⁵ ȵiŋ³³ ɕia⁵⁵ hoʔ⁵ əʔ²？na⁵³ tsʰei³⁵ təʔ⁵ tsʰəʔ⁵ məʔ²

u³¹ tɕiã⁵⁵ li³³ na³¹ zəʔ² kʰuɛ³³ iã³³ die³³。

0045　我给你的书是我教中学的舅舅写的。

吾拨偌个本书是吾奴教中学个娘舅写霍〓个。

u⁵³ pəʔ⁵ nəɯ⁵⁵ kəʔ⁵ pəŋ⁵⁵ sɿ⁵⁵ zɿ³³ u¹³ nu³¹ kɔ⁵⁵ tsoŋ³⁵ oʔ² gəʔ² ȵi ã̃³³

dzieɯ³¹ ɕia⁵⁵ hoʔ⁵ əʔ²。

0046　你比我高，他比你还要高。

偌傍〓吾长，伊傍〓偌还要长。

nəɯ⁵³ bã̃³³ u³¹ zã̃¹³，i⁵⁵ bã̃³³ nəɯ³³ ɛ³³ iɔ³⁵ zã̃³⁵。

0047　老王跟老张一样高。

老王同老张一样长。

lɔ¹³ uã̃³¹ doŋ³³ lɔ¹³ tsã̃⁵³ ieʔ⁵ iã̃⁵⁵ zã̃¹³。

0048　我走了，你们俩再多坐一会儿。

吾跑咧，俫两家头再坐脱歇。

u⁵³ bɔ³³ lieʔ²，na⁵³ liã̃¹³ ka⁵⁵ dəɯ³¹ tsɛ⁵³ zəɯ¹³ tʰəʔ⁵ ɕieʔ⁵。

0049　　我说不过他，谁都说不过这个家伙。

　　　　吾讲伊勿过个，个当户头随便啥人也侪讲伊勿过个。

u⁵³ kuɑ̃⁵⁵ i⁵³ vəʔ² kəu⁰ əʔ² , kəʔ⁵ tɑ̃⁵³ u³³ dɯ³¹ ze³³ bie¹³ sa⁵⁵ n̠iŋ⁵³ a³³

ze³³ kuɑ̃⁵⁵ i³³ vəʔ² kəu⁰ əʔ² 。

0050　　上次只买了一本书，今天要多买几本。

　　　　上卯便买嘚一本书，今朝要多买两本。

zɑ̃¹³ mɔ³¹ bie¹³ ma¹³ təʔ⁵ ieʔ⁵ pəŋ⁵⁵ sɿ⁵⁵ , tsəŋ⁵⁵ tsɔ⁵³ iɔ⁵³ təu⁵⁵ ma⁵⁵ liɑ̃⁵⁵

pəŋ⁵⁵ 。

第五章 话 语

一、讲 述

(一)方言老男

当地情况

硖石是个好地方，俺晓得，个声闲话啥人讲个？晓得哦？个声闲话是毛爹爹讲嗳，毛爹爹对吾拉硖石还蛮了解个。葛＝么确实，硖石是个好地方呀，硖石街浪＝呢小结悠悠，从前呢还号称"小上海"，名气蛮大嗳。

aʔ² zaʔ² zɿ³³ kəʔ⁵ hɔ³⁵ di³¹ f ã⁵³ , na⁵³ ɕiɔ⁵⁵ təʔ⁵ , kəʔ⁵ s ɑ̃⁵³ ɛ³¹ o¹³ sa⁵³ ȵiŋ³¹ k ɑ̃⁵³ kəʔ⁵ ? ɕiɔ³⁵ təʔ⁵ vaʔ? kəʔ⁵ s ɑ̃⁵³ ɛ³¹ o¹³ zɿ¹³ mɔ³³ tia³⁵ tia⁵³ k ɑ̃⁵³ ɦɛ² , mɔ³³ tia³⁵ tia⁵³ tei³⁵ u⁵⁵ la⁵³ aʔ² zaʔ² ɛ³³ mɛ⁵⁵ liɔ¹³ tɕia³⁵ ə⁰ 。 kəʔ⁵ məʔ² tɕʰioʔ⁵ zəʔ² , aʔ² zaʔ² zɿ³³ kəʔ⁵ hɔ³⁵ di³¹ f ã⁵³ iaº , aʔ² zaʔ² k ɑ̃⁵⁵ l ã̃⁵⁵ ni⁵⁵ ɕiɔ³⁵ tɕieʔ⁵ iəu³¹ iəu³¹ , zoŋ³³ ʑie³³ ni⁵⁵ ɛ¹³ ɔ³³ tsʰəŋ⁵³ ɕiɔ³⁵ z ɑ̃³¹ hɛ² , miŋ³³ tɕʰi⁵⁵ mɛ⁵⁵ du¹³ ɛ³¹ 。

硖石是个好地方，你们知道这句话是谁讲的吗？知道吗？这句话是毛主席讲的，毛主席对我们硖石还挺了解的。确实，硖石是个好地方，硖石城小巧玲珑，从前还号称"小上海"，名气挺大的。

硖石么有灯彩,以前么年年倷要个个游行嗳,个种灯彩全部拿出来,哦唷名气大唻,外地个种人么倷介要来看呀。那么,硖石么还有水龙会,五月二十,个种洋龙啊,全部出来哩呀,老底子呢,硖石为啥呢?老底子呢硖石,专门火烧嗳,所以子,个个消防呢也蛮跟上去,消防蛮发达,个辰光个洋龙呢,倷是各个街坊里倷有个。

aʔ^{2} zaʔ^{2} məʔ^{2} iəu^{33} təŋ^{55} ts^{h}ɛ^{55},i^{33} ʑie^{33} məʔ^{2} nie^{33} nie^{31} zɛ^{33} iɔ^{55} kəʔ^{4} kəʔ^{5} iəu^{33} iŋ^{31} ɛ^{31},kəʔ^{5} tsoŋ^{55} təŋ^{55} ts^{h}ɛ^{53} dʑie^{33} bu^{33} no^{35} ts^{h}əʔ^{5} lɛ^{31},oʔ^{5} ioʔ^{2} miŋ^{33} tɕ^{h}i^{35} du^{13} lɛ^{31},ua^{35} di^{13} kəʔ^{5} tsoŋ^{53} ȵiŋ^{13} məʔ^{2} zɛ^{13} ka^{35} iɔ^{35} lɛ^{33} k^{h}ei^{35} ia^{31}。nəʔ^{2} məʔ^{2},aʔ^{2} zaʔ^{2} məʔ^{2} ɛ^{13} iəu^{13} sɿ^{55} loŋ^{55} ue^{55},ŋ^{55} ioʔ^{2} ȵi^{33} səʔ^{5},kəʔ^{5} tsoŋ^{53} iã^{33} loŋ^{31} a^{31},zie^{13} bu^{13} ts^{h}əʔ^{5} lɛ^{33} li^{55} ia^{31},lɔ^{13} ti^{55} tsɿ^{55} nie^{31},aʔ^{2} zaʔ^{2} ue^{33} sa^{35} ȵi^{31}? lɔ^{13} ti^{55} tsɿ^{55} nie^{31} aʔ^{2} zaʔ^{2},tso^{35} məŋ^{31} fu^{55} sɔ^{35} ɛ^{31},su^{55} i^{55} tsɿ^{55},kəʔ^{4} kəʔ^{5} ɕiɔ^{55} bɑ̃^{33} ni^{33} a^{55} mɛ^{55} kəŋ^{55} zɑ̃^{33} tɕ^{h}i^{55},ɕiɔ^{55} bɑ̃^{33} mɛ^{55} faʔ^{5} daʔ^{2},kəʔ^{5} zəŋ^{33} kuɑ̃^{55} kəʔ^{5} iã^{33} loŋ^{31} nie^{31},zɛ^{33} zɿ^{13} koʔ^{5} kəʔ^{4} ka^{55} fɑ̃^{55} li^{33} zɛ^{33} iəu^{33} kəʔ^{0}。

硖石有灯彩,以前年年都要游行的,把灯彩全部拿出来展示,名气大得很,外地人也都要赶过来饱眼福的。硖石还有农历五月二十举行的水龙会,展示各种消防设施,为什么呢?因为过去啊,硖石经常会失火,所以消防很发达,那时候,各个街道都有消防设施的。

那么,个种消防员呢,现在讲起来叫自愿者,倷义务劳动。有啥火警么,"狂唧",洋龙哨子一吹么,倷来笛⁼啊。个种洋龙全部来笛⁼啊,全部浇,浇哩,所以个传统呢平常呢,五月二十个个水龙会呢,实际浪⁼也是一种训练啦,个个传统呢,一直就延续到个卯。以前么个只水龙会,准备起公安局个里,今年开始么有起牢⁼,那⁼有起牢⁼南关厢黑⁼里,大荡湖拉啥。今年还要好看,洋龙多来弗得了。

nəʔ^{2} məʔ^{2},kəʔ^{5} tsoŋ^{53} ɕiɔ^{55} bɑ̃^{33} ie^{55} niʔ^{0},ie^{33} zɛ^{13} kuɑ̃^{35} tɕ^{h}i^{53} lɛ^{31} tɕiɔ^{55} tsɿ^{55} ȵie^{13} tsɛ^{53},zɛ^{13} ȵi^{33} u^{35} lɔ^{33} doŋ^{31}。iəu^{13} sa^{53} fu^{55} tɕiŋ^{53} məʔ^{2},guɑ̃^{31} lɑ̃^{31}, iã³³ loŋ³¹ tɕiɔ³⁵ tsɿ⁵³ ieʔ⁵ tsʰɿ⁵⁵ məʔ² , zɛ¹³ lɛ¹³ dieʔ² ia³¹ 。 kəʔ⁵ tsoŋ⁵³ iã³³ loŋ³¹ zie¹³ buʔ¹³ lɛ³³ dieʔ² ia³¹ , zie¹³ buʔ¹³ tɕiɔ³ , tɕiɔ⁵³ li³¹ , su⁵⁵ iʔ⁵⁵ kəʔ⁵ zo³³ tʰoŋ⁵⁵ ni³³ biŋ³³ z ã³³ nie³¹ , ŋ⁵⁵ ioʔ² n̩i³³ səʔ⁵ kəʔ⁴ kəʔ⁵ sɿ⁵⁵ loŋ⁵⁵ ue⁵⁵ nie³¹ , zəʔ² tɕi³⁵ l ã³³ a³³ zɿ¹ ieʔ⁵ tsoŋ⁵³ ɕiŋ³⁵ lie³¹ la³¹ , kəʔ⁴ kəʔ⁵ zo³³ tʰoŋ⁵⁵ ni³³ , ieʔ⁴ zəʔ⁵ dʑieu¹³ ieʔ⁵ zoʔ² tɔ³⁵ kəʔ⁵ mɔ³¹ 。 i³³ dzie³³ məʔ⁵ kəʔ⁵ tsaʔ⁵ sɿ⁵⁵ loŋ⁵⁵ ue⁵⁵ , tsəŋ³⁵ bei³³ tɕʰi³⁵ koŋ⁵⁵ ɛ⁵⁵ dʑioʔ² kəʔ⁵ li³¹ , tɕiŋ⁵⁵ n̩ie⁵⁵ kʰɛ⁵⁵ sɿ¹⁵⁵ məʔ⁵ iəu¹³ tɕʰi¹⁵³ lɔ³¹ , na¹¹ iəu¹³ tɕʰi¹⁵³ lɔ³¹ ne³³ kue⁵⁵ ɕi ã⁵⁵ həʔ⁵ li³¹ , du³³ d ã³³ u³³ laʔ² sa⁵³ 。 tɕiŋ⁵⁵ n̩ie⁵⁵ ɛ³³ iɔ³⁵ hɔ³⁵ kʰei⁵³ , iã³³ loŋ³¹ təu³⁵ lɛ³³ fəʔ⁵ təʔ⁵ liɔ⁵³ 。

　　那么消防员呢,用现在的话来说都是志愿者,都是来做义务劳动的。哪里失火,哨子一吹,大家都来灭火。农历五月二十的水龙会,实际上就是一种训练和展示,这种传统一直延续至今。以前水龙会在公安局那边,今年搬地儿了,搬到南关厢那边了,就是大荡湖那里。今年的水龙会特别好看,演练和展示的消防设施特别多。

　　那么硖石街浪ᵌ,也蛮好白相个,有东山、西山、南关厢,那么伊个卯还有鹃湖、皮革城。那么硖石名人又加多,个个徐志摩、张忠祥、蒋百里、李善兰,伊拉种故居也侪有起霍ᵌ,柴ᵌ家侪来参观,蛮好嗳。

nəʔ² məʔ² aʔ² zaʔ² ka⁵⁵ l ã⁵⁵ , ɛ³³ mɛ³³ hɔ⁵⁵ bəʔ² ɕi ã⁵⁵ kəʔ⁵ , iəu¹³ toŋ⁵⁵ sɛ⁵⁵ 、 ɕi⁵⁵ sɛ⁵⁵ 、ne³³ kue⁵⁵ ɕi ã⁵⁵ , nəʔ² məʔ² iʔ⁵³ kəʔ⁵ mɔ³³ ɛ³³ iəu³³ tɕie³⁵ u³¹ 、bi³³ kəʔ⁵ zəŋ³¹ 。 nəʔ² məʔ² aʔ² zaʔ² miŋ³³ n̩iŋ³¹ i³³ ka⁵³ təu⁵³ , kəʔ⁴ kəʔ⁵ ʑi³³ tsɿ⁵⁵ mu³¹ 、 ts ã³⁵ tsoŋ⁵³ dʑi a³¹ 、tɕi a³⁵ paʔ⁵ li³¹ 、li³⁵ zo³³ lɛ³¹ , i³³ la³¹ tsoŋ⁵³ ku³⁵ tɕiɔ⁵³ a³³ zɛ³³ iəu¹³ tɕʰi¹⁵³ hoᵒ , za³³ ka³⁵ zɛ³³ lɛ³³ tsʰɛ⁵⁵ kue⁵⁵ , mɛ⁵⁵ hɔ⁵³ ɛ³¹ 。

　　此外,硖石城里也有不少好玩的去处,有东山、西山、南关厢,现在还有鹃湖、皮革城。硖石名人也多,有徐志摩、张忠祥、蒋百里、李善兰,他们的故居也都还在,来参观的人也挺多,挺好的。

硖石街浪＝以前么小吃也蛮多，个两爿店两爿店名气大来野＝，锦霞馆呀、宝和兴啊。所以子呢硖石闲话呢也蛮好听。你现在人跑到外地去，一听到硖石闲话有种亲热来，有种个个，个个赛过碰着屋里人，碰着个个故乡个人笛＝，蛮好暖，有种亲切感。

aʔ² zaʔ² ka⁵⁵ lɑ̃⁵⁵ iʔ³³ dʑie³³ məʔ² ɕiɔ⁵⁵ tɕʰiəʔ⁵ a³³ mɛ³³ təu⁵³ , kəʔ⁵ li a̋³³ bɛ³³ tie³⁵ li a̋³³ bɛ³³ tie³⁵ miŋ³³ tɕʰi³⁵ du¹³ lɛ³¹ ia³¹ , tɕiŋ⁵⁵ ia³³ ko⁵³ ia³¹ 、pɔ⁵³ u³³ ɕiŋ⁵³ ia³¹ 。 su⁵⁵ iʔ⁵⁵ tsɿ⁵⁵ nie³¹ aʔ² zaʔ² ɛ⁵⁵ o⁵⁵ ni⁵⁵ a³³ mɛ⁵⁵ hɔ⁵⁵ tʰiŋ⁵³ 。 nəu⁵³ ie³³ zɛ¹³ ȵiŋ¹³ bɔ³³ tɔ³⁵ ua³⁵ di¹³ tɕʰi⁵³ , ieʔ⁵ tʰiŋ⁵⁵ aʔ² zaʔ² ɛ⁵⁵ o⁵⁵ iəu¹³ ieʔ⁵ tsoŋ⁵³ tɕʰiŋ⁵⁵ ȵieʔ² lɛ³¹ , iəu¹³ tsoŋ⁵³ kəʔ⁴ kəʔ⁵ , kəʔ⁴ kəʔ⁵ sɛ⁵⁵ ku³⁵ b ɑ̃¹³ zaʔ² oʔ⁵ li³¹ ȵiŋ³¹ , b ɑ̃¹³ zaʔ² kəʔ⁴ kəʔ⁵ ku⁵⁵ ɕi ɑ̃⁵⁵ kəʔ⁵ ȵiŋ³¹ dieʔ² , mɛ⁵⁵ hɔ⁵³ ɛ³¹ , iəu¹³ tsoŋ⁵³ tɕʰiŋ⁵⁵ tɕʰieʔ⁵ kɛ⁵³ 。

硖石城里过去小吃也很多，有几家店名气大得很，如锦霞馆、宝和兴。硖石话也挺好听的，你在外地听到硖石话会亲热得像碰到家里人一样，感觉特别好听，有一种亲切感。

（2017 年 7 月 8 日，海宁，发音人：许伟平）

（二）方言老女

风俗习惯

吾奴个歇哦，来讲讲过年个事情。吾是回忆自家小个辰光过年，小个辰光过年呢，是大家是顶顶开心哩，为啥呢？过年呢，有木老老好吃个东西，读书呢，已经是放寒假哩，作业也［弗要］得做嗻，那么爷娘呢还要本＝压岁钿。

əu³⁵ nu³¹ kəʔ⁵ ɕieʔ⁵ o³¹ , lɛ³³ kuɑ̃⁵³ kuɑ̃⁵³ ku⁵⁵ ȵie¹³ gəʔ² zɿ³³ dʑiŋ³¹ 。 əu⁵³ zɿ³¹ uɛ³³ i⁵³ zɿ³³ ka³⁵ ɕiɔ⁵⁵ kəʔ⁵ zəŋ³³ kuɑ̃³⁵ ku⁵⁵ ȵie¹³ , ɕiɔ⁵⁵ kəʔ⁵ zəŋ³³ kuɑ̃³⁵ ku⁵⁵ ȵie¹³ ȵie³¹ , zɿ³³ da³³ ka³⁵ zɿ³³ tiŋ⁵⁵ tiŋ⁵³ kʰɛ⁵⁵ ɕiŋ⁵⁵ liəʔ² , ue¹³ sa³⁵ ȵi³¹？ ku⁵⁵ ȵie¹³ ȵie³¹ , iəu³³ moʔ² lɔ³³ lɔ³¹ hɔ⁵⁵ tɕʰiaʔ⁵ kəʔ⁵ doŋ⁵⁵ ɕi⁵⁵ , doʔ² sɿ⁵⁵ nie³¹ , i³³

tɕiŋ⁵⁵ zɿ³³ fɑ̃⁵³ ε³³ tɕia⁵⁵ lieʔ² , tsoʔ⁵ n̠ieʔ² a³³ fiɔ⁵³ təʔ⁰ tsəu³⁵ təʔ⁵ , nəʔ² məʔ²
ia³³ n̠iɑ̃³³ nie³¹ ε³³ iɔ³⁵ pəŋ⁵⁵ aʔ⁵ sei⁰ die³¹ 。

我现在来讲讲过年的事情。回想起来，过年是我小时候最开心
的一件事，为什么呢？因为过年的时候，好吃的东西有很多，学校已
经放寒假了，作业不用做了，爹妈呢还要给压岁钱。

吾记得哦，每年个年三十夜里厢呢，吃好年夜饭，吃好年夜饭呢
大家要炒瓜子个。那么呢，吃好年夜饭呢，还有个啥西呢，爷娘拉要
本压岁钿个，个弗管还是爷娘牢⁼，还是爹爹奶奶、外公外婆，反正长
辈呢拨小人压岁钿呢，个个要本⁼。吾拉是吃好年夜饭呢，就登来
霍⁼等。

əu⁵³ tɕi⁵⁵ təʔ⁵ ɔ³¹ , mei³³ n̠ie³¹ gəʔ² n̠ie³³ sε⁵⁵ səʔ⁵ ia⁵⁵ li³¹ ɕiɑ̃⁵³ nie³¹ , tɕʰiaʔ⁵
hɔ⁰ n̠ie³³ ia³³ vε³¹ , tɕʰiaʔ⁵ hɔ⁰ n̠ie³³ ia³³ vε³¹ nie³¹ da³³ ka⁵³ iɔ⁵⁵ tsʰɔ³⁵ ko⁵⁵ tsɿ⁵⁵
gəʔ² 。 nəʔ² məʔ² nie³¹ , tɕʰiaʔ⁵ hɔ⁰ n̠ie³³ ia³³ vε³¹ nie³¹ , a³³ iəu³¹ kəʔ⁵ sa⁵⁵ ɕi⁵³
nie³¹ , ia³³ n̠iɑ̃³³ la³³ iɔ⁵⁵ pəŋ⁵³ aʔ⁵ sei⁰ die³¹ əʔ² , kəʔ⁵ fəʔ⁵ kuε⁰ ε³³ zɿ³³ ia³³ n̠iɑ̃³³
lɔ³³ , ε³³ zɿ³³ tia⁵⁵ tia⁵⁵ na⁵⁵ na⁵⁵ 、a³³ koŋ⁵³ a³³ bəu³¹ , fε⁵⁵ tsəŋ⁵³ tsɑ̃⁵⁵ pei⁵³ nie³¹
pəʔ⁵ ɕiɔ⁵⁵ n̠iŋ³¹ aʔ⁵ sei⁰ die³¹ nie³¹ , kəʔ⁵ kəʔ⁴ iɔ³⁵ pəŋ⁵³ 。 əu⁵³ la³¹ zɿ³³ tɕʰiaʔ⁵ hɔ⁰
n̠ie³³ ia³³ vε³¹ nie³¹ , dzieu³³ təŋ⁵⁵ lε³³ hoʔ⁵ təŋ⁵³ 。

记得每年除夕夜，吃完年夜饭后，大家都要开始炒瓜子。还有
什么呢，爸妈还要给压岁钱，不管是爸爸、妈妈，还是爷爷、奶奶、外
公、外婆，都要给小孩压岁钱的。我们小孩呢，吃完年夜饭就在那儿
等着。

那么年夜饭全部吃好之后呢，那⁼呢开始爸爸姆妈呢要炒瓜子
哩。炒瓜子呢侪是大人家事情个，吾拉小人呢[弗要]得炒得个。那
么，伊拉一面炒炒好哩之后么，吾拉么小百戏么，大家倸一把吾一

把，放来袋袋里厢哦。直゠介炒好南瓜子么炒香瓜子啊，炒好香瓜子么炒长生果啊，吃得来么地浪゠厢一地啊。

nəʔ² məʔ² ȵie³³ ia³³ vɛ³¹ dʑie³³ bəu¹³ tɕʰiaʔ⁵ hɔ⁰ tsɿ⁵⁵ əɯ³¹ nie³¹，na¹³ nie³¹ kʰe⁵⁵ sɿ⁵⁵ pa⁵⁵ pa⁵⁵ m³³ ma³³ nie³¹ iɔ³³ tsʰɔ³⁵ ko⁵⁵ tsɿ⁵⁵ lieʔ²。tsʰɔ³⁵ ko⁵⁵ tsɿ⁵⁵ nie³¹ zɛ³³ zɿ³¹ dəu¹³ ȵiŋ³¹ ka⁵³ zɿ³³ dʑiŋ³¹ gəʔ²，əu⁵³ la³¹ ɕiɔ⁵⁵ ȵiŋ³¹ nie³¹ fiɔ⁵³ təʔ⁵ tsʰɔ⁵⁵ təʔ⁵ kəʔ⁵。nəʔ² məʔ²，ieʔ⁵ la³¹ ieʔ⁵ mie³¹ tsʰɔ⁵³ tsʰɔ⁵³ hɔ⁵³ lieʔ² tsɿ⁵⁵ əɯ³¹ məʔ²，əu⁵³ la³¹ məʔ² ɕiɔ⁵³ paʔ⁵ ɕiʔ⁵³ məʔ²，da³³ ka⁵³ nəɯ⁵⁵ ieʔ⁵ po⁵³ əu³³ ieʔ⁵ po⁵³，fã⁵⁵ lɛ³¹ de³³ dɛ¹³ li³³ ɕiã̃⁵³ o³¹。zəʔ⁵ ka⁵³ tsʰɔ⁵³ hɔ⁵³ nɛ³³ ko⁵⁵ ts³³ məʔ² tsʰɔ⁵³ ɕiã⁵⁵ ko⁵⁵ tsɿ⁵⁵ a³³，tsʰɔ⁵³ hɔ⁵³ ɕiã⁵⁵ ko⁵⁵ tsɿ⁵⁵ məʔ² tsʰɔ⁵³ zã̃³³ səŋ⁵⁵ kəu⁵³ a³³，tɕʰiaʔ⁵ təʔ⁵ lɛ³³ məʔ² di³³ lã³³ ɕiã̃⁵³ ieʔ⁵ di¹³ a³³。

吃完年夜饭后，爸爸妈妈就要开始炒瓜子。炒瓜子都是大人们的事，我们小孩儿是不用炒的。炒得差不多时，我们小孩儿就你一把我一把地放在衣服口袋里，炒好南瓜子炒香瓜子，炒好香瓜子炒花生，吃得满地都是。

那么老人家讲霍゠个，俪曼吃好哩啊，俪曼掼好哩。年三十夜里厢吃脱来，个种瓜子壳啊、牢゠糟呢，吾拉是弗好扫个，要摆到年初一牢゠扫，个个呢，赛过是个家人家是蛮发个。

nəʔ² məʔ² lɔ¹³ ȵiŋ³³ ka⁵³ ku ã⁵⁵ hoʔ⁵ əʔ²，na⁵³ tɕiɔ⁵³ tɕʰiaʔ⁵ hɔ⁰ lieʔ² a³¹，na⁵³ tɕiɔ⁵³ guɛ¹³ hɔ⁵³ lieʔ²。ȵie³³ sɛ⁵⁵ səʔ⁵ ia⁵⁵ li³¹ ɕiã̃⁵³ tɕʰiaʔ⁵ tʰəʔ⁵ lɛ³¹，kəʔ⁵ tsoŋ⁵³ ko⁵⁵ tsɿ⁵⁵ kʰoʔ⁵ a³¹、lɔ³³ zɔ³³ nie³¹，əu⁵³ la³¹ zɿ³¹ fəʔ⁵ hɔ⁵³ sɔ⁵³ əʔ²，iɔ⁵⁵ pa⁵³ tɔ⁵³ ȵie³³ tsʰu⁵⁵ ieʔ⁵ lɔ³¹ sɔ⁵³，kəʔ⁵ kəʔ⁴ nie³¹，sɛ⁵⁵ kəu⁵⁵ zɿ³¹ kəʔ⁵ ka⁵³ ȵiŋ³³ ka⁵⁵ zɿ³³ mɛ⁵⁵ faʔ⁵ əʔ²。

老人们说，你们小孩儿只管吃，只管扔，瓜子壳等垃圾除夕夜是不能扫的，要等到年初一再扫，民间认为这样做家里会发财的。

那么吾拉么也笛⁼为个介呀，个点南瓜子壳啊，香瓜子壳啊，长生果壳啊，掼得来么，笛⁼为角角落落里全部掼到，那么真个叫是满地铺啊。

nəʔ² məʔ² əu⁵³ la³¹ məʔ² a³³ dieʔ² uɛ¹³ kəʔ⁵ ka³⁵ ia³¹ , kəʔ⁵ tie³⁵ nɛ³³ ko⁵⁵ tsʅ⁵⁵ kʰoʔ⁵ a³³ , ɕi ã⁵⁵ ko⁵⁵ tsʅ⁵⁵ kʰoʔ⁵ a³³ , z ã³³ səŋ⁵⁵ kəu⁵⁵ kʰoʔ⁵ a³³ , guɛ¹³ təʔ⁵ lɛ³³ məʔ² , dieʔ² uɛ¹³ koʔ⁵ koʔ⁵ loʔ⁵ loʔ⁵ li³¹ dʑie³³ bəu¹³ guɛ¹³ tɔ⁵³ , nəʔ² məʔ² tsəŋ⁵⁵ əʔ² tɕiɔ⁵³ zʅ³¹ mɛ¹³ di³¹ pʰu⁵⁵ əʔ² .

我们就特意把南瓜子壳、香瓜子壳和花生壳扔得到处都是，连角落都不放过，真的是满地铺。

那么吾拉个屋里厢呢，侪登起个种老房子里厢啦，是街面房子。只听到外头呢，总归是，尔曼个条路头浪⁼厢走好笛⁼，只听到外头啊，家家人家侪是"闯⁼啷啷，闯⁼啷啷"炒瓜子，个个声音是个响得来，到现在个种声音肯定是大家听弗着哩。

nəʔ² məʔ² əu⁵³ la³¹ kəʔ⁵ oʔ⁵ li³¹ ɕi ã⁵³ nie³¹ , zɛ¹³ təŋ⁵⁵ tɕʰi⁵⁵ kəʔ⁵ tsoŋ⁵³ lɔ¹³ vã³³ tsʅ⁵⁵ li³³ ɕi ã⁵³ la³¹ , zʅ¹³ ka⁵⁵ mie³¹ vã³³ tsʅ⁵⁵ 。 tsəʔ⁵ tʰiŋ⁵⁵ tɔ⁵³ ua⁵⁵ dəɯ³¹ nie³¹ , tsoŋ⁵⁵ kuɛ⁵⁵ zʅ³¹ , nəu⁵³ tɕiɔ⁵³ kəʔ⁵ diɔ³¹ lu³³ dəɯ³³ lɔ³³ ɕi ã⁵³ tsəɯ⁵³ hɔ⁵⁵ dieʔ² , tsəʔ⁵ tʰiŋ⁵⁵ tɔ⁵³ ua⁵⁵ dəɯ³¹ a³³ , ka⁵⁵ ka⁵⁵ ȵiŋ⁵⁵ ka⁵⁵ zɛ³³ zʅ³¹ tsʰ ã⁵⁵ l ã⁵⁵ l ã⁵⁵ , tsʰ ã⁵⁵ l ã⁵⁵ l ã⁵⁵ tsʰɔ³⁵ ko⁵⁵ tsʅ⁵⁵ , kəʔ⁵ kəʔ⁴ səŋ⁵⁵ iŋ⁵⁵ zʅ³³ kəʔ⁵ ɕi ã⁵⁵ təʔ⁵ lɛ³¹ , tɔ⁵³ ie³³ zɛ³¹ kəʔ⁵ tsoŋ⁵⁵ səŋ⁵⁵ iŋ⁵⁵ kəŋ⁵⁵ diŋ³¹ zʅ³³ da³³ ka⁵³ tʰiŋ⁵⁵ fəʔ⁵ zaʔ² lieʔ² .

我家住的是那种老房子，是那种沿街的街面房。只要在这条路上走，就能听到家家户户都在"哐啷啷""哐啷啷"地炒瓜子，声音响得很，现在这种声音肯定是听不到了。

那么再讲呢，个瓜子炒好弄好呢，那么大家要睏觉牢⁼。睏觉呢年初一么,爸爸姆妈侪同吾拉准备好新衣裳个呀,新衣裳、新鞋子、新裤子。个点衣裳是好笛⁼呀,吾拉是折来笔挺,摆来被头下头呢压压挺,葛⁼么明朝呢着出来呢蛮挺括个。那么庄⁼晨头么老早醒哩,平常么要去读书么睏懒觉拉勿起,年初一么读书[弗要]读得么,有得别相么,大家侪老早老早拉起哩。

nəʔ² məʔ² tsɛ³⁵ kuɑ̃⁵³ nie³¹, kəʔ⁵ ko⁵⁵ tsʅ⁵⁵ tsʰɔ⁵³ hɔ⁵³ loŋ³³ hɔ⁵³ nie³¹, nəʔ² məʔ² da³³ ka³⁵ iɔ³⁵ kʰuəŋ⁵³ kɔ³⁵ lə³¹。kʰuəŋ⁵³ kɔ³⁵ lnie³¹ ɲie³³ tsʰu⁵⁵ ieʔ⁵ məʔ², pa⁵⁵ pa⁵⁵ m³³ ma³³ zɛ¹³ doŋ¹³ əu⁵³ la³¹ tsuəŋ⁵³ bei³¹ hɔ⁵³ ɕiŋ⁵⁵ i⁵⁵ zɑ̃³³ gəʔ² ia³¹, ɕiŋ⁵⁵ i⁵⁵ zɑ̃³³、ɕiŋ⁵⁵ a³³ tsʅ⁵⁵、ɕiŋ³⁵ kʰəu⁵³ tsʅ⁵³。kəʔ⁵ tieʔ⁴ i⁵⁵ zɑ̃³³ zʅ³³ hɔ⁵⁵ dieʔ² ia³¹, əu⁵³ la³¹ zʅ³³ tsəʔ⁵ lɛ³¹ pieʔ⁵ tʰiŋ⁰, pa⁵⁵ lɛ³¹ bi¹³ dɯ³¹ o¹³ dɯ³¹ nie³¹ aʔ⁵ aʔ⁴ tʰiŋ⁵³, kəʔ⁵ məʔ² miŋ³³ tsɔ⁵⁵ nie³¹ tsaʔ⁴ tsʰəʔ⁵ lɛ³¹ nie³¹ mɛ⁵³ tʰiŋ⁵³ kuaʔ⁵ əʔ²。nəʔ² məʔ² tsɑ̃⁵⁵ zəŋ³³ dɯ³¹ məʔ² lɔ¹³ tsɔ⁵³ ɕiŋ⁵⁵ li³¹, biŋ³³ zɑ̃³³ məʔ² iɔ⁵⁵ tɕʰi⁵³ doʔ² sʅ⁵⁵ məʔ² kʰuəŋ⁵³ lɛ¹³ kɔ⁵³ la⁵⁵ vəʔ² tɕʰi⁰, ɲie³³ tsʰu⁵⁵ ieʔ⁵ məʔ² doʔ² sʅ⁵⁵ fiɔ⁵³ doʔ² təʔ⁵ məʔ², iəu¹³ dəʔ² bieʔ² ɕiɑ̃⁵⁵ məʔ², da³³ ka⁵³ zɛ³¹ lɔ¹³ tsɔ⁵³ lɔ¹³ tsɔ⁵³ la³⁵ tɕʰi⁵³ lieʔ²。

瓜子炒好吃好大家都要睡觉了。年初一,爸爸、妈妈都给我们准备好了新衣服,新上衣、新鞋子、新裤子,我们睡觉前要把衣服折得笔挺笔挺的,压在枕头下面,这样第二天穿起来就很挺括、很好看。第二天我们老早就醒了,平时要读书还想睡懒觉起不来,年初一不用读书大家却都一早就起床了。

那么年初一呢拉起来呢,总归爸爸姆妈呢,拨吾拉一只大个苹果,叫吾拉个一年是平平安安个过要。那么大家拿牢哩个只苹果么,还弗舍得吃啦哩。

nəʔ² məʔ² ɲie³³ tsʰu⁵⁵ ieʔ⁵ nie³¹ la³⁵ tɕʰi⁵³ lɛ³¹ nie³¹, tsoŋ⁵³ kuɛ⁵³ pa⁵⁵ pa⁵⁵ m³³ ma³³ nie³¹, pəʔ⁵ əu⁵³ la³¹ ieʔ⁵ tsaʔ⁵ dəu³³ gəʔ² biŋ³³ kəu⁵⁵, tɕiɔ³⁵ əu⁵³ la³¹ kəʔ⁵ ieʔ⁵ ȵie³¹ z̩³³ biŋ³³ biŋ³¹ ɛ³³ ɛ³³ gəʔ² kəɯ³⁵ iɔ⁵³。 nəʔ² məʔ² da³³ ka⁵³ no⁵⁵ lɔ⁵⁵ li³³ kəʔ⁵ tsaʔ⁵ biŋ³³ kəɯ⁵⁵ məʔ², ɛ⁵⁵ fəʔ⁵ so⁵⁵ təʔ⁵ tɕʰiaʔ⁵ la⁵⁵ li³¹。

年初一起床后,爸爸、妈妈先要给我们每人一只苹果,祝愿我们在新的一年里平平安安。这个苹果呢,大家都是舍不得吃的。

老底子么大家呢生活么也不太好个,钞票么也弗大多,零零碎碎么也无没吃个,葛⁼么有得吃只苹果么开心㖠,个只苹果呢大家弗舍得吃,大家园来霍⁼。那么呢,庄⁼晨头呢,拉起来之后呢,新衣服、新鞋子、新裤子一着,好哩呀。

lɔ¹³ ti⁵⁵ tsʅ⁵⁵ məʔ² da³³ ka⁵³ ȵie³¹ səŋ⁵⁵ oʔ² məʔ² a¹³ fəʔ⁵ da³³ hɔ⁵⁵ gəʔ², tsʰɔ⁵³ pʰiɔ⁵³ məʔ² a³³ fəʔ⁵ da³³ təɯ⁵⁵, liŋ³³ liŋ³¹ sɛ⁵⁵ sɛ⁵⁵ məʔ² a¹³ m³³ məʔ² tɕʰiaʔ⁵ əʔ⁰, kəʔ⁵ məʔ² iəɯ¹³ təʔ⁵ tɕʰiaʔ⁵ tsaʔ⁵ biŋ³³ kəɯ⁵⁵ məʔ² kʰɛ⁵⁵ ɕiŋ⁵⁵ lɛ³³, kəʔ⁵ tsaʔ⁵ biŋ³³ kəɯ⁵⁵ ȵie³¹ da³³ ka⁵³ fəʔ⁵ so⁵⁵ təʔ⁵ tɕʰiaʔ⁵, da³³ ka⁵³ gɔ³³ lɛ³³ hoʔ⁵。 nəʔ² məʔ² ȵie³¹, tsã⁵⁵ zəŋ³³ dəɯ³¹ ȵie³¹, la³⁵ tɕʰi⁵³ lɛ³¹ tsʅ⁵⁵ əɯ³¹ ȵie³¹, ɕiŋ⁵⁵ i⁵⁵ zã³³、 ɕiŋ⁵⁵ a³³ tsʅ⁵⁵、ɕiŋ³⁵ kʰəɯ⁵³ tsʅ⁵³ ieʔ⁴ tsaʔ⁵, hɔ⁵⁵ li³¹ ia³¹。

过去生活条件不太好,钱少,平时零食也很少吃,过年能分到一只苹果,真是说不出的开心,大家都舍不得吃,都藏着。年初一早晨起床后,新衣服、新鞋子和新裤子一穿,那个开心劲儿啊不用说了。

那么还有个习惯呢,年初一早晨头拉起来呢,是要吃年糕个。个介拉⁼呢,个一年呢,是高高兴兴个伊拉,那么年糕吃好弄好么,大家一道做啥呢?去别相去哩。

nəʔ² məʔ² ɛ³³ iəɯ¹³ kəʔ⁵ dzieʔ² kuɛ⁵³ ȵie³¹, ȵie³³ tsʰu⁵⁵ ieʔ⁵ tsɔ⁵⁵ zəŋ³³ dəɯ³¹ la¹³ tɕʰi⁵³ lɛ³¹ ȵie³¹, zʅ³³ iɔ⁵⁵ tɕʰiaʔ⁵ ȵie³³ kɔ⁵⁵ gəʔ²。 kəʔ⁵ ka³⁵ la³¹ ȵie³¹, kəʔ⁵ ieʔ⁵ ȵie¹³ ȵie³¹, zʅ³³ kɔ⁵⁵ kɔ⁵⁵ ɕiŋ⁵⁵ ɕiŋ⁵⁵ kəʔ⁵ ieʔ⁵ la³¹, nəʔ² məʔ² ȵie³³ kɔ⁵⁵ tɕʰiaʔ⁵ hɔ⁰ loŋ¹³ hɔ⁵³ məʔ², da³³ ka⁵³ ieʔ⁵ dɔ³¹ tsəɯ³⁵ sa⁵³ ȵie³¹? tɕʰi³⁵ bieʔ⁵ ɕiã⁰ tɕʰi⁵³ liəʔ² 。

年初一我们还有个习惯，就是早饭要吃年糕，预示这一年高高兴兴，年糕吃完后，大家就一起去干什么呢？出去玩儿。

吾拉呢一共呢是姐妹呢是四个，吾拉阿姨拉呢还有两个兄弟，介一共有六个。再外加隔壁邻所，隔壁邻所个种小人呢，也相信到吾拉屋里来别相个。年初一么大家约约么，袋袋里么交哩个瓜子啊，吃个东西糖啊，那么还有点么啥个压岁钿啊，好哩呀，到街浪⁼去。倷看呀，有得吃，有得用，总归开心得来野⁼。

əu⁵³ la³¹ nie³¹ ieʔ⁵ goŋ³¹ nie³¹ zɿ³³ tɕi⁵³ mei³¹ nie³¹ zɿ³³ si³⁵ kəʔ⁵ ，əu⁵³ la³¹ a⁵⁵ i⁵⁵ la⁵⁵ nie³¹ ɛ¹³ iəu³¹ li ã¹³ kəʔ⁵ ɕioŋ⁵⁵ di⁵⁵ ，ka³⁵ ieʔ⁵ goŋ³¹ iəu¹³ loʔ² kəʔ⁵ 。 tsɛ⁵³ ua¹³ ka⁵³ kəʔ⁴ pieʔ⁵ liŋ⁵⁵ səu⁵⁵ ，kəʔ⁴ pieʔ⁵ liŋ⁵⁵ səu⁵⁵ kəʔ⁵ tsoŋ⁵³ ɕiɔ⁵⁵ n̠iŋ³³ nie³¹ ，ia¹³ ɕi a⁵⁵ ɕiŋ⁵⁵ tɔ⁵⁵ əu⁵³ la³¹ oʔ⁵ li³¹ lɛ³³ bieʔ² ɕi a⁵³ əʔ² 。 n̠ie³³ tsʰu⁵⁵ ieʔ⁵ məʔ² da³³ ka⁵³ iaʔ⁵ iaʔ⁴ məʔ² ，dɛ³³ dɛ³¹ li³³ məʔ² gɔ³³ li³¹ kəʔ⁵ ko⁵⁵ tsɿ⁵⁵ a³³ ，tɕʰiaʔ⁵ gəʔ² toŋ⁵⁵ ɕi⁵⁵ d ã³³ a³³ ，nəʔ² məʔ² ɛ³³ iəu³³ tie⁵³ məʔ² sa³⁵ kəʔ⁵ aʔ⁵ sei⁰ die³¹ a³¹ ，hɔ⁵⁵ li³³ ia⁵³ ，tɔ³⁵ ka⁵⁵ l ã³³ tɕʰi⁵³ 。 n³³ kʰei³⁵ ia³¹ ，iəu¹³ təʔ⁵ tɕʰieʔ⁵ ，iəu¹³ təʔ⁵ ioŋ³⁵ ，tsoŋ⁵³ kuɛ⁵³ kʰɛ⁵⁵ ɕiŋ⁵⁵ təʔ⁵ lɛ¹³ ia³¹ 。

我家有姐妹四个，我阿姨家有兄弟两个，一共六个孩子，再加隔壁邻居家的孩子，他们也喜欢来找我们玩。年初一，大家口袋里装满了瓜子和糖果，还有压岁钱，就一起上街去玩。你想想看，有吃的，有用的，总之是高兴得不得了。

到街浪⁼去第一桩事情做啥呢？去一分洋钿去看西洋镜，哦唷，好看得来呀只觉着，平常呢个一分洋钿也弗舍得去看个，年初一么，有哩钞票么就舍得哩呀。

tɔ³⁵ ka⁵⁵ l ã⁵³ tɕʰi³⁵ di³³ ieʔ⁵ tsaŋ⁵³ zɿ³³ dʑiŋ³¹ tsəu³⁵ sa³⁵ nie³¹ ？ tɕʰi³⁵ ieʔ⁵

fəŋ⁵³iaŋ³³die¹³tɕʰi³⁵kʰei³⁵ɕi⁵⁵ia͂⁵⁵tɕiŋ⁵⁵，oʔ⁵ioʔ²，hɔ³⁵kʰɛ⁵³təʔ⁵lɛ³³ia⁵³tsəʔ⁵
koʔ⁵zaʔ²，biŋ³³zɑ͂³³nie³¹kəʔ⁵ieʔ⁵fəŋ⁵³iaŋ³³die¹³a¹³fəʔ⁵so⁵³təʔ⁵tɕʰi³⁵kʰɛ³⁵
gəʔ²，ȵie³³tsʰu⁵⁵ieʔ⁵məʔ²，iəu¹³li³¹tsʰɔ⁵⁵pʰiɔ⁵³məʔ²dziəu¹³so⁵⁵təʔ⁵li³³
ia³¹。

上街第一件事情是去做什么呢？是先花一分钱看西洋镜，当时
觉得真好看啊，平时这一分钱也是舍不得花的，年初一有了压岁钱
才舍得。

那么还有么到外头去做啥？吃京粉头。个辰光新桥头呢，有一
爿京粉头店，是一对老夫妻开个，五分洋钿一碗爆鱼京粉头。哦唷，
那˭是坐来个只长凳牢˭，个爿店呢有起新桥头啦，也不怕难看个反
正，坐来长凳浪˭么，一碗京粉头吃吃牢˭，西洋镜看看么，开心得来。

nəʔ²məʔ²ɛ³³iəu¹³məʔ²tɔ³⁵ua³³dəɯ³¹tɕʰi⁵³tsəu⁵³sa⁵³？tɕʰiaʔ⁵tɕiŋ⁵⁵
fəŋ⁵⁵dəɯ³³。kəʔ⁵zəŋ³³kuɑ͂⁵³ɕiŋ⁵⁵dziɔ³³dəɯ³³nie³¹，iəu¹³ieʔ⁵bɛ¹³tɕiŋ⁵⁵
fəŋ⁵⁵dəɯ³³tie⁵³，zɿ¹³ieʔ⁵tɛ³⁵lɔ¹³fu⁵⁵tɕʰi⁵⁵kʰɛ⁵⁵gəʔ²，ŋ¹³fəŋ⁵³iɑ͂³³die³¹
ieʔ⁵uɛ³¹pɔ⁵⁵ŋ³¹tɕiŋ⁵⁵fəŋ⁵⁵dəɯ³³。oʔ⁵ioʔ²，na¹¹zɿ¹³zəu¹³lɛ³¹kəʔ⁴tsaʔ⁵zɑ͂³³
təŋ⁵⁵lɔ⁵⁵，kəʔ⁵bɛ³¹tiɛ³⁵nie³¹iəu¹³tɕʰi⁵³ɕiŋ⁵⁵dziɔ³³dəɯ³³la³¹，a¹³fəʔ⁵pʰo⁵⁵
nɛ³³kʰei⁵⁵gəʔ²fɛ⁵⁵tsəŋ⁵³，zəu¹³lɛ³¹zɑ͂³³təŋ⁵⁵lɔ⁵⁵məʔ²，ieʔ⁵uɛ⁵³tɕiŋ⁵⁵fəŋ⁵⁵
dəɯ³³tɕʰiaʔ⁴tɕʰiaʔ⁵lɔ³¹，ɕi⁵⁵iɑ͂⁵⁵tɕiŋ⁵⁵kʰei⁵⁵kʰei⁵³məʔ²，kʰɛ⁵⁵ɕiŋ⁵⁵təʔ⁵lɛ³³。

那么，上街还要做啥呢？去吃京粉头。那时新桥头那里有一家
京粉头店，是一对老夫妻开的，五分钱一碗熏鱼京粉头，大家坐在长
凳上，反正也不怕难为情，坐在长凳上，吃一碗京粉头，看看西洋镜，
开心得不得了。

那么吃好弄好做啥呢？大家做啥？去趤西山公园呀，个辰光无
处去别相呀，便得西山公园。到西山公园么去别相，还有直˭介逫游

园洞啊,个游园洞里厢么侪是个小百戏呀,倷遏进吾遏出,开心得来无没介开心个。想想那辰光是,个过年么真个叫是开心,总归是讲也讲弗完个,正式是开心得来。

nəʔ² məʔ² tɕʰiaʔ⁵ hɔ⁵³ loŋ³³ hɔ⁵³ tsəu³⁵ sa³⁵ nie³¹? da³³ ka⁵³ tsəu³⁵ sa³⁵? tɕʰi³⁵ dɑ̃¹³ ɕi⁵⁵ sɛ⁵⁵ koŋ⁵⁵ ie⁵⁵ ia³¹, kəʔ⁵ zəŋ¹³ ku ɑ̃⁵³ m³³ tsʰʅ³⁵ tɕʰi³⁵ bieʔ² ɕi ɑ̃⁵³ ia³¹, bie¹³ təʔ⁵ ɕi⁵⁵ sɛ⁵⁵ koŋ⁵⁵ ie⁵⁵。 tə³⁵ ɕi⁵⁵ sɛ⁵⁵ koŋ⁵⁵ ie⁵⁵ məʔ² tɕʰi³⁵ bieʔ² ɕi ɑ̃⁵³, ɛ³³ iəu¹³ zaʔ² ka³⁵ k ɑ̃⁵⁵ iəu³³ ie³³ doŋ³¹ a³¹, kəʔ⁵ iəu³³ ie³³ doŋ³¹ li¹³ ɕi ɑ̃⁵³ məʔ² zɛ³³ zʅ³³ kəʔ⁵ ɕiə³⁵ paʔ⁵ ɕi⁵⁵ ia³¹, n³¹ k ɑ̃⁵⁵ tɕiŋ⁵⁵ əu⁵³ k ɑ̃⁵⁵ tsʰəʔ⁵, kʰɛ⁵⁵ ɕiŋ⁵⁵ təʔ⁵ lɛ³³ m³³ məʔ² ka³⁵ kʰɛ⁵⁵ ɕiŋ⁵⁵ əʔ²。 ɕi ɑ̃⁵⁵ ɕi ɑ̃⁵³ na³³ zəŋ³¹ ku ɑ̃⁵³ zʅ³¹, kəʔ⁵ ku⁵⁵ n̩ie¹³ məʔ² tsəŋ⁵⁵ gəʔ² tɕiə⁵⁵ zʅ³³ kʰɛ⁵⁵ ɕiŋ⁵⁵, tsoŋ⁵³ kuɛ⁵³ zʅ³³ ku ɑ̃⁵³ a³³ ku ɑ̃⁵³ vəʔ² uɛ³³ gəʔ², tsəŋ⁵⁵ səʔ⁵ zʅ³³ kʰɛ⁵⁵ ɕiŋ⁵⁵ təʔ⁵ lɛ³³。

吃完以后做什么呢? 大家去逛西山公园,那时候可玩的地方不多,只有西山公园可逛,还可在假山洞里钻来钻去,假山洞里都是小孩,你钻进我钻出,都玩得乐开了花。想想那时候的过年,真是开心啊,讲也讲不完,快乐无比。

(2017 年 7 月 8 日,海宁,发音人:陈韵超)

(三)方言青男

当地情况

吾拉来讲讲海宁个交通。海宁个交通,实际上从古至今就比较发达。老底子个辰光啦,就有人来修来铁路,修来铁路之后啦,来海宁个人就越来越多哩。从四面八方过来个人,有乘火车过来,有乘轮船过来,还有走过来个。

əu⁵³ la³¹ lɛ³³ k ɑ̃⁵⁵ k ɑ̃⁵³ hɛ⁵⁵ n̩iŋ³¹ kəʔ⁵ tɕiŋ⁵⁵ tʰoŋ⁵⁵。 hɛ⁵⁵ n̩iŋ³¹ kəʔ⁵ tɕiŋ⁵⁵ tʰoŋ⁵⁵, zəʔ² tɕi⁵⁵ z ɑ̃³³ zoŋ³³ kəu⁵³ tsʅ⁵⁵ tɕiŋ⁵⁵ dziə¹³ pi⁵⁵ tɕiə⁵³ faʔ⁴ daʔ⁵。 lɔ¹³ ti⁵⁵ tsʅ⁵⁵ kəʔ⁵ zəŋ³³ ku ɑ̃⁵³ la³¹, dziəu¹³ iə¹³ n̩iŋ¹³ lɛ³³ ɕiə⁵⁵ lɛ³³ tʰiəʔ⁵ ləu⁰, ɕiə⁵⁵ lɛ³³ tʰiəʔ⁵ ləu⁰ tsʅ⁵⁵ əu³¹ la³¹, lɛ¹³ hɛ⁵⁵ ɲiŋ³¹ kəʔ⁵ ɲiŋ¹³ dʑiə¹³ iəʔ² lɛ³³ iəʔ² təu⁵⁵ lɛ³³。zoŋ³³ sʅ⁵⁵ mie³⁵ paʔ⁵ f ã⁵⁵ kəu⁵⁵ lɛ¹³ kəʔ⁵ ɲiŋ¹³, iə³¹ tsʰəŋ³⁵ fu⁵⁵ tsʰo⁵³ kəu³⁵ lɛ³¹, iə³¹ tsʰəŋ³⁵ ləŋ³³ zɛ³³ kəu³⁵ lɛ³¹, ɛ³³ iə³¹ tsiə³⁵ kəu⁵³ lɛ³¹ əʔ²。

　　我来讲讲海宁的交通。海宁的交通,实际上从古至今都比较发达,老早就有人来修了铁路,修了铁路之后,来海宁的人就越来越多。从四面八方汇聚到海宁来,有的坐火车,有的坐轮船,还有的是走过来的。

　　葛˭么,到海宁来做啥呢? 要么做生意,要么就是传播文化,所以海宁个发展就越来越快来。海宁个交通个发展,还是海宁整个经济发展,文化发展个重要保障,海宁个交通目前为止来看,应该讲为海宁成为,全国几个比较重要个小康县,作来重大,重要个贡献。

　　kəʔ⁵ məʔ², tɔ³⁵ hɛ⁵⁵ ɲiŋ³¹ lɛ³¹ tsəu³⁵ sa³⁵ nəʔ²? iɔ³⁵ məʔ² tsəu³⁵ s ã⁵⁵ i⁵⁵, iɔ³⁵ məʔ² dʑiəu¹³ zʅ³¹ zɛ³³ pu⁵⁵ vəŋ³³ ho⁵⁵, su³⁵ i⁵³ hɛ⁵⁵ ɲiŋ³¹ kəʔ⁵ faʔ⁵ tsɛ⁰ dʑiə¹³ iəʔ² lɛ³¹ iəʔ² kʰua³⁵ lɛ³¹。hɛ⁵⁵ ɲiŋ³¹ əʔ² tɕiɔ⁵⁵ tʰoŋ⁵⁵ kəʔ⁵ faʔ⁵ tsɛ⁰, a³⁵ zʅ³¹ hɛ⁵⁵ ɲiŋ³¹ tsəŋ⁵⁵ kəʔ⁵ tɕiŋ⁵⁵ tɕi⁵⁵ faʔ⁵ tsɛ⁰, vəŋ³³ ho³⁵ faʔ⁵ tsɛ⁰ kəʔ⁵ zoŋ¹³ iɔ³¹ pɔ⁵³ ts ã³¹, hɛ⁵⁵ ɲiŋ³¹ kəʔ⁵ tɕiɔ⁵⁵ tʰoŋ⁵⁵ moʔ² dʑiə³³ uɛ³³ tsʅ⁵³ lɛ³³ kʰei³⁵, iŋ⁵⁵ kɛ⁵⁵ k ã⁵³ uɛ¹³ hɛ⁵⁵ ɲiŋ³³ zəŋ³³ uɛ³³, dʑiə³³ koʔ⁵ tɕi⁵⁵ kəʔ⁵ pi⁵⁵ tɕiɔ⁵³ zoŋ¹³ iɔ³¹ kəʔ⁵ ɕiɔ⁵⁵ kʰ ã⁵⁵ ie³⁵, tsoʔ⁵ lɛ³³ zoŋ¹³ da³¹, zoŋ¹³ iɔ³¹ kəʔ⁵ koŋ³⁵ ɕie⁵³。

　　那他们来海宁做什么呢? 有的来做生意,有的来传播文化,所以海宁的发展就越来越快了。海宁便利的交通是海宁经济、文化发展的重要保障,就目前来看,它为海宁成为全国重要的小康县做出了重大、重要的贡献。

　　个辰光有火车,现在呢,当然也有火车,但是现在个火车比个辰光呢,更加发达,更加先进,除哩火车,还有动车,还有轻轨。吾记得吾读书个辰光,读大学个辰光,特别是,吾拉还有个个四块五角个火车,从杭州到海宁,一站一站一站,慢慢叫乘回转,经过周王庙啊,经过斜桥啊,再到海宁,要经过一个多钟头,非常有回家个感觉。

ka³⁵ zəŋ¹³ kuɑ̃⁵³ iə³¹ fu⁵⁵ tsʰo⁵⁵ , ie³³ zɛ³¹ nəʔ² , tɑ̃⁵⁵ zɛ³³ a³⁵ iə⁵³ fu⁵⁵ tsʰo⁵⁵ , dɛ³³ zɿ¹³ ie³³ zɛ³¹ kəʔ⁵ fu⁵⁵ tsʰo⁵⁵ piⁱ⁵⁵ ka³⁵ zəŋ¹³ kuɑ̃⁵³ niəʔ² , kəŋ⁵⁵ ka⁵³ faʔ⁵ dəʔ² , kəŋ⁵⁵ ka⁵³ ɕie⁵⁵ tɕiŋ⁵⁵ , zɿ³³ li³³ fu⁵⁵ tsʰo⁵⁵ , ɛ³¹ iə⁵³ doŋ¹³ tsʰo⁵⁵ , ɛ³¹ iə⁵³ tɕʰiŋ⁵⁵ kuɛ⁵⁵ . əu⁵³ tɕi³⁵ təʔ⁵ əu⁵³ doʔ² sɿ³⁵ kəʔ⁵ zəŋ¹³ kuɑ̃⁵³ , doʔ² da³³ ioʔ² kəʔ⁵ zəŋ¹³ kuɑ̃⁵³ , dəʔ² biəʔ² zɿ¹³ , əu⁵³ la³¹ ɛ³¹ iə⁵³ kəʔ⁵ kəʔ⁴ sɿ³⁵ kʰuɛ⁵³ ŋ¹³ koʔ⁵ gəʔ² fu⁵⁵ tsʰo⁵⁵ , zoŋ³³ ã³³ tsəu⁵⁵ tə³⁵ hɛ⁵⁵ ȵiŋ³¹ , iəʔ⁵ zɛ⁰ iəʔ⁵ zɛ⁰ iəʔ⁵ zɛ⁰ , mɛ⁵⁵ mɛ⁵⁵ tɕiə⁵³ tsʰəŋ⁵⁵ uɛ³³ tsɛ⁵³ , tɕiŋ⁵⁵ kəu⁵⁵ tsɛ⁵⁵ uɑ̃³³ mio⁵⁵ a⁵⁵ , tɕiŋ⁵⁵ kəu⁵⁵ dʑia³³ dʑiə³¹ a⁵⁵ , tsɛ⁵⁵ tə³⁵ hɛ⁵⁵ ȵiŋ³¹ , iə³⁵ tɕiŋ⁵⁵ kəu⁵⁵ iəʔ⁴ kəʔ⁵ təu⁵⁵ tsoŋ⁵⁵ dəu³³ , fi⁵⁵ z ɑ̃³³ iə¹³ uɛ³³ tɕia⁵⁵ kəʔ⁵ kɛ⁵⁵ tɕioʔ⁵ .

过去有火车,现在当然也有火车,但是现在海宁的火车比从前更加发达、先进,除了火车,还有动车、轻轨。我记得我读大学的时候,还有四块五角的火车,从杭州到海宁,一站一站慢慢儿地过,经过周王庙、斜桥,再到海宁,要经过一个多小时,回家的氛围感很浓。

现在呢,个趟火车已经弗存在哩,而现在回到海宁更加快,一个火车提速哩,还有一个呢现在有动车哩,动车从杭州到海宁,晏二十六分钟好哩。侬晓得哦? 除出动车之外,现在从海宁到杭州之间啦,有霍⁼建设高铁,噢,弗是叫高铁,叫城际列车,实际上,高铁在海宁同上海,同杭州之间,已经连成一条线霍⁼哩,从海宁进到上海也好,到杭州也好,将侪都非常快。

ie³³ zɛ³¹ nəʔ² , kəʔ⁵ tʰ ɑ̃⁰ fu⁵⁵ tsʰo⁵⁵ i³⁵ tɕiŋ⁵³ fəʔ⁵ zəŋ³³ zɛ³³ liəʔ⁵ , ə·³⁵ ie³³ zɛ³¹ huɛ³³ tə³⁵ hɛ⁵⁵ ȵiŋ³¹ kəŋ⁵⁵ ka⁵³ kʰua³⁵ , iəʔ⁵ kəʔ⁴ fu⁵⁵ tsʰo⁵⁵ di³³ soʔ⁵ liəʔ² , ɛ³³ iə¹³ iəʔ⁵ kəʔ⁴ nəʔ² ie³³ zɛ³¹ iə¹³ doŋ¹³ tsʰo⁵⁵ liəʔ² , doŋ¹³ tsʰo⁵⁵ zoŋ³³ ã³³ tsəu⁵⁵ tɔ³⁵ hε⁵⁵ n̠iŋ³³, tɕiɔ⁵⁵ n̠ie³³ loʔ² fəŋ⁵⁵ tsoŋ⁵⁵ hɔ⁵⁵ liɔʔ²。na⁵³ ɕiɔ⁵⁵ təʔ⁵ vaʔ²？zɿ³³ tsʰəʔ⁵ doŋ¹³ tsʰo⁵⁵ tsɿ⁵⁵ ua³⁵，ie³³ zε³¹ zoŋ³³ hε⁵⁵ n̠iŋ³¹ tɔ³⁵ ã³³ tsəu⁵⁵ tsɿ⁵⁵ tɕie⁵³ la³¹，iɔ⁵³ hoʔ⁵ tɕie⁵⁵ səʔ⁵ kɔ³⁵ tʰieʔ⁵，ɔ³¹，fəʔ⁵ zɿ¹³ tɕiɔ³⁵ kɔ⁵⁵ tʰieʔ⁵，tɕiɔ³⁵ zəŋ³³ tɕi³⁵ liɔʔ² tsʰo⁵⁵，zəʔ⁵ tɕi⁰ zã³¹，kɔ⁵⁵ tʰieʔ⁵ tsε⁵⁵ hε⁵⁵ n̠iŋ³¹ doŋ¹³ zã³³ hε⁵³，doŋ¹³ ã³³ tsəu⁵⁵ tsɿ⁵⁵ tɕie³⁵，i⁵⁵ tɕiŋ⁵⁵ lie³³ zəŋ³³ iɔʔ⁵ diɔ³³ ɕie³⁵ hoʔ⁵ li³¹，zoŋ³³ hε⁵⁵ n̠iŋ³¹ tɕiŋ⁵⁵ tɔ⁵³ zã³³ hε⁵³ a³¹ hɔ⁵³，tɔ⁵³ ã³³ tsəu⁵⁵ a³¹ hɔ⁵³，tɕi ã⁵⁵ zε³³ bəu³¹ fi⁵⁵ zã³³ kʰua³⁵。

现在这种慢慢开的火车已不复存在了,现在回海宁更快,一方面是由于火车提速了,另一方面是由于有动车了,动车从杭州到海宁 26 分钟就到了。你们知道吗?除动车之外,现在海宁和杭州之间又建有高铁,哦不,是城际列车。实际上,高铁从海宁到上海、到杭州,已经连成一条线了,从海宁到上海、到杭州都非常快。

轻轨个建立,为海宁个交通个发展,又插上哩一对翅膀,让火车得到嘞解放,实际上吾拉那⁼来,晏慢悠悠地乘地铁,或者乘轻轨,就可以到杭州哩。当然,海宁个交通,除出火车个迅速发展,也离弗开汽车,公路个迅速发展,公路运输主要靠汽车,葛⁼么,汽车现在基本浪⁼,每个家庭全部有一部,甚至有两部、三部。

tɕʰiŋ⁵⁵ kue⁵⁵ kəʔ⁵ tɕie⁵⁵ liɔʔ²，uε¹³ hε⁵⁵ n̠iŋ³¹ əʔ⁵ tɕiɔ⁵⁵ tʰoŋ⁵⁵ kəʔ⁵ faʔ⁵ tsε⁰，iɔ³⁵ tsʰaʔ⁵ zã³³ liɔʔ² iəʔ⁵ tε³⁵ tsʰɿ⁵⁵ pã⁵³，n̠ia³³ fu⁵⁵ tsʰo⁵⁵ tɔʔ⁵ tɔ³⁵ ləʔ² tɕia³⁵ fã⁰，zəʔ⁵ tɕi⁰ zã³¹ əu⁵³ la³¹ na¹¹ lε³³，tɕiɔ⁵⁵ mε³⁵ iɔ⁵⁵ iɔ⁵³ tiɔʔ⁵ tsʰəŋ³⁵ di³³ tʰiɔʔ⁵，oʔ² tsəʔ⁵ tsʰəŋ³⁵ tɕʰiŋ⁵⁵ kue⁵⁵，dʑiəu¹³ kʰo⁵⁵ iʔ¹ tɔ³⁵ ã³³ tsəu⁵⁵ liɔʔ²。tã⁵⁵ zε³³，hε⁵⁵ n̠iŋ³¹ kəʔ⁵ tɕiɔ⁵⁵ tʰoŋ⁵⁵，zɿ³³ tsʰəʔ⁵ fu⁵⁵ tsʰo⁵⁵ kəʔ⁵ ɕiŋ⁵⁵ soʔ⁵ faʔ⁵ tsε⁰，a⁵⁵ li¹³ fəʔ⁵ kʰε⁵³ tɕʰi⁵⁵ tsʰo⁵³，koŋ⁵⁵ ləu⁵⁵ kəʔ⁵ ɕiŋ³⁵ soʔ⁵ faʔ⁵ tsε⁰，koŋ⁵⁵ ləu⁵⁵ iŋ⁵⁵ sɿ⁵³ tsi⁵⁵ iɔ³⁵ kʰɔ³⁵ tɕʰi⁵⁵ tsʰo⁵³，kəʔ⁵ məʔ²，tɕʰi⁵⁵ tsʰo⁵³ ie³³ zε³¹ tɕi⁵⁵ pəŋ⁵⁵ lã³³，mε³⁵ kəʔ⁵ tɕia⁵⁵ diŋ³¹ dʑie¹³ bəu¹³ iɔ¹³ iɔʔ⁵ bəu³¹，zəŋ³³ tsɿ⁵³ iɔ¹³ n̠iã¹³ bəu³¹、sɛ⁵⁵ bəu³³。

轻轨的建设，为海宁的交通发展又插上了一对翅膀，让火车得到了解放，实际上我们以后只要乘地铁或者轻轨，就可以到杭州了。当然海宁交通除了火车的迅速发展，也离不开汽车、公路的迅速发展，公路运输主要靠的是汽车，现在基本上每个家庭都有一辆汽车，甚至有两辆、三辆。

海宁有钞票个人也越来越多，买部汽车算啥呢？侪是个种介名牌好车，开到杭州呢一歇歇功夫好哩，一个钟头也［弗要］伊得。

hɛ⁵⁵ ȵiŋ³¹ iə¹³ tsʰɔ⁵³ pʰiɔ⁵³ kəʔ⁵ ȵiŋ¹³ a³¹ iəʔ² lɛ³³ iəʔ² təu⁵⁵，ma¹³ bəu³¹ tɕʰi⁵⁵ tsʰɔ⁵³ sɛ³⁵ sa³⁵ nəʔ²？ zɛ³³ zɿ³³ kəʔ⁵ tsoŋ⁵³ ka⁵³ miŋ³³ ba³¹ hɔ⁵⁵ tsʰɔ⁵⁵，kʰɛ⁵³ tɔ⁵³ ã³³ tsəu⁵⁵ nəʔ² iəʔ⁵ ɕiəʔ⁴ ɕiəʔ⁵ koŋ⁵⁵ fu⁵⁵ hɔ⁵⁵ liəʔ²，iəʔ⁵ kəʔ⁴ tsoŋ⁵⁵ dəu³³ a⁵⁵ fiɔ³⁵ i³¹ təʔ⁵。

海宁有钱人越来越多，买辆汽车算什么呢？全是名牌好车，开到杭州一个小时都不需要。

因为现在海宁到杭州，个高速非常发达，高速公路浪˭厢倷一开，直接已经到杭州哩，当然，倷如果弗想上高速，走东西大道也可以个。今后，从海宁到杭州将更加快，从海宁到上海也更加快，海宁成为杭嘉湖一带，重要个交通枢纽。随着时代个继续发展呢，弗光是高速公路、火车，吾想其他个交通工具，也有霍˭迅速发展起来。

iŋ³³ uɛ³³ ie³³ zɛ³¹ hɛ⁵⁵ ȵiŋ³¹ tɔ⁵³ ã³³ tsəu⁵⁵，kəʔ⁵ kɔ³⁵ soʔ⁵ fi⁵⁵ zã³³ faʔ² daʔ⁵，kɔ³⁵ soʔ⁵ koŋ⁵⁵ ləu⁵⁵ lã³³ ɕiã⁵⁵ nə¹³ iəʔ⁵ kʰɛ⁵⁵，zəʔ² tɕiəʔ⁵ i³³ tɕiŋ⁵⁵ tɔ⁵³ ã³³ tsəu⁵⁵ liəʔ²，tã⁵⁵ zɛ³³，nə¹³ lu³³ gəu⁵⁵ fəʔ⁵ ɕiã⁵³ zã¹³ kɔ³⁵ soʔ⁵，tsə⁵⁵ toŋ⁵⁵ ɕi⁵⁵ da¹³ dɔ³¹ a³³ kʰo³⁵ i³¹ gəʔ²。 tɕiŋ⁵⁵ ə⁵⁵，zoŋ³³ hɛ⁵⁵ ȵiŋ³¹ tɔ⁵³ ã³³ tsəu⁵⁵ tɕiã⁵⁵ kəŋ⁵⁵ ka⁵³ kʰua³⁵，zoŋ³³ hɛ⁵⁵ ȵiŋ³¹ tɔ⁵³ zã³³ hɛ⁵³ a³¹ kəŋ⁵⁵ ka⁵³ kʰua³⁵，hɛ⁵⁵ ȵiŋ³¹ zəŋ³³ uɛ³³ ã³³ ka⁵⁵ u³³iə?⁵ta⁵³，zoŋ¹³iɔ³¹gə?² tɕi⁵⁵tʰoŋ⁵⁵sɿ⁵⁵niə⁵⁵。zɛ³³za?²zɿ³³dɛ³³gə?²tɕi⁵⁵zo?²fa?⁵tsɛ⁰nə?，fə?⁵kuã̃³⁵zɿ³¹kɔ³⁵sɔ?⁵koŋ⁵⁵ləu⁵⁵、fu⁵⁵tsʰo⁵⁵，əu⁵³ɕiã̃⁵³dʑi³³tʰa⁵⁵kə?⁵tɕi⁵⁵tʰoŋ⁵⁵koŋ⁵⁵dʑi³³，a³⁵iə⁵⁵ho?⁵ɕiŋ³⁵sɔ?⁵fa?⁵tsɛ⁰tɕʰi⁵³lɛ³¹。

　　因为现在海宁到杭州，高速公路非常发达，一上高速直接到杭州了，当然，如果不想上高速，走东西大道也是可以的。今后，从海宁到杭州将更快，从海宁到上海也将更快，海宁成为杭嘉湖一带的重要交通枢纽。随着时代的继续发展，不光是高速公路、火车，其他的交通工具也会迅速地发展起来。

　　比方讲，老底子个辰光个脚踏车，脚踏车吾拉个辰光，小个辰光侪骑过个，一人一部脚踏车，骑得脚踏车去读书也好，去白相也好，对吾拉留下一段美好个回忆，当然，现在踏脚踏车个人越来越少哩，所以现在，现在个人呢，个健康，身体个健康，也越来越无没以前好哩。

bi⁵⁵fã̃³⁵kã̃⁵³，lɔ¹³ti⁵⁵tsɿ⁵⁵kə?⁵zəŋ³³kuã̃⁵³kə?⁵tɕia?⁵da?²tsʰo⁵³，tɕia?⁵da?²tsʰo⁵³əu⁵³la³¹kə?⁵zəŋ³³kuã̃⁵⁵，ɕiɔ⁵⁵kə?⁵zəŋ³³kuã̃⁵³zɛ³³dʑi³³kəu⁵⁵ər²，iə?⁵niŋ³¹iə?⁵bəu³¹tɕia?⁵da?²tsʰo⁵⁵，dʑi¹³də?²tɕia?⁵da?²tsʰo⁵⁵tɕʰi³⁵do?²sɿ⁵⁵a³³hɔ⁵³，tɕʰi³⁵bə?²ɕiã̃⁰a³³hɔ⁵³，dɛ¹³əu⁵³la³¹liə³³ɕia³¹iə?⁵dɛ¹³mɛ³⁵hɔ⁵³ə?²uɛ³³ni³³，tã̃⁵⁵zɛ³³，iɕ³³zɛ³¹da?²tɕia?⁵da?²tsʰo⁵⁵kə?⁵niŋ¹³iə?²lɛ³³iə?²sɔ⁵³liə?²，su⁵⁵i⁵⁵iɛ³³zɛ³¹，iɛ³³zɛ³¹kə?⁵niŋ¹³nə?²，kə?⁵dʑiɛ³³kʰaŋ⁵³，səŋ⁵⁵tʰi⁵⁵kə?⁵dʑiɛ³³kʰaŋ⁵³，a⁵⁵iə?²lɛ³³iə?²m³³mə?²i³³dʑiɛ¹³hɔ⁵³liə?²。

　　比方说，过去的自行车，小时候我们一人一辆，骑着去读书也好，玩耍也好，都留下了美好的记忆。当然，现在骑自行车的人越来越少，一定程度上也影响到人们的健康。

吾呢自己觉着,海宁除出交通需要发展之外呢,人个健康也要得到发展,希望大家今后呢少开汽车,多骑脚踏车,绿色出行。

əu⁵³ nəʔ² zɿ³³ tɕi⁵⁵ koʔ⁵ zaʔ² , hɛ⁵⁵ ɲiŋ³¹ zɿ³³ tsʰəʔ⁵ tɕiɔ⁵⁵ tʰoŋ⁵⁵ ɕiɔ⁵⁵ faʔ⁵ tsɛ⁰ tsɿ⁵⁵ ua³⁵ nəʔ² , ɲiŋ¹³ kəʔ⁵ dʑie³³ kʰaŋ⁵³ a⁵⁵ iɔ⁵⁵ təʔ⁵ tɔ³⁵ faʔ⁵ tsɛ⁰ , ɕi⁵⁵ u ã⁵⁵ da³³ ka³³ tɕiŋ⁵⁵ ə⁵⁵ nəʔ² sɔ⁵³ kʰɛ⁵³ tɕʰi⁵⁵ tsʰo⁵³ , təu⁵⁵ dʑi¹³ tɕiaʔ⁵ daʔ² tsʰo⁵⁵ , loʔ² səʔ⁵ tsʰəʔ⁵ iŋ¹³ 。

我觉得海宁除了要发展交通之外,人们的身体健康也需要引起重视,希望大家今后少开汽车,多骑自行车,绿色出行。

(2017 年 7 月 6 日,海宁,发音人:陈贤彪)

传统节日

吾拉来讲讲海宁个节日文化,和吃食文化。讲起海宁个节日文化,比较有名个就是硖石灯彩节,实际上,硖石个灯彩节呢,讲到底,就是吾拉个元宵节,元宵节大家侪晓得哦? 元宵节就是正月十五闹元宵,家家户户吃汤团。

əu⁵³ la³¹ lɛ³³ kã⁵³ kã⁵³ hɛ⁵⁵ ɲiŋ³¹ kəʔ⁵ tɕiəʔ⁵ zəʔ² vəŋ³³ ho⁵⁵ , u³³ tɕiaʔ⁵ zəʔ² vəŋ³³ ho⁵⁵ 。 k ã³⁵ tɕʰɿ⁵³ hɛ⁵⁵ ɲiŋ³¹ kəʔ⁵ tɕiəʔ⁵ zəʔ² vəŋ³³ ho⁵⁵ , pi⁵⁵ tɕi⁵³ iə¹³ miŋ¹³ gəʔ² dʑiə¹³ zɿ³¹ aʔ² zaʔ² təŋ⁵⁵ tsʰɛ⁵⁵ tɕiəʔ⁵ , zəʔ⁵ tɕi⁰ z ã³¹ , aʔ² zaʔ² kəʔ⁵ təŋ⁵⁵ tsʰɛ⁵⁵ tɕiəʔ⁵ nəʔ² , k ã³⁵ tɔ³⁵ ti⁵³ , dʑiə¹³ zɿ³¹ əu⁵³ la³¹ kəʔ⁵ ɲie³³ ɕiɔ³⁵ tɕiəʔ⁵ , ɲie³³ ɕiɔ³⁵ tɕiəʔ⁵ da³³ ka⁵³ zɛ¹³ ɕiɔ⁵⁵ təʔ⁵ vaʔ² ? ɲie³³ ɕiɔ³⁵ tɕieʔ⁵ dʑiə¹³ zɿ³¹ tsəŋ⁵⁵ iəʔ² zəʔ⁵ ŋ⁰ nɔ¹³ ɲie³³ ɕiɔ³⁵ , ka⁵⁵ ka⁵⁵ u¹³ u³¹ tɕiaʔ⁵ tʰ ã⁵⁵ dɛ³³ 。

我们来讲讲海宁的节日文化和饮食文化。讲起海宁的节日文化,比较有名的就是硖石灯彩节,实际上就是我们的元宵节,元宵节大家都知道吧? 就是正月十五闹元宵,家家户户吃汤圆。

吃好汤团之后要做啥呢? 当然要去看硖石灯彩哩。每年吾拉个硖石灯彩侪蛮丰富，连外国人还要过来看，弗得弗看，硖石个灯彩比较精彩，各色各样个灯侪有，有龙舟灯，有熊猫灯，还有小动物灯，制作比较精美，上头还会得有书法、有国画。

tɕiaʔ⁵ hɔ⁰ tʰã̃⁵⁵ dɛ³³ tsɿ⁵⁵ ə³¹ iɔ³⁵ tsəu³⁵ sa³⁵ nəʔ²？ t ã̃⁵⁵ zɛ³³ iɔ⁵⁵ tɕʰi³⁵ kʰei³⁵ aʔ² zaʔ² təŋ⁵⁵ tsʰɛ⁵⁵ liəʔ²。mei³³ ȵie³³ əu⁵³ la³¹ kəʔ⁵ aʔ² zaʔ² təŋ⁵⁵ tsʰɛ⁵⁵ zɛ³³ mɛ³³ fəŋ⁵⁵ fu⁵⁵，lie¹³ ua³⁵ koʔ⁵ ȵiŋ³¹ a³³ iɔ³⁵ kəu⁵⁵ lɛ³³ kʰei³⁵，fəʔ⁵ təʔ⁵ fəʔ⁵ kʰei³⁵，aʔ² zaʔ² kəʔ⁵ təŋ⁵⁵ tsʰɛ⁵⁵ pi⁵⁵ tɕiɔ⁵³ tɕiŋ⁵⁵ tsʰɛ⁵⁵，koʔ⁵ səʔ⁵ koʔ⁵ iã̃³¹ kəʔ⁵ təŋ⁵⁵ zɛ³³ iə³³，iə³³ loŋ³³ tsə⁵⁵ təŋ⁵⁵，iə³³ ioŋ³³ mɔ³³ təŋ⁵⁵，ɛ³³ iə¹³ ɕiɔ³⁵ doŋ³¹ vəʔ² təŋ⁵³，tsɿ⁵⁵ tsoʔ⁵ pi⁵⁵ tɕiɔ⁵³ tɕiŋ⁵⁵ mei⁵⁵，z ã̃³³ dəu³¹ ɛ³⁵ uɛ⁵⁵ təʔ⁵ iə¹³ sɿ⁵⁵ faʔ⁵、iə¹³ koʔ⁵ o³¹。

吃完汤圆后要做什么呢？当然是要去看硖石的灯彩。硖石每年元宵节的彩灯都很丰富，连外国人都要过来欣赏欣赏的，硖石的彩灯种类较多，有龙舟灯、熊猫灯、小动物灯，制作都比较精美，彩灯上面还有书法、国画等中国元素。

再来讲讲，接落去就是要过清明节，清明节要吃汤团，哦，弗对，弗是汤团，也是一种团子，叫清明团子。清明团子比汤团要大，还加是青颜色，虽然讲要思念亲人，祭奠亲人，但是吾拉也弗好饿着肚皮，祭奠完亲人之后呢，还要吃个清明团子，清明团子里厢主要有豆沙，还有肉。

tsɛ³⁵ lɛ³¹ k ã̃³⁵ k ã̃⁵³，tɕiəʔ⁵ loʔ² tɕʰi⁵⁵ dziə¹³ zɿ³¹ iɔ⁵³ kəu³⁵ tɕʰiŋ³⁵ miŋ⁵³ tɕiəʔ⁵，tɕʰiŋ³⁵ miŋ⁵³ tɕiəʔ⁵ iɔ⁵⁵ tɕiaʔ⁵ tʰã̃⁵⁵ dɛ³³，o⁵⁵，fəʔ⁵ tɛ⁰，fəʔ⁵ zɿ³¹ tʰã̃⁵⁵ dɛ³³，a³⁵ zɿ³¹ iəʔ⁵ tsoŋ⁵³ dɛ³³ tsɿ⁵⁵，tɕiɔ³⁵ tɕʰiŋ⁵⁵ miŋ⁵⁵ dɛ³³ tsɿ³⁵。tɕʰiŋ⁵⁵ miŋ⁵⁵ dɛ³³ tsɿ³⁵ pi⁵⁵ tʰã̃⁵⁵ dɛ³³ iɔ⁵⁵ dəu¹³，ɛ³³ ka⁵³ zɿ³³ tɕʰiŋ⁵⁵ ɛ³³ səʔ⁵，sɛ⁵⁵ lɛ³³ k ã̃⁵³ iɔ³⁵ sɿ⁵⁵ ȵiɛ³¹ tɕʰiŋ⁵⁵ ȵiŋ⁵⁵，tɕiɔ³⁵ die³¹ tɕʰiŋ⁵⁵ ȵiŋ⁵⁵，dɛ¹³ zɿ³¹ əu⁵³ la³¹ a¹³ fəʔ⁵ hɔ⁰ əu¹³ zaʔ² dəu¹³ bi¹³，tɕiɔ³⁵ die³¹ uɛ³¹ tɕʰiŋ⁵⁵ ȵiŋ⁵⁵ tsɿ⁵⁵ əu³¹ nəʔ²，a³³ iɔ¹³ tɕʰiaʔ⁵ kəʔ⁵

tɕʰiŋ⁵⁵ miŋ⁵⁵ dɛ³³ tsɿ³⁵ , tɕʰiŋ⁵⁵ miŋ⁵⁵ dɛ³³ tsɿ³⁵ li⁵⁵ ɕiã⁵⁵ tsɿ⁵⁵ iə⁵³ iə¹³ dəu³³ so⁵³ , a³³ iə¹³ ȵioʔ² 。

元宵节以后就是清明节，清明节我们要吃清明团子。清明团子比汤圆要大，是青颜色的，虽说是为思念、祭奠亲人，但我们也不能饿肚子啊，祭奠完之后呢，我们就吃清明团子。清明团子里面是有馅儿的，主要是豆沙馅和肉馅。

再接落去就是要讲讲立夏，立夏呢吾拉要吃只麻球，个只麻球也是用糯儿米做个，但是呢外头有芝麻，里厢也有豆沙，也蛮好吃个，弗相信，倷可以来试试看。

tsɛ³⁵ tɕiəʔ⁵ loʔ² tɕʰi⁵⁵ dʑiə¹³ zɿ³¹ iə³⁵ kã⁵³ kã⁵³ lieiʔ² o¹³ , lieiʔ² o¹³ nəʔ² əu⁵³ la³¹ iə³⁵ tɕʰiaʔ⁵ tsaʔ⁵ mo³³ dʑiə³³ , kəʔ⁴ tsaʔ⁵ mo³³ dʑiə³³ a⁵⁵ zɿ³³ ioŋ¹³ noŋ³³ mi³¹ tsəu³⁵ əʔ² , dɛ¹³ zɿ³¹ nəʔ² ua³³ dəu¹³ iə³³ tsɿ⁵⁵ mo³³ , li¹³ ɕiã⁵⁵ a⁵⁵ iə⁵⁵ dəu³³ so⁵³ , a¹³ mɛ⁵³ hɔ⁵⁵ tɕiaʔ⁵ əʔ² , fəʔ⁵ ɕiã³⁵ ɕiŋ⁵⁵ , nə⁵³ kʰo⁵⁵ iʔ³³ lɛ³³ sɿ⁵⁵ sɿ⁵⁵ kʰei⁵³ 。

再接下去就是立夏，立夏要吃麻球，麻球也是用糯米做的，但是外头有芝麻，里面有豆沙，也挺好吃，不相信的话，你可以来尝一尝。

当然海宁个小吃，讲讲又讲到海宁个小吃去哩，除脱个些清明团子，除出个些麻球，还有其他比如讲方糕哩呀，比如讲鹅头颈哩呀，里厢也有豆沙，侪部是用糯儿米来做霍⁼个，侪比较有特色。

tã⁵⁵ zɛ³³ hɛ⁵⁵ ȵiŋ³¹ gəʔ² ɕiə³⁵ tɕʰiaʔ⁵ , kã⁵³ kã⁵³ iʔ¹³ kã⁵⁵ tɔ⁵³ hɛ⁵⁵ ȵiŋ³¹ kəʔ⁵ ɕiə³⁵ tɕʰiaʔ⁵ tɕʰiʔ³⁵ lieiʔ² , zɿ³³ tʰəʔ⁵ kəʔ⁵ ɕiəʔ⁵ tɕʰiŋ⁵⁵ miŋ⁵⁵ dɛ³³ tsɿ³⁵ , zɿ³³ tʰəʔ⁵ kəʔ⁵ ɕiəʔ⁵ mo³³ dʑiə³³ , ɛ³³ iə³¹ dʑiə³³ tʰa⁵⁵ pi⁵⁵ lu³¹ kã⁵³ fã⁵⁵ kɔ⁵⁵ lieiʔ² a³³ , pi⁵⁵ lu³¹ kã⁵³ u³³ də³³ tɕiŋ⁵³ lieiʔ² a³³ , li¹³ ɕiã⁵⁵ a⁵⁵ iə⁵⁵ dəu³³ so⁵³ , zɛ³³ bəu³¹ zɿ³³ ioŋ¹³ noŋ³³ mi³¹ lɛ³³ tsəu³⁵ hoʔ⁵ əʔ² , zɛ¹³ pi⁵⁵ tɕiɔ⁵⁵ iə¹³ dəʔ² səʔ⁵ 。

当然，海宁的小吃，除了清明团子和麻球，还有方糕、鹅头颈等，里面也有豆沙馅儿，都是用糯米制作的，比较有地方特色。

　　再接落去就是要讲到端午节，端午节大家晓得侪要吃粽子，为啥呢？就是为了纪念，吾拉中国顶有名个诗人，叫屈原。为了纪念伊呢，大家要划龙舟、吃粽子，把个点粽子呢乱辣﹦河里厢，拨鱼吃，[弗要]让个点鱼呢，去吃屈原个尸体。葛﹦么粽子呢，实际上也蛮好吃，粽子各色各样，有肉粽子，有蛋黄粽子，高阳桥浪﹦厢硖石街浪﹦人侪晓得，个只大肉粽子比较好吃。

　　tsɛ³⁵ tɕiəʔ⁵ loʔ² tɕʰiʔ⁵ dziə¹³ zɿ³¹ iɔ⁵³ kã³⁵ tɔ⁵³ te⁵⁵ ŋ³³ tɕiəʔ⁵, te⁵⁵ ŋ³³ tɕiəʔ⁵ da³³ ka⁵³ ɕiɔ³⁵ təʔ⁵ zɛ³³ iɔ¹³ tɕʰiaʔ⁵ tsoŋ³⁵ tsɿ⁵³, uɛ¹³ sa³⁵ nəʔ²? dziə¹³ zɿ³¹ uɛ¹³ ləʔ² tɕi³⁵ ȵiɛ³¹, əu⁵³ la³¹ tsoŋ³⁵ koʔ⁵ tiŋ⁵³ iə¹³ miŋ¹³ gəʔ² sɿ⁵⁵ ȵiŋ⁵⁵, tɕiɔ³⁵ tɕʰiəʔ⁵ iе⁵⁵。uɛ³³ ləʔ² tɕi³⁵ ȵiɛ³¹ iʔ³¹ nəʔ², da³³ ka⁵³ iɔ³³ uaʔ² loŋ³³ tsə⁵⁵、tɕʰiaʔ⁵ tsoŋ³⁵ tsɿ⁵³, pa³⁵ kəʔ⁵ tiəʔ⁵ tsoŋ³⁵ tsɿ⁵³ nəʔ² toʔ⁵ laʔ⁵ u³³ li³³ ɕi ã⁵⁵, pəʔ⁵ ŋ¹³ tɕʰiəʔ⁵, fiɔ⁵³ ȵi ã¹³ kəʔ⁵ tiəʔ⁵ ŋ³³ nəʔ², tɕʰiʔ³⁵ tɕʰiəʔ⁵ tɕʰiəʔ⁵ iе⁵⁵ kəʔ⁵ sɿ⁵⁵ tʰiʔ⁵⁵。kəʔ⁵ məʔ² tsoŋ³⁵ tsɿ⁵³ nəʔ², zəʔ⁵ tɕiʔ⁰ z ã³¹ a³⁵ mе⁵⁵ hɔ⁵⁵ tɕʰiəʔ⁵, tsoŋ³⁵ tsɿ⁵³ koʔ⁵ səʔ⁵ koʔ⁵ iã³¹, iə³³ ȵioʔ² tsoŋ³⁵ tsɿ⁵³, iə³³ dɛ¹³ huã⁵⁵ tsoŋ³⁵ tsɿ⁵³, kɔ⁵⁵ iã⁵⁵ dziə³³ lã³³ ɕi ã⁵⁵ aʔ² zaʔ² ka⁵⁵ l ã⁵⁵ ȵiŋ³¹ zɛ¹³ ɕiɔ³⁵ təʔ⁵, kəʔ⁴ tsaʔ⁵ dəu¹³ ȵioʔ² tsoŋ⁵⁵ tsɿ⁵³ pi⁵⁵ tɕiɔ⁵³ hɔ⁵⁵ tɕʰiəʔ⁵。

　　再接下去是端午节，端午节大家都知道要吃粽子，为什么呢？是为了纪念我们中国很有名的诗人，叫屈原。为了纪念他，大家要划龙舟、吃粽子，把粽子倒到河里面给鱼吃，让那些鱼不要去打扰屈原。粽子实际上也是挺好吃的，种类较多，有肉粽、蛋黄粽等，硖石人都知道大肉粽比较好吃。

　　当然，高阳桥头，还有汤包，汤包呢生来比个只小笼，上海个小笼小介点，但是味道蛮赞，吾侬一口气可以吃四客半，一听就晓得吾是个吃胚。

tã⁵⁵ zɛ³³, kɔ⁵⁵ iã⁵⁵ dʑiɔ³³ də³³, ɛ³³ iə³¹ tʰã⁵⁵ pɔ⁵⁵, tʰã⁵⁵ pɔ⁵⁵ nəʔ² sã⁵⁵ lɛ³³ piⁱ⁵⁵ kəʔ⁵ tsaʔ⁴ ɕiɔ⁵⁵ loŋ³³, zã³³ he⁵³ əʔ² ɕiɔ⁵⁵ loŋ³³ ɕiɔ³⁵ kəʔ⁵ tiəʔ⁵, dɛ³³ zʅ¹³ vi³³ dɔ³¹ mɛ³³ tsɛ⁵³, oʔ⁵ noŋ³¹ iəʔ⁵ kʰə⁵³ tɕiʔ³⁵ kʰo⁵³ iʔ³¹ tɕʰiəʔ⁵ sʅ⁵⁵ kʰaʔ⁵ pɛ³⁵, iəʔ⁵ tʰiŋ³⁵ dʑiə¹³ ɕiɔ³⁵ təʔ⁵ əu⁵³ zʅ³³ kəʔ⁵ tɕʰiəʔ⁵ pʰɛ⁵⁵。

当然，还有高阳桥头汤包，汤包比上海的小笼包要小一点，但是味道很好，我一口气可以吃四笼半，一听就知道我是个吃货。

葛〓么，讲好吾拉个个端午节，再接落去要讲讲个观潮节哩。观潮节在海宁个传统节日里厢，也是比较有名个。观潮节就是用来看潮个，到嘞看潮个日，八月十八看潮个日，俺真[弗要]得啦，个个潮边浪〓，江边浪〓，江塘，塘边浪〓，应该讲人山人海，全部是人。个人潮比个潮水还要结棍，潮水之所以介吸引人，吾拉有一线潮、有回头潮，潮水高个辰光有十几米，可以吃脱一个人。所以吾拉观潮个辰光，千万要注意安全。

kəʔ⁵ məʔ², kã³⁵ hɔ⁵³ əu⁵³ la³¹ kəʔ⁵ kəʔ⁵ te⁵⁵ ŋ³³ tɕiəʔ⁵, tsɛ³⁵ tɕiəʔ⁵ loʔ² tɕʰi³⁵ iɔ³³ kã⁵³ kã⁵³ kəʔ⁵ kuɛ⁵⁵ zɔ³³ tɕiəʔ⁵ liəʔ²。kuɛ⁵⁵ zɔ³³ tɕiəʔ⁵ tsɛ⁵⁵ he⁵⁵ n̩iŋ³¹ kəʔ⁵ zɛ³¹ tʰoŋ⁵³ tɕiəʔ⁵ zəʔ² li³³ ɕi ã⁵⁵, a⁵⁵ zʅ³¹ pi⁵³ tɕiɔ⁵³ iə³⁵ miŋ¹³ əʔ²。kuɛ⁵⁵ zɔ³¹ tɕiəʔ⁵ dʑiə¹³ zʅ³¹ ioŋ³³ lɛ³¹ kʰei³⁵ zɔ¹³ əʔ², tɔ³⁵ ləʔ² kʰei³⁵ zɔ¹³ kəʔ⁵ n̩iəʔ⁵, paʔ⁵ iəʔ² zəʔ² paʔ⁵ kʰei³⁵ zɔ¹³ kəʔ⁵ n̩iəʔ², na⁵³ tsəŋ⁵³ fiɔ⁵³ təʔ⁵ la³¹, kəʔ⁴ kəʔ⁵ zɔ³³ pie⁵⁵ lɔ³³, tɕiã⁵⁵ pie⁵⁵ lɔ³³, tɕiã⁵⁵ dã³³, dã³³ pie⁵⁵ lɔ³³, iŋ⁵⁵ kə³³ kã⁵⁵ n̩iŋ³³ se⁵³ n̩iŋ³³ he⁵³, dʑiə³³ bəu¹³ zʅ¹³ n̩iŋ¹³。kəʔ⁵ n̩iŋ³³ zɔ³³ pi⁵⁵ kəʔ⁵ zɔ³³ sʅ⁵⁵ ɛ³³ iɔ³⁵ tɕiəʔ⁵ kuəŋ⁰, zɔ³³ sʅ⁵⁵ tsʅ³⁵ su⁵³ iʔ³¹ ka³⁵ ɕiəʔ⁵ iŋ¹³ n̩iŋ¹³, əu⁵³ la³¹ iə³¹ iəʔ⁵ ɕie⁰ zɔ³¹、iə³¹ uɛ³³ dəu³³ zɔ³³, zɔ³³ sʅ⁵⁵ kə³⁵ kəʔ⁵ zəŋ³³ kuã⁵³ iə¹³ zəʔ⁵ tɕi⁰ mi³¹, kʰo⁵³ iʔ³¹ tɕʰiəʔ⁴ tʰəʔ⁵ iəʔ⁴ kəʔ⁵ n̩iŋ¹³。su⁵³ iʔ³¹ əu⁵³ la³¹ kuɛ⁵⁵ zɔ¹³ kəʔ⁵ zəŋ¹³ kuã⁵³, tɕie⁵⁵ uɛ³³ iɔ³⁵ tsʅ⁵⁵ iʔ³¹ ɛ⁵⁵ dʑie³³。

讲完端午节,接下来要讲观潮节,观潮节在海宁的传统节日里也是比较有名的。观潮节就是到江边去看潮,每到八月十八这天,江边上人山人海,人潮比潮水还要厉害。潮水之所以这么吸引人,是因为我们海宁有一线潮,有回头潮,潮水高的时候能达十多米,可以吞没一个人,所以观潮时千万要注意安全。

当然,接落去就是中秋节哩。中秋节吾拉要吃月饼,海宁比较有特色个月饼,就是弄堂里厢人家做个肉月饼。肉月饼之所以好吃,因为一个价钿便宜,另外一个伊拉亲手做出来,里厢鲜肉月饼,比较好吃。排队个辰光,倷可能要从日里排到夜里厢,但是呢菩萨还有辣˭庙里厢。

tã⁵⁵ zɛ³³, tɕiəʔ⁵loʔ²tɕʰi³⁵ dziə¹³ zʅ³¹ tsoŋ³⁵ tɕiə³⁵ tɕiəʔ⁵liəʔ²。tsoŋ³⁵ tɕiə³⁵ tɕiəʔ⁵əu⁵³la³¹ iɔ³⁵ tɕiəʔ⁵ieʔ⁴piŋ⁰, hɛ⁵⁵ ɳiŋ³³ pi⁵³ tɕiə⁵³ iɔ³⁵ dəʔ²səʔ⁵əʔ² ieʔ⁴piŋ⁰, dziə¹³ zʅ³¹ loŋ¹³ dã³¹li³¹ ɕiã⁵³ɳiŋ³³ ka³⁵ tsəu³⁵ əʔ²ɳioʔ²ioʔ²piŋ⁵⁵。ɳioʔ²ioʔ²piŋ⁵⁵ tsʅ³⁵su⁵³i³¹ hɔ⁵⁵ tɕʰiaʔ⁵, iŋ³⁵ uɛ³¹iəʔ⁴kəʔ⁵ka³⁵ die³¹bi³³ɳi³³, liŋ¹³ua³¹iəʔ⁴kəʔ⁵i³⁵la⁵³tɕʰiŋ⁵⁵sə⁵⁵ tsəu³⁵ tsʰəʔ⁵lɛ³¹, li³¹ɕiã⁵³ɕie³⁵ɳioʔ²ioʔ⁴piŋ⁰, pi⁵³tɕiə⁵³hɔ⁵⁵ tɕʰiaʔ⁵。ba³¹dɛ¹³kəʔ⁵zəŋ³¹ kuã⁵³, nə¹³kʰo⁵³nəŋ³¹iɔ³⁵zoŋ³¹ɳiəʔ⁴li³¹ba¹³tɔ³⁵ia¹³li³¹ɕiã⁵³, dɛ¹³zʅ³¹nəʔ²bəu¹³səʔ⁵ɛ¹³iə¹³laʔ⁵miɔ¹³li³¹ɕiã⁵³。

接下来就是中秋节,中秋节我们要吃月饼,海宁比较有名的月饼就是弄堂深处人家做的肉月饼,肉月饼之所以好吃,一是因为价钱便宜,二是因为是现做现卖的鲜肉月饼,比较好吃,可能从白天排队到晚上,但是队伍也没前进多少。

最后呢,当然是个个春节,一年到头,大家开开心心吃顿团圆饭,小百戏呢分个红包,放个烟火,就好哩。

tsɛ³⁵əʔ³¹nəʔ², tã⁵⁵zɛ³³zʅ¹³kəʔ⁴kəʔ⁵tsʰəŋ⁵³tɕiəʔ⁵, iəʔ⁵ɳie⁵⁵tɔ³⁵də¹³,

da³³ ka⁵³ kʰɛ⁵⁵ kʰɛ⁵⁵ ɕiŋ³⁵ ɕiŋ³⁵ tɕʰiaʔ⁵ təŋ⁵³ dɛ³³ ȵie⁵⁵ vɛ³³ , ɕiɔ³⁵ paʔ⁵ ɕiʔ nəʔ²
fəŋ⁵⁵ kəʔ⁵ oŋ³³ po⁵⁵ , fã³⁵ kəʔ⁵ ie⁵⁵ fu⁵⁵ , dziə¹³ hɔ⁵³ liəʔ² 。

最后当然是春节,大家开开心心吃顿团圆饭,小孩子能分到个
红包,跑出去放个烟火,就这样。

(2017 年 7 月 6 日,海宁,发音人:陈贤彪)

(四)方言青女

当地情况

像海宁的话是有分四个街道,下头还有八个镇,那么街浪⁼ 厢
么统称,基本上统称就是硖石,那么下头四个镇呢这个,如果以硖
石为镇中心的话,那么东面起的话,有袁花镇,还有黄湾同尖山。

dʑiã¹³ hɛ⁵⁵ ȵiŋ³³ tiəʔ⁵ ua¹³ zɿ³³ iə¹³ fəŋ⁵⁵ sɿ³⁵ kəʔ⁵ ka⁵⁵ dɔ³³ , o¹³ də³¹ ɛ³³ iə³¹
paʔ⁵ kəʔ⁵ tsəŋ³⁵ , nəʔ² məʔ² kã⁵⁵ lã³³ ɕiã⁵⁵ məʔ² tʰoŋ⁵⁵ tsʰəŋ⁵⁵ , tɕi⁵⁵ pəŋ⁵⁵ zã³³
tʰoŋ⁵⁵ tsʰəŋ⁵⁵ dziə³³ zɿ³¹ aʔ² zaʔ² , nəʔ² məʔ² o¹³ də³¹ sɿ³⁵ kəʔ⁵ tsəŋ³⁵ nəʔ² tsəʔ⁵
kəʔ⁵ məʔ² , lu¹³ kəu³⁵ i³³ aʔ² zaʔ² uɛ¹³ tsəŋ³⁵ tsoŋ⁵⁵ ɕiŋ⁵⁵ tiəʔ⁵ ua¹³ , nəʔ² məʔ²
toŋ⁵⁵ mie⁵⁵ tɕʰi⁵⁵ tiəʔ⁵ ua¹³ , iə¹³ ie³³ ho⁵⁵ tsəŋ⁵⁵ , ɛ³³ iə¹³ uã⁵⁵ uɛ⁵⁵ doŋ³¹ tɕie⁵⁵ sɛ⁵⁵ 。

海宁有四个街道,八个镇,城里统称硖石,下面四个镇,如果以
硖石为中心的话,从东到西有袁花、黄湾和尖山。

那么黄湾呢个歇并起尖山,像尖山的话,还是有个高尔夫球场,
那么,还有么,像前头个五月份个辰光么,就会得到尖山去采杨梅,
像黄湾的话,比较有名个就是黄湾橘子,因为黄湾橘子特别甜。

nəʔ² məʔ² uã⁵⁵ uɛ⁵⁵ nəʔ² kəʔ⁵ ɕieʔ⁴ piŋ³⁵ tɕʰi¹³ tɕie⁵⁵ sɛ⁵⁵ , dʑiã³³ tɕie⁵⁵ sɛ⁵⁵
tiəʔ⁵ ua¹³ , ɛ³³ zɿ¹³ iə¹³ kəʔ⁵ kɔ⁵⁵ ə⁻³³ fu⁵⁵ dziəu³³ dzã³³ , nəʔ² məʔ² , ɛ³³ iə¹³ məʔ² ,
dʑiã¹³ dʑie³³ dəu¹³ kəʔ⁵ ŋ¹³ ieʔ² vəŋ³³ kəʔ⁵ zəŋ³³ kuã⁵⁵ məʔ² , dʑiə¹³ uɛ⁵⁵ təʔ⁵ tɔ³⁵
tɕie⁵⁵ sɛ⁵⁵ tɕʰi³⁵ tsʰɛ³⁵ iã³³ mei¹³ , dʑi ã³³ u ã³³ uɛ³¹ tiəʔ⁵ ua¹³ , pi⁵⁵ tɕie⁵⁵ iə¹³

miŋ¹³ gəʔ² dʑiə¹³ zʅ³¹ u ã³³ uɛ³¹ tɕioʔ⁵ tsʅ⁰ , iŋ⁵⁵ uɛ³³ u ã³³ uɛ³¹ tɕioʔ⁵ tsʅ⁰ dəʔ² biəʔ² die¹³ 。

黄湾现在合并到了尖山，尖山有高尔夫球场，每年五月份还可以去采杨梅，黄湾有名的还有橘子，因为那里的橘子特别甜。

那么袁花的话就是个轧太平，就是也是，当地一个比较有特色个节日。那么像往东边过来呢，往西边的话，是有丁桥、斜桥、盐官、周王庙、长安，那么后头的话，因为发展越来越大的话，就有嘞连杭，联杭的话就有起长安，像尖山同长安的话，就是经济开发区，蛮多就是种招商引资企业，会得到个两块地方来比较多。

nəʔ² məʔ² ie³³ ho⁵³ tiəʔ⁵ ua¹³ dʑiə¹³ zʅ³¹ kəʔ⁵ gaʔ² tʰa³⁵ biŋ³¹ , dʑiə¹³ zʅ³¹ a¹³ zʅ¹³ , t ã⁵⁵ di³³ iəʔ⁵ kəʔ⁵ pi⁵³ tɕio⁵³ iə³³ dəʔ² səʔ⁵ kəʔ⁵ tɕieʔ⁵ zəʔ²。 nəʔ² məʔ² dʑi ã³³ vã¹³ toŋ⁵⁵ pie⁵⁵ kəu³⁵ lɛ³³ nəʔ² , v ã³³ ɕi⁵⁵ pie⁵⁵ tiəʔ⁵ ua¹³ , zʅ¹³ iə³³ tiŋ⁵⁵ dʑiə³³ 、 dʑia³³ dʑiə³¹ 、ie³³ kuɛ³⁵ 、tsəu⁵⁵ u ã³³ mi³³ 、dz ã³³ ɛ⁵⁵ , nəʔ² məʔ² ə¹³ də³¹ tiəʔ⁵ ua¹³ , iŋ³³ uɛ³³ faʔ⁵ tsɛ⁰ ieʔ⁵ lɛ³³ ieʔ⁵ dəu¹³ tiəʔ⁵ ua¹³ , dʑiə³³ iə³³ ləʔ² lie³³ ã³³ , lie³³ ã³³ tiəʔ⁵ ua¹³ dʑiə³³ iə¹³ tɕʰi⁵³ dz ã³³ ɛ³³ , dʑi ã³³ tie⁵⁵ sɛ⁵⁵ doŋ³³ dz ã³³ ɛ⁵⁵ tiəʔ⁵ ua¹³ , dʑiə¹³ zʅ³¹ tɕiŋ⁵⁵ tɕi⁵⁵ kʰɛ⁵³ faʔ⁵ tɕʰi⁵³ , mɛ⁵⁵ təu⁵⁵ dʑiə¹³ zʅ³¹ tsoŋ⁵³ tsɔ⁵⁵ s ã⁵⁵ iŋ³³ tsʅ⁵³ tɕʰi⁵³ ieʔ² , uei¹³ təʔ⁵ tɔ⁵³ kəʔ⁵ liã⁵³ kuɛ⁵³ di³³ fã⁵³ lɛ³³ pi⁵⁵ tɕio⁵⁵ təu⁵⁵ 。

袁花最有名的是轧太平，这是当地一个比较有特色的民间节日。硖石以西有丁桥、斜桥、盐官、周王庙、长安，后来因为发展越来越快，从长安又分出了连杭，尖山和长安都是经济开发区，招商引资的企业比较多。

那么像斜桥的话，斜桥顶有名气个，就是斜桥榨菜，是当地个特色，那么斜桥下头的话，庆云拉也管起斜桥，庆云个千张是特别有名个。

nəʔ² məʔ² dʑiã¹³ dʑia³³ dʑiɔ³¹ iəʔ⁵ ua¹³ , dʑia³³ dʑiɔ³¹ tiŋ⁵³ iə³³ miŋ¹³ tɕʰi⁵³ kəʔ⁵ , dʑiə¹³ zɿ³¹ dʑia³³ dʑiɔ³¹ tsɔ³⁵ tsʰɛ³⁵ , zɿ³³ tã⁵⁵ di³³ gəʔ² dəʔ² səʔ⁵ , nəʔ² məʔ² dʑia³³ dʑiɔ³¹ o³³ də³³ tiəʔ⁵ ua¹³ , tɕʰiŋ⁵⁵ iŋ³¹ la³¹ ia¹³ kuɛ⁵³ tɕʰi⁵³ dʑia³³ dʑiɔ³¹ , tɕʰiŋ⁵⁵ iŋ³¹ kəʔ⁵ tɕʰie⁵⁵ tsã⁵⁵ zɿ¹³ dəʔ² biəʔ² iə¹³ miŋ¹³ kəʔ⁵ 。

斜桥最有名的是斜桥榨菜,斜桥榨菜是当地的特色,斜桥下面有庆云,庆云的千张也是很有名的。

像周王庙的话,周王庙是皮革第一镇,因为个辰光老底子辰光是,当地的话,因为当地个,当地人蛮喜欢自家做老板个,个辰光就发展起来,那么都是怪⁼皮革老板,海宁的话就其中是,一个是皮革城,是大家有可能听来比较多个。

dʑiã¹³ tsɯ⁵⁵ u ã³³ miɔ³³ tiəʔ⁵ ua¹³ , tsɯ⁵⁵ u ã³³ miɔ³³ zɿ³³ bi³³ kəʔ⁵ di¹³ iəʔ⁵ tsəŋ³⁵ , iŋ⁵⁵ uɛ³³ kəʔ² zəŋ³³ ku ã⁵⁵ lɔ¹³ ti⁵⁵ tsɿ⁵³ zəŋ³³ ku ã⁵⁵ zɿ¹³ , t ã⁵⁵ di³³ tiəʔ⁵ ua¹³ , iŋ⁵⁵ uɛ³³ t ã⁵⁵ di³³ kəʔ⁵ , t ã⁵⁵ di³³ n̥iŋ¹³ me⁵⁵ ɕi⁵⁵ huɛ⁵⁵ zɿ³³ ka³⁵ tsɯ³⁵ lɔ³³ pɛ³⁵ əʔ² , kəʔ⁵ zəŋ³³ ku ã⁵⁵ dʑiə³³ faʔ⁵ tsɛ⁵⁵ tɕʰi³⁵ lɛ¹³ , nəʔ² məʔ² təu⁵⁵ zɿ³³ kua³⁵ bi³³ kəʔ⁵ lɔ³³ pɛ³⁵ , hɛ⁵⁵ n̥iŋ³³ tiəʔ⁵ ua¹³ dʑiə¹³ dʑi³³ tsoŋ⁵⁵ zɿ¹³ , iəʔ⁴ kəʔ⁵ zɿ¹³ bi³³ kəʔ⁵ zəŋ³¹ , zɿ¹³ da³³ ka⁵⁵ iə¹³ kʰo⁵⁵ nəŋ³¹ tʰiŋ⁵⁵ lɛ³³ pi⁵⁵ tɕiɔ⁵⁵ dəu³³ əʔ² 。

周王庙是皮革第一镇,早年当地人都很喜欢自己做老板,所以就有了很多皮革老板,海宁最有名就是皮革城,大家可能都知道。

还有个就是海宁潮,海宁潮的话么,都是到盐官观看,因为盐官的话,就可以看到海宁个一线潮。

ɛ³³ iə¹³ kəʔ⁵ dʑiə¹³ zɿ³¹ hɛ⁵⁵ n̥iŋ³³ zɔ³³ , hɛ⁵⁵ n̥iŋ³³ zɔ³³ tiəʔ⁵ ua¹³ məʔ² , təu⁵⁵·zɿ³¹ tɔ⁵⁵ ie³³ kuɛ⁵⁵ kuɛ⁵⁵ kʰei⁵⁵ , iŋ⁵⁵ uɛ⁵⁵ ie³³ kuɛ⁵⁵ tiəʔ⁵ ua¹³ , dʑiə¹³ kʰo⁵³ i³¹ kʰei³⁵ tɔ³⁵ hɛ⁵⁵ n̥iŋ³³ kəʔ⁵ iəʔ⁵ ɕie⁰ zɔ³¹ 。

还有一个就是海宁潮,观潮一般都会到盐官去,因为在那里可以看到一线潮。

　　像丁桥的话,伊是伊个有特色的话,就是八宝鸡,有些买土鸡蛋啊,买土鸡啊,有怪⁼人就会得,选择到丁桥个地方去买,那么丁桥的话,还可以看海宁潮的话,其中一个是碰头潮,也是一个景点。

dʑiã̃³³ tiŋ⁵⁵ dʑiɔ³³ tiəʔ⁵ ua¹³ , i³³ zɿ¹³ i⁵³ kəʔ⁵ iə¹³ dəʔ² səʔ⁵ tiəʔ⁵ ua¹³ , dʑiə¹³ zɿ³¹ paʔ⁵ pɔ⁰ tɕi⁵³ , iə¹³ ɕi⁵³ ma¹³ tʰəu⁵³ tɕi⁵⁵ dɛ³³ a⁵⁵ , ma¹³ tʰəu⁵³ tɕi⁵⁵ a⁵⁵ , iə¹³ kua⁵³ n̠ɪŋ¹³ dʑiə³³ uɛ³³ təʔ⁵ , ɕie⁵⁵ zəʔ² tɔ³⁵ tiŋ⁵⁵ dʑiɔ³³ kəʔ⁵ di³³ fã⁵⁵ tɕʰi⁵⁵ ma³¹ , nəʔ² məʔ² tiŋ⁵⁵ dʑiɔ³³ tiəʔ⁵ ua¹³ , ɛ³³ kʰo⁵³ i³¹ kʰei³⁵ he⁵⁵ n̠ɪŋ³³ zɔ³³ tiəʔ⁵ ua¹³ , dʑi³³ tsoŋ⁵³ iəʔ⁵ kəʔ⁵ zɿ³¹ bã̃³³ də³³ zɔ³³ , a¹³ zɿ³¹ iəʔ⁴ kəʔ⁵ tɕi⁵³ tie⁵³ 。

　　丁桥的特色是八宝鸡,那里可以买到土鸡和土鸡蛋,有些人会选择到丁桥去买东西,原因是在丁桥还可以看到海宁潮中的碰头潮,这也是一个观潮的景点。

　　如果侬要看回头潮的话,就大家侪晓得会得到老盐仓,老盐仓的话,是属于连杭个块地方。

lu³³ kəu³⁵ nə⁵³ iə³³ kʰei³⁵ uɛ³³ də³³ zɔ³³ tiəʔ⁵ ua¹³ , dʑiə¹³ da³³ ka³⁵ zɛ³³ ɕi⁵⁵ təʔ⁵ uɛ⁵⁵ təʔ⁵ tɔ³⁵ lɔ¹³ ie³³ tsʰã̃⁵⁵ , lɔ¹³ ie³³ tsʰã̃⁵⁵ tiəʔ⁵ ua¹³ , zɿ³³ zoʔi³¹ lie³³ ã̃³³ kəʔ⁵ kʰɛ⁵³ di³³ fã⁵⁵ 。

　　如果你要看回头潮,就要去老盐仓,老盐仓现在属于连杭。

　　那么像,个个叫盐官的话,伊有个风情街,也是比较有名气个,如果侬就讲,如果朋友会得过来个,看海宁潮,基本上会得到盐官去看,那么顺便风情街。

nəʔ² məʔ² dʑiã̃¹³ , kəʔ⁴ kəʔ⁵ tɕi³⁵ ie³³ kuɛ³⁵ tiəʔ⁵ ua¹³ , i³³ iə¹³ kəʔ⁵ foŋ⁵⁵ dʑiŋ³³ ka⁵⁵ , a³³ zɿ¹³ pi⁵⁵ tɕi⁵⁵ iə¹³ miŋ¹³ tɕʰi⁵³ əʔ² , lu³³ kəu⁵⁵ nə⁵⁵ dʑiə¹³ kã̃⁵⁵ , lu³³ kəu⁵⁵ bã³³ iə³³ uɛ³³ təʔ⁵ kəu³⁵ lɛ³¹ əʔ², kʰei³⁵ hɛ⁵⁵ ȵiŋ³³ zɔ³³, tɕi⁵⁵ pəŋ⁵⁵ zɑ̃³³ uɛ³³ təʔ⁵ tɔ³⁵ ie³³ kuɛ³⁵ tɕʰi⁵⁵ kʰei³⁵, nəʔ² məʔ² zəŋ³³ bie¹³ foŋ⁵⁵ dʑiŋ³³ ka⁵⁵。

盐官还有一条风情街,也是比较有名的,如果你有朋友过来海宁观潮,基本上会去盐官,还可以顺便去逛逛风情街。

如果喜欢,比较喜欢人文个块,葛゠么盐官的话,还有王国维的故居可以看个,其他地方,如果像硖石的话,伊有个,就是,艺术馆的话,谢氏艺术馆,还有钱君陶艺术馆,还有徐志摩故居,侪是比较有名气个。

lu³³ kəu⁵⁵ ɕi⁵³ huɛ⁵³, pi⁵⁵ tɕiɔ⁵⁵ ɕi⁵³ huɛ⁵³ ləŋ¹³ uəŋ³¹ kəʔ⁵ kʰue³⁵, kəʔ⁵ məʔ² ie³³ kuɛ³⁵ tiəʔ⁵ ua¹³, ɛ³³ iə⁵⁵ u ɑ̃¹³ koʔ⁵ vi³³ təʔ⁵ kəu⁵³ tɕi⁵⁵ kʰo⁵⁵ i³¹ kʰei³⁵ kəʔ⁵, dʑi³³ tʰa⁵³ di³³ f ɑ̃⁵⁵, lu³³ kəu⁵⁵ dʑi ɑ̃¹³ aʔ² zaʔ² tiəʔ⁵ ua¹³, i³³ iə¹³ kəʔ⁵, dʑiə¹³ zɿ³¹, i⁵⁵ zəʔ² kuɛ⁵⁵ tiəʔ⁵ ua¹³, ʑia¹³ zɿ¹³ i⁵⁵ zəʔ² kuɛ⁵⁵, ɛ³³ iə¹³ dʑie³³ tɕiŋ⁵⁵ dɔ³³ i⁵⁵ zəʔ² kuɛ⁵⁵, ɛ³³ iə¹³ dʑi³³ tsɿ⁵⁵ mo³³ kəu⁵⁵ tɕi⁵⁵, ze³³ zɿ³³ pi⁵⁵ tɕiɔ⁵⁵ iə¹³ miŋ¹³ tɕʰi⁵³ əʔ²。

喜欢人文情调浓一点的话,如果在盐官,可以去参观王国维故居,如果在硖石,可以去参观艺术馆,如谢氏艺术馆、钱君陶艺术馆、徐志摩故居等,都是比较有名的。

那么,还有么就是,如果侬喜欢买东西个,葛゠么一般性会得到皮革城,皮革城的话,伊奴有皮衣裳,有包包,有皮包,还有么鞋子,那么裘皮大衣,基本上就是,蛮多人特别女嗳,喜欢购物爱美个种怪゠,特别是包包。

nəʔ² məʔ², ɛ³³ iə¹³ məʔ² dʑiə¹³ zɿ³¹, lu³³ kəu³⁵ nə⁵³ ɕi⁵³ huɛ⁵³ ma³³ toŋ⁵⁵ ɕi⁵⁵ əʔ², kəʔ⁵ məʔ² ieʔ⁵ pɛ⁵⁵ ɕiŋ⁵⁵ uɛ⁵⁵ təʔ⁵ tɔ³⁵ bi¹³ kəʔ⁵ zəŋ³¹, bi¹³ kəʔ⁵ zəŋ³¹ tiəʔ⁵ ua¹³, i⁵³ nəu³¹ iə¹³ bi³³ i³³ z ɑ̃³³, iə¹³ pɔ⁵⁵ pɔ⁵⁵, iə¹³ bi³³ pɔ⁵⁵, ɛ³³ iə¹³ məʔ² a³³ tsɿ⁵⁵, nəʔ² məʔ² dʑiə¹³ bi³¹ da¹³ i⁵³, tɕi⁵⁵ pəŋ⁵⁵ zɑ̃³³ dʑiə¹³ zɿ³¹, mɛ³³ təu⁵⁵ ȵiŋ¹³ dəʔ² biəʔ² ni⁵³ əʔ² , ɕi⁵³ huɛ⁵³ kəu⁵³ u⁵³ ɛ⁵³ mɛ¹³ kəʔ⁵ tsoŋ⁵⁵ kua⁵³ , dəʔ² biəʔ² zʅ¹³ pɔ⁵⁵ pɔ⁵⁵ 。

还有,如果你喜欢购物,一般都会去皮革城。皮革城里有皮衣、皮包、皮鞋、裘皮大衣等,喜欢购物的、爱美的那一类女士都喜欢买,特别是包包。

每次每到周末的话,皮革城门底也侪会得停满车子,侪是各个地方,周围个种怪゠周边,个种怪゠会得跑拉来买个,因为有句俗话个叫"包治百病"么,所以就是女人特别爱包。

mɛ³⁵ tsʅ³⁵ mɛ³⁵ tɔ⁵³ tsəu⁵⁵ moʔ² tiəʔ⁵ ua¹³ , bi³³ kəʔ⁵ zəŋ³¹ məŋ³³ ti⁵³ a¹³ zɛ³³ uɛ⁵⁵ təʔ⁵ diŋ³³ mɛ⁵³ tsʰo⁵³ tsʅ⁵⁵ , zɛ³³ zʅ³³ koʔ⁵ kəʔ⁵ di³¹ fã⁵³ , tsɛ⁵⁵ uɛ³³ kəʔ⁵ tsoŋ⁵⁵ kua⁵³ tsə⁵⁵ pie⁵⁵ , kəʔ⁵ tsoŋ⁵⁵ kua⁵³ uɛ⁵⁵ təʔ⁵ bɔ³³ la³³ lɛ³³ ma³¹ əʔ² , iŋ⁵⁵ uɛ⁵⁵ iə¹³ tɕi⁵³ zoʔ² o³¹ kəʔ⁵ tɕiə⁵⁵ pɔ⁵⁵ tsʅ⁵³ pɛ⁵⁵ piŋ⁵³ məʔ² , su⁵³ i³¹ dʑiə¹³ zʅ³¹ ny³⁵ ləŋ¹³ tʰə⁵³ bie¹³ ɛ³⁵ pɔ⁵⁵ 。

每到周末,皮革城外面的广场上都会停满车子,都是各地过来买东西的,有句俗话叫"包治百病",所以女人就是特别爱包的。

每次伽①总的话,倷如果想砍价的话,葛゠么建议你[弗要]周末来买,因为相对来讲就是,倷如果想买到,价钿稍微便宜点个,个有可能平时稍为清淡点辰光,葛゠么来买的话,有可能,可以,就可以买到自家喜欢个包包,就可以个个价钿,可以相对来讲,可以,有可能,无没介贵。

mɛ³⁵ tsʅ³⁵ dʑia¹³ tsoŋ⁵³ tiəʔ⁵ ua¹³ , nə⁵³ lu³³ kəu³⁵ ɕiã⁵⁵ kʰɛ⁵⁵ ka³⁵ tiəʔ⁵ ua¹³ , kəʔməʔ² tɕi⁵³ i⁵³ ni¹³ fiɔ⁵³ tsɛ⁵⁵ moʔ² lɛ³³ ma¹³ , iŋ⁵⁵ uɛ⁵⁵ ɕiã⁵⁵ tɛ⁵⁵ lɛ³³ kã⁵³

――――――――――――

① 伽:他们。

dʑiə¹³ zʅ³¹ , nə⁵³ lu³³ kəu³⁵ ɕi ã⁵³ ma³¹ tɔ⁵³ , ka⁵⁵ die³³ sɔ⁵⁵ uɛ³³ bie³³ ɳi³³ tiə⁵⁵ əʔ² ,
kəʔ⁵ iə³¹ kʰo⁵³ nəŋ³¹ biŋ³³ zʅ³³ sɔ⁵⁵ uɛ³³ tɕʰiŋ⁵⁵ dɛ¹³ tiəʔ⁵ zəŋ³³ kuã⁵⁵ , kəʔ⁵ məʔ²
lɛ¹³ ma⁵³ tiəʔ⁵ ua¹³ , iə¹³ kʰo⁵³ nəŋ³¹ , kʰo⁵³ iʔ³¹ , dʑiə³³ kʰo⁵³ iʔ³¹ ma³¹ tɔ⁵³ zʅ³³ ka⁵⁵
ɕi⁵³ hue⁵³ əʔ² pɔ⁵⁵ pɔ⁵⁵ , dʑiə³³ kʰo⁵³ iʔ³¹ kəʔ⁵ kəʔ⁵ ka⁵⁵ die³¹ , kʰo⁵³ iʔ³¹ ɕi ã⁵⁵ tɛ⁵⁵
lɛ³³ kã⁵³ , kʰo⁵³ iʔ³¹ , iə¹³ kʰo⁵³ nəŋ³¹ , m³³ məʔ² ka³⁵ tɕi³⁵ 。

总的说来，如果你想要砍砍价，买到稍微便宜一点的东西，就不要周末去，而要选择平时生意比较淡的工作日去，这样就有可能买到更价廉物美的东西。

那么像个个的话，特色的话，就是因为海宁个地方的话，伊个地理位置是比较好个，交通也比较方便个，那么，因为个道路建设，是相对来讲，是虽然是小，小地方，算小地方，但是伊个道路建设，还是发展来是比较快个，特别是主要街道啊，海宁大道啊，海沧路啊，伊个点路，路面俙是比较宽阔个。

nəʔ² məʔ² dʑi ã¹³ kəʔ⁵ kəʔ⁵ tiəʔ⁵ ua¹³ , dəʔ² səʔ⁵ tiəʔ⁵ ua¹³ , dʑiə¹³ zʅ³¹ iŋ⁵⁵
uɛ⁵⁵ hɛ⁵⁵ ɳiŋ³³ kəʔ⁵ di³¹ fã⁵³ tiəʔ⁵ ua¹³ , i⁵³ kəʔ⁵ di³³ li³¹ uɛ³⁵ tsʅ⁵³ zʅ¹³ pi⁵⁵ tɕiɔ⁵⁵ hɔ⁵³
əʔ² , tɕiɔ⁵⁵ tʰoŋ⁵⁵ a³³ pi⁵⁵ tɕiɔ⁵⁵ fã²⁵⁵ bie³³ əʔ² , nəʔ² məʔ² , iŋ⁵⁵ uɛ⁵⁵ kəʔ⁵ dɔ³³ ləu¹³
tɕie⁵⁵ səʔ⁵ , zʅ¹³ ɕi ã⁵⁵ tɛ⁵⁵ lɛ³³ kã⁵³ , zʅ¹³ sɛ⁵⁵ lɛ¹³ zʅ¹³ ɕiɔ⁵³ , ɕiɔ⁵³ di³¹ fã⁵³ , sɛ³⁵ ɕiɔ⁵³
di³¹ fã⁵³ , dɛ³³ zʅ¹³ i⁵³ əʔ² dɔ³³ ləu¹³ tɕie⁵⁵ səʔ⁵ , ɛ³³ zʅ¹³ faʔ⁵ tsɛ⁵⁵ lɛ³³ zʅ¹³ pi⁵⁵ tɕiɔ⁵⁵
kʰua³⁵ əʔ² , dəʔ² biəʔ² zʅ¹³ tsi⁵³ iɔ³³ ka⁵⁵ dɔ³³ a³³ , hɛ⁵⁵ ɳiŋ³³ da³³ dɔ³³ a³³ , hɛ⁵⁵ tsʰ ã⁵³
ləu³³ a³³ , i⁵³ kəʔ⁵ tiəʔ⁵ ləu¹³ , ləu¹³ mie¹³ zɛ³³ zʅ³³ pi⁵⁵ tɕiɔ⁵⁵ kʰɛ⁵⁵ kʰoʔ⁵ əʔ² 。

因为海宁的地理位置比较好，交通也比较方便，虽然是小地方，但是道路建设、经济发展都比较快，特别是海宁大道、海沧路，路面都很开阔。

那么，伊个，因为伊个只位置的话，是离杭州同上海俙是比较近个，就是，伊特别是，近距离的话，打算落户，还有个，还有浙大个国际校区，也是建起海宁个，所以海宁个房价也近几年的话，涨来也比较多个。

nəʔ² məʔ² ; i⁵³ əʔ² , iŋ⁵⁵ uɛ⁵⁵ i⁵³ kəʔ⁵ tsaʔ⁵ uɛ³³ tsʅ⁵³ tiəʔ⁵ ua¹³ , zʅ³³ li³³ ã̃³³ tsəu⁵⁵ doŋ³¹ z ã̃³³ hɛ⁵³ zɛ³³ zʅ³³ pi⁵⁵ tɕiɔ⁵⁵ dziŋ³¹ əʔ² , dziə¹³ zʅ³¹ , i⁵³ dəʔ² biəʔ⁵ zʅ³³ , dziŋ³³ dzi³³ li³¹ tiəʔ⁵ ua¹³ , t ã̃⁵³ sɛ⁵³ loʔ² əu³¹ , ɛ³³ iə¹³ kəʔ⁵ , ɛ³³ iə¹³ tsəʔ⁵ dəu⁰ əʔ² koʔ⁵ iɕi⁰ iɔ³³ tɕʰi¹³ , a¹³ zʅ³¹ tɕie⁵³ tɕʰi¹³ hɛ⁵⁵ n̩iŋ³³əʔ² , su⁵³ i³¹ hɛ⁵⁵ n̩iŋ³³ kəʔ⁵ vã̃³³ ka⁵⁵ ɛ³³ dziŋ¹³ tɕi⁵⁵ n̩ie³³ tiəʔ⁵ ua¹³ , tsã̃⁵⁵ lɛ³³ a¹³ pi⁵⁵ tɕiɔ⁵⁵ təu⁵⁵ əʔ² 。

因为地理位置好，离杭州和上海都比较近，特别是浙江大学的国际校区也建在海宁，所以海宁的房价近几年也涨得比较多。

吾记得早几年辰光，像吾读大学辰光，房价基本上有起两三千，两三千哈是一个平方，个歇的话基本上房价，基本上如果地段稍微好点的话，也要一万，一万五左右哩。

əu⁵³ tɕi⁵⁵ təʔ⁵ tsɔ⁵³ tɕi⁵⁵ n̩ie³¹ zəŋ³³ ku ã̃⁵⁵ , dzi ã̃¹³ əu⁵³ doʔ² da³³ iəʔ⁵ zəŋ³³ ku ã̃⁵⁵ , v ã̃³³ ka⁵⁵ tɕi⁵⁵ pəŋ⁵⁵ z ã̃³³ iə¹³ tɕʰi⁵³ li ã̃¹³ sɛ⁵⁵ tɕʰie⁵⁵ , li ã̃¹³ sɛ⁵⁵ tɕʰie⁵⁵ haʔ⁵ zʅ³¹ iəʔ⁵ kəʔ⁵ biŋ³³ f ã̃⁵⁵ , kəʔ⁵ ɕiəʔ² tiəʔ⁵ ua¹³ tɕi⁵⁵ pəŋ⁵⁵ z ã̃³³ v ã̃³³ ka⁵⁵ , tɕi⁵⁵ pəŋ⁵⁵ z ã̃³³ lu³³ kəu³⁵ di³³ dɛ³³ sɔ⁵⁵ uɛ³³ hɔ⁵³ tiəʔ⁵ tiəʔ⁵ ua¹³ , a¹³ iɔ¹³ iəʔ⁵ vɛ¹³ , iəʔ⁵ vɛ¹³ n̩³¹ tsəu⁵³ iə³³ liəʔ² 。

我记得早几年，我读大学时，房价基本上只有两三千一平方，现在如果地段稍微好一点的话，基本上都已升到一万到一万五一平方了。

但是吾觉着整体来讲，海宁个生活质量就是讲，整体海宁人还是比较注重，生活质量个，特别喜欢个个方面种吃个，如果倷到海宁来的话，倷用弗着愁寻弗牢啥个吃个地方，因为海宁人的话，是各种各样种饭店,开来比较多个。

dɛ³³ zɿ¹³ əu⁵³ koʔ⁵ zaʔ² tsəŋ⁵³ tʰi⁵³ lɛ³³ k ɑ̃⁵³ , hɛ⁵⁵ ȵiŋ³³ əʔ² səŋ⁵³ oʔ² tsəʔ⁵ liɑ̃³¹ dʑiə¹³ zɿ³¹ k ɑ̃⁵³ , tsəŋ⁵³ tʰi⁵³ hɛ⁵⁵ ȵiŋ³³ ȵiŋ³³ ɛ³³ zɿ¹³ pi⁵³ tɕi⁵³ tsɿ⁵³ zoŋ³¹ , səŋ³⁵ oʔ² tsəʔ⁵ liɑ̃³¹ əʔ² , dəʔ² biəʔ² ɕi⁵³ huɛ⁵³ kəʔ⁴ kəʔ⁵ f ɑ̃⁵⁵ mie³³ tsoŋ⁵⁵ tɕʰiəʔ⁵ əʔ² , lu³³ kəu³⁵ nə⁵³ tə³⁵ hɛ⁵⁵ ȵiŋ³³ lɛ³³ tiəʔ⁵ ua¹³ , nə⁵³ ioŋ⁵⁵ vəʔ² zaʔ² zəu¹³ dʑiŋ³³ vəʔ² lə³¹ sa⁵⁵ kəʔ⁵ tɕʰiəʔ⁵ əʔ² di³¹ f ɑ̃⁵³ , iŋ⁵⁵ uɛ⁵⁵ hɛ⁵⁵ ȵiŋ³³ ȵiŋ³³ tiəʔ⁵ ua¹³ , zɿ¹³ koʔ⁵ tsoŋ⁰ koʔ⁵ i ɑ̃⁰ tsoŋ⁵³ vɛ³³ tie⁵³ , kʰɛ⁵⁵ lɛ³³ pi⁵³ tɕi⁵³ təu³⁵ əʔ² 。

从整体来讲,我觉得海宁人还是比较注重生活质量的,特别重视吃,如果你到海宁来,根本不用为吃发愁,海宁各种各样的饭店特别多。

特别,当地比较有名气个,比较老的话,比较老底子种味道的话,就是一个是阿龙煲,阿龙煲的话,像吾拉每次去的话,一点三只菜,一只是就是臭豆腐煲,一只是肉末粉丝煲,一只是鸭脚煲。

dəʔ² biəʔ² , t ɑ̃⁵⁵ di³³ pi⁵³ tɕi⁵³ iə³¹ miŋ¹³ tɕʰi⁵⁵ əʔ² , pi⁵³ tɕi⁵³ lə¹³ tiəʔ⁵ ua¹³ , pi⁵³ tɕi⁵³ lə¹³ ti⁵⁵ tsɿ⁵³ tsoŋ⁵³ vi³³ də³¹ tiəʔ⁵ ua¹³ , dʑiə¹³ zɿ³¹ iəʔ⁴ kəʔ⁵ zɿ¹³ aʔ⁵ loŋ³³ pə⁵⁵ , aʔ⁵ loŋ³³ pə⁵⁵ tiəʔ⁵ ua¹³ , dʑi ɑ̃¹³ əu⁵³ la³¹ mɛ³⁵ tsɿ³⁵ tɕʰi³⁵ tiəʔ⁵ ua¹³ , iəʔ⁴ tie³⁵ sɛ⁵⁵ tsaʔ⁵ tsʰ ɛ³⁵ , iəʔ⁵ tsaʔ⁵ zɿ¹³ dʑiə¹³ zɿ³¹ tsʰəu³⁵ də¹³ vu³¹ pə⁵³ , iəʔ⁵ tsaʔ⁵ zɿ¹³ ȵioʔ² məʔ² fəŋ⁵⁵ sɿ⁵⁵ pə⁵⁵ , iəʔ⁵ tsaʔ⁵ zɿ¹³ aʔ⁵ tɕiaʔ⁵ pə⁵⁵ 。

特别是还有不少当地比较有名的,还带有过去那种味道的店,比如阿龙煲。我们去吃阿龙煲,都要点这三道菜,一道是臭豆腐煲,一道是肉末粉丝煲,还有一道是鸭脚煲。

臭豆腐煲呢,因为就蛮多地方的话,是油炸比较多,伊的话,比较特色的话,伊是蒸出来个,个只口感比较好,吾觉着海宁人,比较喜欢比较偏咸,稍为,味道稍为偏重点,伊就是讲偏咸个个种东西。

tsʰəu³⁵ də¹³ vu³¹ pɔ⁵³ nəʔ² , iŋ⁵⁵ uɛ⁵⁵ dʑiəu¹³ mɛ³³ təu⁵³ di³¹ fã⁵³ tiəʔ⁵ ua¹³ , zʐ³³ iə³³ tso³⁵ pi⁵⁵ tɕiɔ⁵⁵ təu⁵⁵ , i⁵⁵ tiəʔ⁵ ua¹³ , pi⁵⁵ tɕiɔ⁵⁵ dəʔ² səʔ⁵ tiəʔ⁵ ua¹³ , i⁵⁵ zʐ¹³ tsɐŋ⁵³ tsʰəʔ⁵ lɛ³³ əʔ² , kəʔ⁵ tsaʔ⁵ kʰə⁵³ kɛ⁵³ pi⁵⁵ tɕiɔ⁵⁵ hɔ⁵³ , ŋ¹³ koʔ⁵ zaʔ⁵ hɛ⁵⁵ ȵiŋ³³ ȵiŋ³³ , pi⁵⁵ tɕiɔ⁵⁵ ɕi⁵³ huɛ⁵³ pi⁵⁵ tɕiɔ⁵⁵ pʰie⁵⁵ ɛ¹³ , sɔ⁵⁵ uɛ³³ , vi³³ dɔ³¹ sɔ⁵⁵ uɛ³³ pʰie⁵⁵ zoŋ³¹ tiəʔ⁵ , i⁵⁵ dʑiə¹³ zʐ³¹ kã⁵³ pʰie⁵⁵ ɛ¹³ əʔ² kəʔ⁵ tsoŋ⁵⁵ toŋ⁵⁵ ɕi⁵⁵ 。

因为臭豆腐煲在其他地方都是油炸的,而阿龙煲的臭豆腐煲是蒸出来的,所以口感比较好,我觉得海宁人吃菜的口味偏重,有点偏咸。

比较有特色个东西比较多,吾记得吾个辰光,还有比较有特色个,就是吾每次,因为吾原来个辰光,读大学是出去四年么,葛＝么每次回转辰光,就是每次侪要,特别想牢个两样东西,一个是大饼牢＝,一个是京粉头。

pi⁵⁵ tɕiɔ⁵⁵ iə³¹ dəʔ² səʔ⁵ kəʔ⁵ toŋ⁵⁵ ɕi⁵⁵ pi⁵⁵ tɕiɔ⁵⁵ təu⁵⁵ , əu⁵³ tɕi³⁵ təʔ⁵ əu⁵³ kəʔ⁵ zəŋ³³ kuã⁵⁵ , ɛ³³ iə¹³ pi⁵⁵ tɕiɔ⁵⁵ iə³³ dəʔ² səʔ⁵ əʔ² , dʑiə¹³ zʐ³¹ əu⁵³ mɛ³⁵ tsʐ³⁵ , iŋ⁵⁵ uɛ⁵⁵ əu⁵³ ȵie³³ lɛ³³ kəʔ⁵ zəŋ³³ ku ã⁵⁵ , doʔ² da³³ iəʔ² zʐ³³ tsʰəʔ² tɕʰi³⁵ sʐ⁵⁵ ȵie³¹ məʔ² , kəʔ⁵ məʔ⁵ mɛ⁵³ tsʐ⁵³ uɛ³³ tsɛ⁵³ zəŋ³³ ku ã⁵⁵ , dʑiə¹³ zʐ³¹ mɛ³⁵ tsʐ³⁵ zɛ³³ iɔ⁵⁵ , dəʔ² biəʔ² ɕi ã⁵⁵ lɔ³³ gəʔ² li ã¹³ i ã¹³ toŋ⁵⁵ ɕi⁵⁵ , iəʔ⁵ kəʔ⁵ zʐ³¹ da³³ piŋ⁵³ lɔ³¹ , iəʔ⁵ kəʔ⁵ zʐ³¹ tɕiŋ⁵⁵ fəŋ⁵⁵ də³³ 。

有特色的东西比较多,记得我在外面读大学的四年中,每次回家就特别想吃两样东西,一个是大饼,一个是京粉头。

京粉头的话,就是相当于比其他地方,比个种粉丝啊,大家比较晓得,比较多个粉丝要细点,那么伊个特色呢,就是讲伊是,伊是用个种肉骨头汤来,就是汤,伊比较鲜。那么大饼呢,就是讲,因为吾个辰光,读大学个辰光,有起杭州读牢＝,杭州个种大饼呢,有可能比较脆,偏脆嘞点,像海宁的话,大饼的话,老底子种大饼的话,伊比较软个,因为伊个点面粉,有可能交⁼来稍为多点,比较厚实,就是讲,像俹拉讲起来,就是比较有嚼劲。

tɕiŋ⁵⁵ fəŋ⁵⁵ də³³ tiəʔ⁵ ua¹³ , dʑiə¹³ zɿ³¹ ɕiã̃⁵⁵ tã̃⁵⁵ i³³ pi⁵⁵ dʑi³³ tʰa⁵³ di³¹ fa⁵³ , pi⁵³ kəʔ⁵ tsoŋ⁵⁵ fəŋ⁵³ sɿ⁵⁵ a³³ , da³³ ka³³ pi⁵⁵ tɕiə⁵⁵ ɕiə³⁵ təʔ⁵ , pi⁵⁵ tɕiə⁵⁵ təu⁵⁵ əʔ² fəŋ⁵³ sɿ⁵⁵ iə³³ ɕi³⁵ tiəʔ⁵ , nəʔ² məʔ² i³¹ əʔ² dəʔ² səʔ⁵ nəʔ² , dʑiə¹³ zɿ³¹ kã̃⁵⁵ i⁵³ zɿ³³ , i⁵³ zɿ³³ ioŋ³⁵ kəʔ⁵ tsoŋ⁵⁵ n̩ioʔ² koʔ⁵ də³³ tʰã̃⁵³ lɛ³³ , dʑiə¹³ zɿ³¹ tʰã̃⁵³ , i³³ pi⁵⁵ tɕiə⁵⁵ ɕie⁵⁵ 。 nəʔ² məʔ² da³³ piŋ⁵³ nəʔ² , dʑiə¹³ zɿ³¹ kã̃⁵⁵ , iŋ⁵⁵ uɛ⁵⁵ əu⁵³ kəʔ⁵ zəŋ³³ kuã̃⁵⁵ , doʔ² da³³ iəʔ² kəʔ⁵ zəŋ³³ kuã̃⁵⁵ , iə¹³ tɕʰi⁵³ ã̃³³ tsəu⁵⁵ doʔ² lɔ¹³ , ã̃³³ tsəu⁵⁵ kəʔ⁵ tsoŋ⁵⁵ da³³ piŋ⁵³ nəʔ² , iə¹³ kʰo⁵⁵ nəŋ³¹ pi⁵⁵ tɕiə⁵⁵ tsʰɛ³⁵ , pʰie⁵⁵ tsʰɛ³⁵ ləʔ² tiəʔ⁵ , dʑiã̃¹³ hɛ⁵⁵ n̩iŋ³³ tiəʔ⁵ ua¹³ , da³³ piŋ⁵³ tiəʔ⁵ ua¹³ , lɔ¹³ ti⁵⁵ tsɿ⁵³ tsoŋ⁵⁵ da³³ piŋ⁵³ tiəʔ⁵ ua¹³ , i⁵³ pi⁵⁵ tɕiə⁵³ n̩ie³¹ əʔ² , iŋ⁵⁵ uɛ⁵⁵ i⁵³ kəʔ⁵ tieʔ⁵ mie³³ fəŋ⁵³ , iə³⁵ kʰo⁵⁵ nəŋ³¹ gɔ³³ lɛ³³ sɔ⁵⁵ uɛ³³ təu⁵⁵ tiəʔ⁵ , pi⁵⁵ tɕiə⁵⁵ ə¹³ zəʔ² , dʑiə¹³ zɿ³¹ kã̃⁵⁵ , dʑiã̃¹³ na⁵³ la³¹ kã̃³⁵ tɕʰi⁵³ lɛ³¹ , dʑiə¹³ zɿ³¹ pi⁵⁵ tɕiə⁵⁵ iə³⁵ dʑiaʔ⁵ dʑiŋ⁰ 。

京粉头的话,就是相当于比其他地方的粉丝,大家都知道的那种一般的粉丝要细一些,它的特色是用肉骨头慢慢熬煮出来做汤的,它的汤特别鲜。大饼呢,我在杭州读大学时发现,杭州的大饼与海宁的不同,杭州的大饼比较脆,偏脆一点,像海宁的话,老早的大饼比较软,因为它的面粉可能放得比较多,大饼比较厚实,就是大家说的更有嚼劲。

就是讲,像个塌银泰造起辣⁼后头,大同里蛮多怪⁼小吃店,那么,海宁的话,个种怪⁼煲啊,火锅啊特别多,有可能跟当地个,喜欢个种怪⁼口味有关系,就是,傤每次去的话,基本上侪是客满蛮多个。

dʑiə¹³ zɿ³¹ kã̃⁵⁵ , dʑi ã̃¹³ kəʔ⁴ tʰaʔ⁵ iŋ³³ tʰa⁵⁵ zɔ¹³ tɕʰi⁵³ ləʔ² ə¹³ də³¹ , da¹³ doŋ³¹ li³¹ mɛ³³ təu⁵⁵ kua⁵³ ɕiə⁵³ tɕʰiəʔ⁵ tie⁵³ , nəʔ² məʔ² , hɛ⁵⁵ n̩iŋ³³ tiəʔ⁵ ua¹³ ,

kəʔ⁵ tsoŋ⁵⁵ kua⁵³ pɔ⁵⁵ a³³ , fu⁵⁵ ku⁵⁵ a³³ dəʔ² biəʔ² təu⁵⁵ , iə³¹ kʰo⁵³ nəŋ³¹ kəŋ⁵³
tã⁵⁵ di³³ kəʔ⁵ , ɕi⁵³ huɛ⁵³ kəʔ⁵ tsoŋ⁵⁵ kua⁵³ kʰə⁰ vi³¹ iə³¹ kuɛ⁵⁵ ɕi⁵⁵ , dʑiə¹³ zɿ³¹ ,
nə⁵³ mɛ³⁵ tsɿ⁵³ tɕʰi³⁵ tiəʔ⁵ ua¹³ , tɕi⁵⁵ pəŋ⁵⁵ zã³³ zɛ³³ zɿ³³ kəʔ⁵ mɛ⁰ mɛ³³ təu⁵⁵ əʔ² 。

就是说，这里银泰后面开了很多小吃店，海宁的煲和火锅特别
多，可能与当地人口味有关，平时一般也都是客满的。

那么，还有么就是，个塌的话，海宁是比较重视文化个块个，所
以个种怪〓艺术馆啊，故居啊，因为海宁也出嘞比较，蛮多个文人个
种怪〓，那么还有么国际轮滑中心也是，也是有起海宁个。那么，就
是相对来讲，就是讲，海宁虽然，虽然比较小，还算三线城市的话，还
是小有名气个。

nəʔ² məʔ² , ɛ³³ iə¹³ məʔ² dʑiə¹³ zɿ³¹ , kəʔ⁴ tʰaʔ⁵ tiəʔ⁵ ua¹³ , he⁵⁵ ȵiŋ³³ zɿ³³ pi⁵⁵
tɕi⁵⁵ tsoŋ⁵⁵ zɿ³³ vəŋ³³ ho⁵⁵ kəʔ⁵ kʰuɛ³⁵ əʔ² , su³⁵ i³¹ kəʔ⁵ tsoŋ⁵⁵ kua⁵³ i⁵⁵ zəʔ²
kuɛ⁵⁵ a³³ , kəu⁵⁵ tɕi⁵⁵ a³³ , iŋ⁵⁵ uɛ⁵⁵ he⁵⁵ ȵiŋ³³ a¹³ tsʰəʔ⁵ ləŋ² pi⁵⁵ tɕi⁵⁵ , mɛ³³ təu⁵⁵
əʔvəŋ¹³ ləŋ¹³ kəʔ⁵ tsoŋ⁵⁵ kua⁵³ , nəʔ² məʔ² ɛ³³ iə¹³ məʔ² ko³⁵ tɕi⁵³ luəŋ¹³ hua³⁵
tsoŋ⁵⁵ ɕiŋ⁵⁵ ie¹³ sɿ⁵³ , a¹³ zɿ¹³ iə¹³ tɕʰi⁵³ he⁵⁵ ȵiŋ³³ əʔ² 。 nəʔ² məʔ² , dʑiə¹³ zɿ³¹ ɕiã⁵⁵
te⁵⁵ lɛ³³ kã⁵³ , dʑiə¹³ zɿ³¹ kã⁵³ , he⁵⁵ ȵiŋ³³ sɛ⁵⁵ lɛ³³ , sɛ⁵⁵ lɛ³³ pi⁵⁵ tɕi⁵⁵ ɕi⁵³ , a³³ sɛ⁵⁵
sɛ⁵⁵ ɕie⁵⁵ zəŋ³³ zɿ³³ tiəʔ⁵ ua¹³ , ɛ³³ zɿ³³ ɕi³⁵ iə¹³ miŋ¹³ tɕʰi⁵³ əʔ² 。

还有，海宁也很注重文化建设，所以艺术馆、故居很多，海宁出
了很多文人，此外，还有国际轮滑中心。海宁虽然地方比较小，是一
个三线城市，但还是小有名气的。

那么海宁人，也比较注重生活质量，像个塌的话，像落班嘞后
头，像傍晚啊，夜里厢啊，倷会得看见像洛塘河啊，鹃湖啊，有蛮多
个，个种怪〓老太太啊，那么，老爷爷各种怪〓会得，年纪轻个，因为
有种人，近几年来流行走路啊散步啊，就是也蛮闹猛个，夜景的话，

一望光看过去啊，也是非常漂亮个，有一种比较像，个种怪＝大城市
个种，个种味道。

nəʔ² məʔ² hɛ⁵⁵ ɳiŋ³³ ɳiŋ³³ , a³³ pi⁵⁵ tɕiɔ⁵⁵ tsɿ⁵³ zoŋ³¹ səŋ⁵³ oʔ² tsəʔ⁵ li ɑ̃³¹ ,
dʑi ɑ̃¹³ kəʔ⁴ tʰaʔ⁵ tiəʔ⁵ ua¹³ , dʑi ɑ̃¹³ loʔ² pɛ⁵⁵ ləʔ² ə¹³ də³¹ , dʑi ɑ̃¹³ b ɑ̃³³ uɛ⁵³ a³³ ,
ia³⁵ li³³ ɕi ɑ̃⁵⁵ a³³ , nə⁵³ uɛ⁵⁵ təʔ² kʰei³⁵ tɕie³⁵ dʑi ɑ̃¹³ loʔ² d ɑ̃¹³ əu³¹ a³³ , tɕie⁵⁵ əu³¹ a³³ ,
iə³³ mɛ³³ təu⁵⁵ əʔ² , kəʔ⁵ tsoŋ⁵⁵ kua⁵³ lɔ¹³ tʰa⁵³ tʰa⁵³ a³³ , nəʔ² məʔ² , lɔ¹³ ia³³ ia³³
kəʔ⁵ tsoŋ⁰ kua⁵³ uɛ⁵⁵ təʔ⁵ , ɳie³³ tɕi⁵⁵ tɕʰiŋ⁵⁵ əʔ⁵ , iŋ⁵⁵ uɛ⁵⁵ iə¹³ tsoŋ⁵³ ɳiŋ¹³ ,
tɕiŋ⁵³ tɕi³⁵ ɳian¹³ lɛ¹³ liə¹³ iŋ³³ tsə⁵⁵ ləu¹³ a³³ sɛ⁵⁵ bəu¹³ a³³ , zə¹³ zɿ³¹ a³³ mɛ⁵³ nɔ¹³
m ɑ̃³¹ əʔ² , ia⁵⁵ tɕiŋ⁵³ tiəʔ⁵ ua¹³ , iəʔ⁵ m ɑ̃³¹ ku ɑ̃⁵³ kʰei³⁵ kəu³⁵ tɕʰi⁵³ a³³ , a³³ zɿ¹³
fi⁵⁵ z ɑ̃³³ pʰiə⁵³ li ɑ̃³¹ əʔ² , iə¹³ iəʔ⁵ tsoŋ⁵³ pi⁵⁵ tɕiɔ⁵⁵ dʑi ɑ̃¹³ , kəʔ⁵ tsoŋ⁵⁵ kua⁵³
dəu³³ zəŋ³³ zɿ¹³ kəʔ⁵ tsoŋ⁵³ , kəʔ⁵ tsoŋ⁵³ vi³³ dɔ³¹ 。

海宁人比较注重生活质量，我们这里一般下班后，傍晚时，都会
去洛塘河、鹃湖那边散步，有老太太、老爷爷，也有年轻人，场景很热
闹，因为近年来不是流行走走更健康么。这个夜景，一眼望去，很是
漂亮，有一种大城市的感觉。

那么，加上个个叫，还有图书馆，图书馆的话，相对来讲，海宁有
个比较大个图书馆，个塌环境设置的话，个种叫美院，叫美院来设计
个，就是，像平时的话，弗管是周末，还是平时的话，俫如果难得出去
的话，俫还可以看见，里厢还是有蛮多人，会得登辣＝图书馆里借借
书啊，看看书啊，那么学生子么登辣＝也是，是小啊个种怪＝。

nəʔ² məʔ² , tɕia⁵⁵ z ɑ̃³³ kəʔ⁴ kəʔ⁵ tɕiɔ⁵⁵ , ɛ³³ iə¹³ dəu³³ sɿ⁵⁵ kuɛ⁵⁵ , dəu³³ sɿ⁵⁵
kuɛ⁵⁵ tiəʔ⁵ ua¹³ , ɕi ɑ̃⁵⁵ tɛ⁵⁵ lɛ³³ k ɑ̃⁵³ , hɛ⁵⁵ ɳiŋ³³ iə¹³ kəʔ⁵ pi⁵⁵ tɕiɔ⁵³ dəu³³ əʔ² dəu³³
sɿ⁵⁵ kuɛ⁵⁵ , kəʔ⁴ tʰaʔ⁵ guɛ³³ tɕiŋ⁵⁵ səʔ⁵ tsɿ⁰ tiəʔ⁵ ua¹³ , kəʔ⁵ tsoŋ⁵⁵ tɕiɔ³⁵ mɛ¹³
yan⁵³ , tɕiɔ³⁵ mɛ³³ ie⁵⁵ lɛ⁵⁵ səʔ⁵ tɕi⁰ əʔ² , dʑiə¹³ zɿ³¹ , dʑi ɑ̃¹³ biŋ³³ zɿ¹³ tiəʔ⁵ ua¹³ ,
fəʔ⁵ kuɛ⁰ zɿ¹³ tsəu⁵⁵ moʔ⁵ , a³³ zɿ¹³ biŋ³³ zɿ¹³ tiəʔ⁵ ua¹³ , nə⁵³ lu³³ kəu³⁵ nɛ³³ təʔ⁵

tsʰəʔ⁵ tɕʰi⁵³ tiəʔ⁵ ua¹³ , nə⁵³ a¹³ kʰo⁵³ iʔ³¹ kʰei³⁵ tɕie³⁵ , li³⁵ ɕiã⁵³ a³³ zɻ¹³ iə³³ mɛ³³ təu⁵⁵ ɳiŋ¹³ , uɛ⁵⁵ təʔ⁵ təŋ⁵⁵ ləʔ² dəu³³ sɻ⁵⁵ kuɛ⁵⁵ li³³ tɕia⁵⁵ tɕia⁵⁵ sɻ⁵⁵ a³³ , kʰei⁵⁵ kʰei⁵⁵ sɻ⁵⁵ a³³ , nəʔ² məʔ² oʔ² sã⁵⁵ tsɻ⁵⁵ məʔ² təŋ⁵⁵ ləʔ² a³³ zɻ¹³ , zɻ¹³ ɕiə⁵³ a³³ kəʔ⁵ tsoŋ⁵⁵ kua⁵³ 。

此外,再加上图书馆,海宁有一个很大的图书馆,是由美院设计师设计的,不管是周末还是平时,你都可以看到里面有很多人,他们在图书馆借借书啊,看看书啊。学生也在里面,大部分都是比较小的,估计是小学生。

那么海宁的话是还有两座山,虽然山比较小,但是还是当地比较有名个,像吾拉个辰光小辰光的话,去拍照片啊,基本上会得选到个两个西山同东山,西山的话,是原来老底子辰光,有起学堂附近,所以大家去来比较多。

nəʔ² məʔ² he⁵⁵ ɳiŋ³³ tiəʔ⁵ ua¹³ zɻ¹³ ɛ³³ iə¹³ liã¹³ tsəu⁵⁵ sɛ⁵⁵ , sɛ⁵⁵ lɛ³³ sɛ⁵⁵ pi⁵⁵ tɕiə⁵⁵ ɕiə⁵³ , dɛ³³ zɻ¹³ a⁵⁵ zɻ³³ tã⁵⁵ di³³ pi⁵⁵ tɕiə⁵³ iə¹³ miŋ¹³ əʔ² , dʑiã¹³ əu⁵³ la³¹ kəʔ⁵ zəŋ³³ kuã⁵⁵ ɕiə⁵³ zəŋ³³ kuã⁵⁵ tiəʔ⁵ ua¹³ , tɕʰi³⁵ pʰaʔ⁵ tsə³⁵ pʰie⁵³ a³³ , tɕi⁵⁵ pəŋ⁵⁵ zã³³ uɛ⁵⁵ təʔ⁵ ɕie³⁵ tə³⁵ kəʔ⁵ liã¹³ kəʔ⁵ ɕi⁵⁵ sɛ⁵⁵ doŋ³¹ toŋ⁵⁵ sɛ⁵⁵ , ɕi⁵⁵ sɛ⁵⁵ tiəʔ⁵ ua¹³ , zɻ¹³ ɳie³³ lɛ³³ ləʔ¹³ ti⁵⁵ tsɻ⁵³ zəŋ³³ kuã⁵⁵ , iə¹³ tɕʰi⁵³ oʔ² dã¹³ fu⁵³ tɕiŋ⁵³ , su³⁵ iʔ³¹ da³³ ka³³ tɕʰi⁵³ lɛ³¹ pi⁵⁵ tɕiə⁵³ təu⁵⁵ 。

海宁还有两座山,山虽然比较小,但在当地还是比较有名的,像我小时候要拍照的话,就要去东山或西山那边,西山过去就在我们学校附近,所以大家去得比较多。

东山的话,近两年的话,伊后头来的话,造来比较好的话么,都个种怪=,去跳广场舞啊,个种怪=去喜欢爬山。因为相对来讲,东山比西山要高点么,那么去爬山,像周末的话,去呼吸呼吸新鲜空气，因为有辰光的话，如果倷跑到外头的话，有可能就讲嫌远。

toŋ⁵⁵ sɛ⁵⁵ tiəʔ⁵ ua¹³ , dʑiŋ³³ liã̃³³ ȵie³³ tiəʔ⁵ ua¹³ , iʔ³³ ə¹³ də³¹ lɛ³³ tiəʔ⁵ ua¹³ , zɔ¹³ lɛ³³ pi⁵⁵ tɕiə⁵⁵ hɔ⁵³ tiəʔ⁵ ua¹³ məʔ² , təu⁵⁵ kəʔ⁵ tsoŋ⁰ kua⁵⁵ , tɕʰiʔ⁵⁵ tʰiɔ³⁵ ku ɑ̃³⁵ zɑ̃³³ uʔ³³ aʔ³³ , kəʔ⁵ tsoŋ⁰ kua⁵⁵ tɕʰiʔ⁵⁵ ɕiʔ⁵³ huɛ⁵³ bo³³ sɛ⁵⁵ 。 iŋ⁵⁵ uɛ⁵⁵ ɕiã̃⁵⁵ tɛ⁵⁵ lɛ³³ kɑ̃⁵³ , toŋ⁵⁵ sɛ⁵ piʔ⁵³ ɕiʔ⁵⁵ sɛ⁵⁵ iɔ³³ kɔ⁵³ tiəʔ⁵ məʔ² , nəʔ² məʔ² tɕʰiʔ⁵⁵ bo³³ sɛ⁵⁵ , dʑi ɑ̃³³ tsəu⁵⁵ moʔ² tiəʔ⁵ ua¹³ , tɕʰy⁵³ hu⁵⁵ ɕiʔ⁵⁵ hu⁵⁵ ɕiʔ⁵⁵ ɕiŋ⁵⁵ ɕian⁵⁵ kʰoŋ⁵⁵ tɕʰiʔ⁵³ , iŋ⁵⁵ uɛ⁵⁵ iə¹³ zəŋ³³ ku ɑ̃⁵⁵ tiəʔ⁵ ua¹³ , lu³³ kəu³⁵ nə⁵³ bɔ³³ tɔ⁵⁵ ua³³ dəu³¹ tiəʔ⁵ ua¹³ , iə³⁵ kʰo⁵⁵ nəŋ³¹ dʑiə³³ kɑ̃⁵³ ie⁵³ ie⁵³ 。

东山后来改造得比较好，跳广场舞、周末去爬山的人比较多。相对来讲，东山比西山要高一点，去爬山啊，周末去呼吸呼吸新鲜空气啊，比较方便。有时候，跑外地去的话，会嫌路程稍微远了点。

葛〓么就近的话，就是户外个种怪〓，那么，周边的话，也开嘞蛮多个种农家乐，比较有特色个，就是桃花，桃花园，伊的话就是自家种个种，养个种个鱼啊，那么倷看登辣〓哈〓，自家喜欢钓鱼，或者是自家像种种草莓啊，还有桃子啊，勃〓萄啊。

kəʔ⁵ məʔ² dʑiə³³ tɕiŋ⁵³ tiəʔ⁵ ua¹³ , dʑiəi¹³ zɿ³¹ uʔ³³ ua³³ kəʔ⁵ tsoŋ⁰ kua⁵⁵ , nəʔ² məʔ² , tsə⁵⁵ pie⁵⁵ tiəʔ⁵ ua¹³ , a³⁵ kʰɛ⁵⁵ ləʔ² mɛ³³ təu⁵⁵ kəʔ⁵ tsoŋ⁰ loŋ³³ tɕia⁵⁵ ləʔ² , pi⁵⁵ tɕiə⁵⁵ iə¹³ dəʔ² səʔ⁵ əʔ² , dʑiəi¹³ zɿ³¹ dɔ³³ ho⁵⁵ , dɔ³³ ho⁵⁵ ie⁵⁵ , i⁵³ tiəʔ⁵ ua¹³ dʑiə¹³ zɿ³¹ zɿ¹³ ka⁵⁵ tsoŋ³⁵ kəʔ⁵ tsoŋ⁵⁵ , i ɑ̃¹³ kəʔ⁵ tsoŋ⁵⁵ gəʔ⁵ ŋ³³ aʔ³³ , nəʔ² məʔ² nə⁵³ kʰei³⁵ təŋ⁵⁵ laʔ² haʔ⁵ , zɿ¹³ ka⁵⁵ ɕiʔ⁵³ huɛ⁵³ tiɔ⁵³ ŋ¹³ , uəʔ² tsɛ⁵³ zɿ³¹ zɿ¹³ ka⁵⁵ dʑiɑ̃¹³ tsoŋ³⁵ tsoŋ⁵⁵ tsʰɔ⁵³ mɛ³³ aʔ³³ , ɛ³³ iə¹³ dɔ³³ tsɿ⁵⁵ aʔ³³ , bəʔ² dɔ³³ aʔ³³ 。

就近的话，户外活动活动，周边也有不少农家乐，还有比较有特色的桃花园，以及农家经营自己的鱼塘，可以钓钓鱼，还有自己种的草莓啊，桃子啊，葡萄啊。

　　那么还有么就是伊个种特色的话，就是还有个种比较土，土味牢﹦，就个种鸡啊，种放养鸡啊，那么猪的话也是自家养个，所以，笛﹦为到像到周末的话，因为海宁人哦，觉着是还是比较喜欢，相信消费，喜欢个种怪﹦吃个啊，白相个啊，那么，到周末的话就是，有辰光还要预约位置，有辰光的话，倷要订只位置的话，也比较难订个。

　　nəʔ² məʔ² ɛ³³ iə¹³ məʔ² dziə¹³ zʅ³¹ i³³ kəʔ⁵ tsoŋ⁵⁵ dəʔ² səʔ⁵ tiəʔ⁵ ua¹³，dziə¹³ zʅ³¹ ɛ³³ iə¹³ kəʔ⁵ tsoŋ⁵⁵ pi⁵⁵ tɕiɔ⁵ tʰu⁵³，tʰu⁵³ vi³¹ lɔ³³，dziə¹³ kəʔ⁵ tsoŋ⁵⁵ tɕi⁵⁵ a³³，tsoŋ⁵⁵ fã⁵⁵ iã̃³¹ tɕi⁵⁵ a³³，nəʔ² məʔ² tsʅ⁵³ tiəʔ⁵ ua¹³ a³³ zʅ³³ zʅ¹³ ka⁵⁵ iã̃³¹ əʔ²，su³⁵ iʔ³¹，diəʔ² uɛ¹³ tɔ⁵⁵ dzi ã̃³³ tsəu⁵⁵ moʔ² tiəʔ⁵ ua¹³，iŋ⁵⁵ uɛ⁵⁵ hɛ⁵⁵ ȵiŋ³³ ȵiŋ³³ vaʔ²，koʔ⁵ zaʔ² zʅ¹³ a³³ zʅ¹³ pi⁵⁵ tɕiɔ⁵⁵ ɕi⁵³ huɛ⁵³，ɕi ã̃⁵⁵ ɕiŋ⁵⁵ ɕiɔ⁵⁵ fi⁵⁵，ɕi⁵³ huɛ⁵³ kəʔ⁵ tsoŋ⁰ kua⁵⁵ tɕʰiəʔ⁵ əʔ² a³³，bəʔ⁵ ɕi ã̃⁰ əʔ² a³³，nəʔ² məʔ²，tɔ⁵⁵ tsəu⁵⁵ moʔ² tiəʔ⁵ ua¹³ dziə¹³ zʅ³¹，iə¹³ zəŋ³³ kuã̃⁵⁵ a¹³ iɔ³¹ i³³ iaʔ² uɛ³³ tsʅ⁵³，iə¹³ zəŋ³³ kuã̃⁵⁵ tiəʔ⁵ ua¹³，nə⁵³ iɔ³³ tiŋ⁵⁵ tsaʔ⁵ uɛ³³ tsʅ⁵³ tiəʔ⁵ ua¹³，a³³ pi⁵⁵ tɕiɔ⁵⁵ nɛ³³ tiŋ⁵⁵ əʔ²。

　　还有比较有特色的是放养的土鸡、土猪什么的，每到周末，海宁人是比较喜欢消费、吃饭、游玩的，有时还要预约位置，因为会碰到一桌难求的情况。

　　那么，其他的话么，就是，吾觉着近十年来的话，海宁个变化还是比较大个，印象特别深辰光，吾觉得个辰光就是，像到南苑五里辰光，旁边是侪是个种怪﹦草啊，就觉着蛮偏暧，现在的话就是，个几年发展嘞后头，就是原来比较偏个地方，侪变做是市中心。

　　nəʔ² məʔ²，dzi³³ tʰa⁵³ tiəʔ⁵ ua¹³ məʔ²，dziə¹³ zʅ³¹，əu⁵³ koʔ⁵ zaʔ² tɕiŋ⁵⁵ zəʔ² nie³³ lɛ³³ tiəʔ⁵ ua¹³，hɛ⁵⁵ ȵiŋ³³ əʔ² pie⁵⁵ hɔ⁵³ ɛ³³ zʅ³³ pi⁵⁵ tɕiɔ⁵⁵ dəu¹³ əʔ²，iŋ³⁵ ɕi ã̃⁵³ dəʔ² biəʔ⁵ səŋ³⁵ zəŋ³³ ku ã̃⁵⁵，əu⁵³ tɕioʔ⁵ təʔ⁵ kəʔ⁵ zəŋ³³ ku ã̃⁵⁵ dziə¹³ zʅ³¹，dziã̃³³ tɔ⁵⁵ nɛ³³ ie¹³ ŋ³⁵ li³¹ zəŋ³³ ku ã̃⁵⁵，bã̃³³ pie⁵⁵ zʅ³³ zɛ³³ zʅ³³ kəʔ⁵ tsoŋ⁵⁵ kua⁵³ tsʰɔ⁵³ a³³，dʑiə¹³ koʔ⁵ zaʔ² mɛ⁵⁵ pie⁵⁵ ɛ³³，ɕian⁵³ tsɛ⁵³ tiəʔ⁵ ua¹³ dʑiə¹³ zʅ³¹，kəʔ⁵ tɕi⁵⁵ n̠ie³³ faʔ⁵ tsɛ⁵³ ləʔ² ə¹³ də³¹，dʑiə¹³ zʅ³¹ n̠ie³³ lɛ³³ pi⁵⁵ tɕi⁵⁵ pie⁵⁵ əʔ² di³¹ fã⁵³，zɛ³³ pie⁵⁵ tsəu⁵³ zʅ¹³ zʅ¹³ tsoŋ⁵⁵ ɕin⁵⁵。

海宁近十年发展比较快，我印象比较深的，原来比较偏远的像南苑五里这种地方，过去野草丛生，觉得很偏远，现在都发展了，变成市中心了。

虽然房子啊，房子建哩蛮多，个种怪＝，个种其他个配套设施啊，建嘞交关，个种包括健身房啊，还有么各种怪＝，各种各样个活动中心啊，就是，还有个种怪＝咖啡厅啊，就是每个人的话，多来蛮多选择，有辰光的话，倷想出去休闲一下的话么，就是弗会得觉着，就讲无没地方去，就是有蛮多个种有特色，每年总归会得跑脱来蛮多，个种新个有特色，个种活动个东西开出来，那么，大家因为觉着大家，就讲海宁个地方，大家是比较喜欢新鲜个东西，也比较喜欢尝试个，尝试个种新个东西。

sɛ⁵⁵ lɛ³³ vã³³ tsʅ⁵⁵ a³³，vã³³ tsʅ⁵⁵ tɕie³⁵ li³³ mɛ³³ təu⁵⁵，kəʔ⁵ tsoŋ⁵⁵ kua⁵³，kəʔ⁵ tsoŋ⁵⁵ dʑi³³ tʰa⁵³ əʔ² pʰɛ³⁵ tʰɔ³⁵ səʔ⁵ sʅ⁵⁵ a³³，tɕie³⁵ ləʔ tɕi⁵⁵ kuɛ⁵⁵，kəʔ⁵ tsoŋ⁵⁵ pɔ⁵⁵ koʔ⁵ dʑie³³ səŋ⁵⁵ vã³³ a³³，ɛ³³ iə¹³ məʔ² koʔ⁵ tsoŋ⁵⁵ kua⁵³，koʔ⁵ tsoŋ⁰ koʔ⁵ i ã⁰ kəʔ⁵ oʔ² doŋ⁰ tsoŋ⁵⁵ ɕiŋ⁵⁵ a³³，dʑiə¹³ zʅ³¹，ɛ³³ iə¹³ kəʔ⁵ tsoŋ⁵⁵ kua⁵³ kʰa⁵⁵ fi⁵⁵ tʰiŋ¹³ a³³，dʑiə¹³ zʅ³¹ mɛ⁵⁵ kəʔ⁵ n̠iŋ¹³ tiəʔ⁵ ua¹³，təu⁵⁵ lɛ³³ mɛ³³ təu⁵⁵ ɕi⁵⁵ zəʔ²，iə¹³ zəŋ³³ kuã⁵⁵ tiəʔ⁵ ua¹³，nə⁵³ ɕiã⁵³ tsʰəʔ² tɕʰi³⁵ ɕiɛ⁵⁵ ɕian³⁵ iəʔ² ɕia⁵⁵ tiəʔ⁵ ua¹³ məʔ²，dʑiə¹³ zʅ³¹ fəʔ⁵ uɛ⁵⁵ təʔ⁵ koʔ⁵ zaʔ²，dʑiə³³ kã³⁵ m³³ məʔ² di³¹ fã⁵³ tɕʰi³⁵，dʑiə¹³ zʅ³¹ iə³¹ mɛ³³ təu⁵⁵ kəʔ⁵ tsoŋ⁵⁵ iə³³ tʰə⁵³ sə⁵³，mei³³ n̠ie³³ tsoŋ⁵³ kuɛ⁵³ uɛ⁵⁵ təʔ⁵ bɔ³³ tsʰəʔ² lɛ³³ mɛ³³ təu⁵⁵，kəʔ⁵ tsoŋ⁵⁵ ɕin⁵⁵ əʔ² iə³³ dəʔ² səʔ⁵，kəʔ⁵ tsoŋ⁵⁵ oʔ² doŋ³¹ əʔ² toŋ⁵⁵ ɕi⁵⁵ kʰɛ⁵⁵ tsʰəʔ² lɛ³³，nəʔ² məʔ²，da³³ ka³³ iŋ⁵⁵ uɛ⁵⁵ koʔ⁵ zaʔ² da³³ ka³³，dʑiə¹³ kã⁵³ hɛ⁵⁵ n̠iŋ³³ kəʔ⁵ di³¹ fã⁵³，da³³ ka³³ zʅ¹³ pi⁵⁵ tɕiɔ⁵⁵ ɕi⁵³ huɛ⁵³ ɕiŋ⁵⁵ ɕie⁵⁵ kəʔ⁵ toŋ⁵⁵ ɕi⁵⁵ , a³³ pi⁵⁵ tɕiɔ⁵⁵ ɕi⁵³ huɛ⁵³ zɑ̃³³ sɿ⁵⁵ kəʔ⁵ , zɑ̃³³ sɿ⁵⁵ kəʔ⁵ tsoŋ⁵⁵ ɕiŋ⁵⁵ əʔ² toŋ⁵⁵ ɕi⁵⁵ 。

　　房子建了很多，配套设施也很齐全，有健身房，有各种活动中心，有咖啡厅，给人的选择越来越多，有时候想出去休闲一下的话，是不会找不到地方去的，而且每年都有新的活动场所推出，因为大家都喜欢新鲜的东西，都喜欢做各种尝试。

（2017 年 7 月 2 日，海宁，发音人：汤虹）

二、对　话

对话人：

老许——许伟平，方言老男

陈姐——陈韵超，方言老女

贤彪——陈贤彪，方言青男

传统节日

老许:海宁是个好地方，硖石么也是个好地方。

　　hɛ⁵⁵ n̠iŋ³¹ zɿ³³ kəʔ⁵ hɔ³⁵ di³¹ fɑ̃⁵³ , aʔ² zaʔ² məʔ² a¹³ zɿ³³ kəʔ⁵ hɔ³⁵ di³¹ fɑ̃⁵³ 。

　　海宁是个好地方，硖石也是个好地方。

陈姐:个倒是个，个倒正式是好地方。

　　kəʔ⁵ tɔ³⁵ zɿ¹³ əʔ² , kəʔ⁵ tɔ³⁵ tsəŋ⁵⁵ səʔ⁵ zɿ¹³ hɔ³⁵ di³¹ fɑ̃⁵³ 。

　　这倒是的，真是好地方啊。

老许:那‗吾拉柴‗家呢登辣，侪是滴‗刮‗辣‗子硖石人，对哦?

　　na¹¹ u⁵⁵ la⁵³ za³³ ka⁵³ nie³¹ təŋ³⁵ laʔ² , zɛ¹³ zɿ³¹ tiəʔ⁵ kuaʔ⁵ laʔ² tsɿ⁵³ aʔ² zaʔ² n̠iŋ³³ , tɛ³⁵ vaʔ² ?

　　现在我们大家都住在硖石，都是地地道道的硖石人，对吧?

贤彪：镇浪＝厢。

tsəŋ⁵⁵ lɑ̃³³ ɕiɑ̃⁵⁵。

（硖石）镇上的。

陈姐：侪正宗硖石人。

zɛ¹³ tsəŋ³⁵ tsoŋ⁵³ aʔ² zaʔ² n̩iŋ³³。

都是正宗的硖石人。

老许：从小登辣＝硖石大起来，对哦？个方面呢侪看来蛮清爽，那么，硖石个方面呢实际上是好个地方多哩呀，那＝吾拉今朝柴＝家讲白相滴＝，讲讲个个硖石，吾拉自家个屋里，对哦？那＝吾拉先。

zoŋ³¹ ɕiɔ⁵³ təŋ⁵⁵ laʔ² aʔ² zaʔ² dəu¹³ tɕʰi⁵³ lɛ³¹，tɛ³⁵ vaʔ²？ kəʔ⁵ fɑ̃⁵⁵ mie³¹ nie³¹ zɛ¹³ kʰei³⁵ lɛ³³ mɛ⁵⁵ tɕʰiŋ⁵⁵ s ɑ̃⁵⁵，nəʔ² məʔ²，aʔ² zaʔ² kəʔ⁵ fɑ̃⁵⁵ mie³¹ nie³¹ zəʔ² tɕi³⁵ z ɑ̃³¹ zɿ¹³ hɔ⁵³ gəʔ² di³¹ fɑ̃⁵³ təu³⁵ li¹³ ia³¹，na³³ u⁵⁵ la⁵³ tsəŋ⁵⁵ tsɔ⁵⁵ za³³ ka³⁵ kuɑ̃⁵⁵ bəʔ² ɕiɑ̃⁵³ tiəʔ⁵，kuɑ̃³⁵ kuɑ̃⁵³ kəʔ⁴ kəʔ⁵ aʔ² zaʔ²，u⁵⁵ la⁵³ zɿ³³ ka³⁵ gəʔ² oʔ⁵ liº，tɛ³⁵ vaʔ²？ na³³ u⁵⁵ la⁵³ ɕie⁵⁵。

从小在硖石长大，对吧？这方面都看得很清楚，实际上硖石好地方很多呀，今天我们大家一起来聊聊，讲讲硖石，我们自己的家乡，对吧？现在我先来聊一聊。

陈姐：个交通噢，交通是……

kəʔ⁵ tɕiɔ⁵⁵ tʰoŋ⁵⁵ ɔ³¹，tɕiɔ⁵⁵ tʰoŋ⁵⁵ zɿ¹³……

这个交通，交通是……

老许：对对对，吾么先来讲讲硖石个交通。

tɛ³⁵ tɛ³⁵ tɛ³⁵，u⁵⁵ maʔ² ɕie⁵³ lɛ³¹ kuɑ̃³⁵ kuɑ̃⁵³ aʔ² zaʔ² gəʔ² tɕiɔ⁵⁵ tʰoŋ⁵⁵。

对对对，我先来讲讲硖石的交通。

贤彪：是个，个交通要紧。

zɿ¹³ əʔ²，kəʔ⁵ tɕiɔ⁵⁵ tʰoŋ⁵⁵ iɔ³⁵ tɕiŋ⁵³。

是的，这交通最重要。

老许：交通呢，硖石个交通蛮方便个，个塔⁼硖石呢处于，个个杭嘉湖
地区，对哦？老早一百多年前头呢，就（有起）^①有铁路笛⁼。

tɕiɔ⁵⁵ tʰoŋ⁵⁵ nie³¹, aʔ² zaʔ² ɡəʔ² tɕiɔ⁵⁵ tʰoŋ⁵⁵ mɛ⁵⁵ f ɑ̃⁵⁵ bie³³ əʔ², kəʔ⁵
tʰaʔ⁵ aʔ² zaʔ² nie³¹ tsʰ ɭ̩⁵³ i³¹, kəʔ⁴ kəʔ⁵ u ɑ̃³³ ka⁵⁵ əu³¹ di¹³ tɕʰi⁵³, tɛ³⁵ vaʔ²?
lɔ¹³ tsɔ⁵³ iəʔ⁵ paʔ⁵ təu⁵⁵ ȵie³¹ dʑie³³ dəɯ³³ nie³¹, dʑiəu¹³ iəu¹³ tʰieʔ⁵ ləu⁰
dieʔ²。

交通呢，硖石的交通是很方便的，硖石处于杭嘉湖地区，早在
一百多年前就有铁路了。

陈姐：吾拉黑⁼浪⁼正式是铁路，有嘞铁路正式是方便。

u⁵⁵ la⁵³ həʔ⁵ l ɑ̃³³ tsəŋ³⁵ səʔ⁵ z ɭ̩³¹ tʰieʔ⁵ ləu⁰, iəu¹³ ləʔ² tʰieʔ⁵ ləu⁰ tsəŋ³⁵
səʔ⁵ z ɭ̩³¹ f ɑ̃²⁵⁵ bie³³。

我们这里真的是，有了铁路是真的方便啊。

老许：那么个塌铁路一来呢，个个硖石海宁个经济啦，就上上去哩，
所以之个塌，海宁个个经济是，摆辣⁼嘉兴地区啊，名列前茅个
总归，摆起前头，老底子个塌铁路倷看，硖石，对哦？个个斜
桥、青云，嗳，周王庙、许村，嗳，侪停嗳。

nəʔ² məʔ² kəʔ⁴ tʰəʔ⁵ tʰieʔ⁵ ləu⁰ ieʔ⁵ lɛ³³ nie³¹, kəʔ⁴ kəʔ⁵ aʔ² zaʔ² hɛ⁵⁵ ȵiŋ³¹
kəʔ⁵ tɕiŋ⁵⁵ tɕi⁵⁵ la³¹, dʑiəu¹³ z ɑ̃¹³ z ɑ̃³¹ tɕʰi⁵³ li³¹, su⁵³ i³¹ ts ɭ̩⁵³ kəʔ⁵ tʰəʔ⁵,
hɛ⁵⁵ ȵiŋ³¹ kəʔ⁴ kəʔ⁵ tɕiŋ⁵⁵ tɕi⁵⁵ z ɭ̩¹³, pa⁵³ la³³ ka⁵⁵ ɕiŋ⁵⁵ di¹³ tɕʰi⁵³ a³¹,
miŋ³³ lieʔ² dʑie³³ mɔ³¹ əʔ² tsoŋ⁵³ kuɛ⁵³, pa⁵³ tɕʰi⁵³ dʑie³³ dəɯ¹³, lɔ¹³ ti⁵⁵
ts ɭ̩⁵⁵ kəʔ⁵ tʰəʔ⁵ tʰieʔ⁵ ləu⁰ nəɯ³¹ kʰei³⁵, aʔ² zaʔ², tɛ³⁵ vaʔ²? kəʔ⁴ kəʔ⁵
dʑia³³ dʑiɔ³¹ 、tɕʰiŋ⁵⁵ iŋ³¹, ɛ¹³, tsəɯ⁵⁵ u ɑ̃³³ miɔ³¹ 、ɕi⁵⁵ tsʰəŋ⁵³, ɛ¹³, zɛ¹³
diŋ³³ ə³³。

---

① "有起"，系发音人口误。

这里有了铁路，海宁硖石的经济就上去了，所以海宁的经济在嘉兴地区，是名列前茅的，排在前几位的。过去这里的铁路你看，斜桥、青云、周王庙、许村，都有停靠站的。

陈姐：到上海啊，到杭州啊，侪方便个。

tɔ³⁵ zɑ̃³³ hɛ⁵³ a³¹ , tɔ³⁵ ɑ̃³³ tsəu⁵⁵ a³¹ , zɛ¹³ fɑ̃²⁵⁵ bie³³ əʔ² 。

到上海啊，到杭州啊，都很方便。

老许：嗳，那么到杭州，南面到杭州，对哦？北面到上海，便当来野⁼。

ɛ¹³ , nəʔ² məʔ² tɔ³⁵ ɑ̃³³ tsəu⁵⁵ , nɛ³³ mie¹³ tɔ³⁵ ɑ̃³³ tsəu⁵⁵ , tɛ³⁵ vaʔ² ？ poʔ⁵ mie³¹ tɔ³⁵ zɑ̃³³ hɛ⁵³ , bie³³ tɑ̃⁵³ lɛ³¹ ia³¹ 。

南面到杭州，北面到上海，都方便得很。

陈姐：吾拉黑⁼浪⁼个轮船也有个，个辰光轮船是不得了哩，一只轮船后头，要拖木老老个拖船笛哩啊。

u⁵⁵ la⁵³ həʔ⁵ lɑ̃³³ kəʔ⁵ ləŋ³³ zɛ³³ a¹³ iəu¹³ əʔ² , kəʔ⁵ zəŋ³³ ku ɑ̃⁵⁵ ləŋ³³ zɛ³³ zɿ³³ pəʔ⁵ təʔ⁵ liɔ³¹ li³¹ , ieʔ⁴ tsaʔ⁵ ləŋ³³ zɛ³³ əɯ¹³ dəɯ³¹ , iɔ⁵⁵ tʰəu⁵⁵ moʔ²lɔ¹³ lɔ³¹ kəʔ³ tʰəu⁵⁵ zɛ³³ li³¹ a³³ 。

我们这里轮船也是有的，以前轮船也很重要，一艘轮船后面要拖很多艘拖船的。

贤彪：本来塘桥头有个码头个。

pəŋ³⁵ lɛ³¹ dɑ̃³³ dʑiɔ³³ dəʔ³³ iə¹³ kəʔ⁵ mo³³ də³¹ əʔ² 。

原来塘桥头有个码头。

陈姐：嗳，个只就是轮船码头呀，是个，是个是个，前头一只轮船，后头个拖船不得了哩呀，是嗳，一个是吾拉个辰光是，一个是靠火车噢，一个是靠轮船。汽车呢个辰光是……

ɛ³⁵ , kəʔ⁵ tsaʔ⁵ dʑiəu¹³ zɿ³¹ ləŋ³³ zɛ³³ mo³³ dəu³³ ia³¹ , zɿ¹³ əʔ² , zɿ¹³ əʔ² zɿ¹³ əʔ² , dzie³³ dəu¹³ ieʔ⁴ tsaʔ⁵ ləŋ³³ zɛ³³ , ə¹³ dəɯ³¹ kəʔ⁵ tʰəu⁵⁵ zɛ³³ pəʔ⁵ təʔ⁵ liɔ³¹ li³¹ ia³¹ , zɿ¹³ ɛ³¹ , ieʔ⁴ kəʔ⁵ zɿ³¹ u⁵⁵ la⁵³ kəʔ⁵ zəŋ³³ ku ɑ̃⁵⁵ zɿ¹³ , ieʔ⁴ kəʔ⁵ zɿ³¹ kɔ³⁵ fu⁵⁵ tsʰo⁵⁵ ɔ³¹ ，ieʔ⁴ kəʔ⁵ zɿ³¹ kɔ³⁵ ləŋ³³ zɛ³³ 。 tɕʰi⁵⁵ tsʰo⁵³ nie³¹ kəʔ⁵ zəŋ³³ kuɑ̃⁵⁵ zɿ¹³ ……

那个就是轮船码头呀，前面一艘轮船，后面的拖船很多，我们那时候，一个是靠火车，一个是靠轮船。汽车那时是……

老许：汽车也有，汽车也有。

tɕʰi⁵⁵ tsʰo⁵³ a³³ iəu³¹ ，tɕʰi⁵⁵ tsʰo⁵³ a³³ iəu³¹ 。

汽车也有，汽车也有。

陈姐：蛮少个，个种汽车。

mɛ⁵⁵ sɔ⁵³ əʔ² ，kəʔ⁵ tsoŋ⁵³ tɕʰi⁵⁵ tsʰo⁵³ 。

挺少的，汽车。

老许：主要铁路为主个。

tsɿ⁵³ iɔ³¹ tʰieʔ⁵ ləu⁰ uɛ¹³ tsɿ⁵³ əʔ² 。

以铁路为主的。

陈姐：嗳，是个，铁路牢⁼。

ɛ³⁵ ，zɿ¹³ əʔ² ，tʰieʔ⁵ ləu⁰ lɔ³³ 。

嗳，是的，铁路。

老许：从前出去呢主要是铁路，那么，个辰光是，有快车、慢车，对哦？

zoŋ³³ ʑie¹³ tsʰəʔ⁵ tɕʰi⁰ nie³¹ tsɿ⁵³ iɔ³¹ zɿ³¹ tʰieʔ⁵ ləu⁰ ，nəʔ² məʔ² ，kəʔ⁵ zəŋ³³ kuɑ̃⁵⁵ zɿ³¹ ，iəu¹³ kʰua³⁵ tsʰo⁵³ 、mɛ¹³ tsʰo⁵² ，tɛ³⁵ vaʔ² ？

从前出门主要是靠铁路，那时火车分快车、慢车，对吧？

陈姐：是嗳。

sɿ¹³ ɛ³¹ 。

是的。

老许：那么当时个，个辰光个个快车呢，个个是傍现在，要慢交关哩，对哦？ 俍到北京纳⁼介，要介一日天，一天一夜笛⁼呀，到上海，快车要五个多钟头。

nəʔ² məʔ² tã⁵⁵ zɿ³¹ gəʔ² , kəʔ⁵ zəŋ³³ kuã⁵⁵ kəʔ⁴ kəʔ⁵ kʰua³⁵ tsʰo⁵³ nie³¹ ,
kəʔ⁴ kəʔ⁵ zɿ³³ bã¹³ ie³⁵ zɛ³¹ , iɔ³⁵ me¹³ tɕiɔ⁵⁵ kuɛ⁵⁵ li³¹ , tɛ³⁵ vaʔ² ? nəɯ¹³
tɔ³⁵ poʔ⁵ tɕiŋ⁰ nieʔ² ka⁵³ , iɔ³⁵ ka⁵³ ieʔ⁵ ȵieʔ² tʰie⁵⁵ , ieʔ⁵ ȵieʔ² ieʔ⁵ ia¹³
dieʔ² ia³¹ , tɔ⁵³ zã³³ hɛ⁵³ , kʰua³⁵ tsʰo⁵³ iɔ³⁵ ŋ¹³ kəʔ⁵ təu⁵⁵ tsoŋ⁵⁵ dəɯ³³ 。

当时的快车,比现在要慢得多,你去北京的话,要一整天,一天
一夜,到上海快车也要五个多小时。

老许:嗳,慢车,五个多钟头,快车两个钟头。

ɛ³¹ , mɛ⁵⁵ tsʰo⁵³ , ŋ¹³ kəʔ⁵ təu⁵⁵ tsoŋ⁵⁵ dəɯ³³ , kʰua³⁵ tsʰo⁵³ liã¹³ kəʔ⁵
tsoŋ⁵⁵ dəɯ³³ 。

慢车要五个多小时,快车要两个小时。

陈姐:两三个钟头,现在是正式是快得来,直¯介,动车啊啥车啊。

liã¹³ 、 sɛ⁵³ kəʔ⁵ tsoŋ⁵⁵ dəɯ³³ , ie³⁵ zɛ³¹ zɿ³³ tsəŋ⁵⁵ səʔ⁵ zɿ³³ kʰua³⁵ təʔ⁵ lɛ³³ ,
zaʔ² ka⁵³ , doŋ¹³ tsʰo⁵³ a³³ sa⁵⁵ tsʰo⁵³ a³³ 。

两到三个小时,现在是真的好快啊,动车啊啥的。

贤彪:个个几年发展。

kəʔ⁴ kəʔ⁵ tɕi⁵⁵ ȵie³¹ faʔ⁵ tsɛ⁰ 。

这几年的发展。

老许:个卯是,快车是个个到上海,一个半钟头,吾总介屋里到吾拉
上海,儿子屋里总两个钟头,跑出到个头屋里到,两个钟头
到哩。

kəʔ⁵ mə³³ zɿ³³ , kʰua³⁵ tsʰo⁵³ zɿ³³ kəʔ⁴ kəʔ⁵ tɔ⁵³ zã³³ hɛ⁵³ , ieʔ⁴ kəʔ⁵ pɛ³⁵
tsoŋ⁵⁵ dəɯ³³ , u⁵⁵ tsoŋ³⁵ ka⁵³ oʔ⁵ li³¹ tɔ³⁵ u⁵⁵ la³¹ zã³³ hɛ⁵³ , ŋ¹³ tsɿ⁵⁵ oʔ⁵ li³¹
tsoŋ⁵⁵ liã¹³ kəʔ⁵ tsoŋ⁵⁵ dəɯ³³ , bɔ¹³ tsʰəʔ⁵ tɔ³⁵ kəʔ⁵ dəu³¹ oʔ⁵li⁰ tɔ³⁵ ,
liã¹³ kəʔ⁵ tsoŋ⁵⁵ dəɯ³³ tɔ³⁵ lieʔ² 。

现在是,快车到上海一个半小时,我从家里到我上海儿子家两
个小时,这里走出家门到那边家里,两个小时就到了。

陈姐：方便个真是。

fã²⁵⁵ bie³³ əʔ² tsəŋ⁵³ zʅ¹³。

真的是方便啊。

老许：个是快。

kəʔ⁵ zʅ¹³ kʰua³⁵。

真是快。

陈姐：现在个公路呢，个公路几化发达哩，对哦？大家侪靠，靠自家
车子去呀，来来去去真方便得来。

ie³⁵ zɛ³¹ kəʔ⁵ koŋ⁵⁵ ləu³³ nie³¹, kəʔ⁵ koŋ⁵⁵ ləu³³ tɕi⁵⁵ o¹³ faʔ⁵ daʔ² lie³¹, tɛ³⁵
vaʔ²? da³³ ka⁵³ zɛ¹³ kʰɔ³⁵, kʰɔ³⁵ zʅ³³ ka³⁵ tsʰo⁵⁵ tsʅ⁵⁵ tɕʰi³⁵ ia³¹, lɛ³³ lɛ³¹
tɕʰi⁵⁵ tɕʰi³⁵ tsəŋ³⁵ fã²⁵⁵ bie³³ təʔ⁵ lɛ³³。

现在的公路呢，这个公路多发达啊，对吧？大家都坐自家的车
子，来来去去真的方便得很啊。

老许：老底子呢，个塌公路便得，硖石到新昌，对哦？那么，个里接牢
翁金线，便介一条公路，另外公路无不嗳。葛꞊么蛮小个辰光，
个是也是日本人个辰光，抗战时期个辰光修个，便介一条，那
么路浪꞊侪石子路，吾拉去乘公交车牢꞊，总震得来是，吾拉个
辰光。

lɔ¹³ ti⁵⁵ tsʅ⁵⁵ nie³¹, kəʔ⁵ tʰəʔ⁵ koŋ⁵⁵ ləu³³ bie³³ dəʔ², aʔ² zaʔ² tɔ³⁵ ɕiŋ⁵⁵ tsʰã̃⁵⁵,
tɛ³⁵ vaʔ²? nəʔ² məʔ², kəʔ⁵ li³³ tɕieʔ⁵ lɔ³¹ oŋ⁵⁵ tɕiŋ⁵⁵ ɕie⁵⁵, bie¹³ ka⁵³ ieʔ⁵
dɔ³³ koŋ⁵⁵ ləu³³, liŋ³⁵ ua¹³ koŋ⁵⁵ ləu³³ m¹³ pəʔ⁵ ɛ³¹。 kəʔ⁵ məʔ² me⁵⁵ ɕiɔ⁵³
kəʔ⁵ zəŋ³³ kuã̃⁵⁵, kəʔ⁵ zʅ³¹ ɛ⁵⁵ zʅ³¹ zəʔ⁵ pəŋ⁰ ȵiŋ³¹ kəʔ⁵ zəŋ³³ kuã̃⁵⁵, kã̃³⁵
tsɛ³⁵ zʅ³³ dʑi³¹ kəʔ⁵ zəŋ³³ kuã̃⁵⁵ səɯ⁵⁵ əʔ², bie¹³ ka⁵³ ieʔ⁵ dɔ³¹, nəʔ² məʔ²
ləu¹³ l ã̃¹³ zɛ³³ zaʔ⁵ tsʅ⁰ ləu³¹, u⁵⁵ la⁵³ tɕʰi³⁵ tsʰəŋ³⁵ koŋ⁵⁵ tɕiɔ⁵⁵ tsʰo⁵⁵
lɔ³³, tsoŋ⁵³ tsəŋ³⁵ təʔ⁵ lɛ³³ zʅ³¹, u⁵⁵ la⁵³ kəʔ⁵ zəŋ³³ kuã̃⁵⁵。

过去，这里的公路只能到硖石、新昌，那头接翁金线，就这么一

条公路,另外的公路都没有的。我很小的时候,也就是日本人
的时候,抗战时期修的,就这么一条,路上都是石子路,我们那
时候去乘车震得很。

陈姐:是个是个,个辰光总归是,伊拉讲起来叫啥,是汽车颠么海宁
到,伊介话。

zɿ¹³ əʔ² zɿ¹³ əʔ² , kəʔ⁵ zəŋ³³ ku ɑ̃⁵⁵ tsoŋ⁵⁵ kuɛ⁵⁵ zɿ³¹ , i⁵³ la³¹ ku ɑ̃³⁵ tɕʰi⁵³
lɛ³¹ tɕiɔ³⁵ sa⁵³ , zɿ³¹ tɕʰi⁵⁵ tsʰo⁵³ tie⁵⁵ məʔ² hɛ⁵⁵ ɲin³¹ tɔ³⁵ , i⁵³ ka³⁵ o³¹ 。

是的是的,那时候,他们说那个啥,汽车颠么海宁到,他们这
样说。

老许:嗳,对对对,有顺口溜个。

ɛ³¹ , tɛ³⁵ tɛ³⁵ tɛ³⁵ , iəu¹³ zəŋ¹³ kʰəu⁵³ liəu³¹ əʔ² 。

嗳,对对对,有这个顺口溜的。

陈姐:哦唷,真是蹩脚得来,坍么坍得来,现在到正式是蛮好。

oʔ⁵ ioʔ² , tsəŋ⁵⁵ zɿ³³ bieʔ² tɕiaʔ⁵ təʔ⁵ lɛ³³ , tʰɛ⁵³ məʔ² tʰɛ⁵⁵ təʔ⁵ lɛ³³ , ie³⁵ zɛ³¹
tɔ⁵³ tsəŋ⁵⁵ səʔ⁵ zɿ³³ mɛ⁵⁵ hɔ⁵⁵ 。

真是差得很,破得很,现在是真的好。

贤彪:现在交通好嗳。

ie³⁵ zɛ³¹ tɕiɔ⁵⁵ tʰoŋ⁵⁵ hɔ⁵³ ɛ³¹ 。

现在交通好。

老许:现在是个种公路,个种公路全部通到村里厢,全部有个,个塌
现在个小汽车几化多啊,嗳,个小汽车不得了笛⸗。

ie³⁵ zɛ³¹ zɿ¹³ kəʔ⁵ tsoŋ⁵³ koŋ⁵⁵ ləu³³ , kəʔ⁵ tsoŋ⁵³ koŋ⁵⁵ ləu³³ dʑie¹³ bəu³¹
tʰoŋ⁵⁵ tɔ⁵³ tsʰəŋ⁵⁵ li⁵³ ɕi ɑ̃⁵³ , dʑie¹³ bəu³¹ iəu¹³ əʔ² , kəʔ⁵ tʰəʔ⁵ ie³⁵ zɛ³¹
kəʔ⁵ ɕiɔ⁵³ tɕʰi⁵³ tsʰo⁵³ tɕi⁵³ ho⁵³ təu⁵³ a³¹ , ɛ³¹ , kəʔ⁵ ɕiɔ⁵³ tɕʰi⁵³ tsʰo⁵³ pəʔ⁵
təʔ⁵ liɔ³¹ dieʔ² 。

现在的公路全都能通到村里,现在小汽车多啊,多得不得了。

陈姐：哦唷，现在那﹦好哩，有地铁哩，有地铁，好坐地铁哩。

oʔ⁵ ioʔ² , ie³⁵ zɛ³¹ na¹¹ hɔ⁵⁵ li³¹ , iəu¹³ di¹³ tʰieʔ⁵ li³¹ , iəu¹³ di¹³ tʰieʔ⁵ , hɔ⁵³ zəu³¹ di¹³ tʰieʔ⁵ li³¹ 。

哦唷，现在是真的好啊，有地铁了，可以坐地铁了。

老许：地铁么，个两日，已经霍﹦挖哩，开挖哩，已经，开始建设哩。

di¹³ tʰieʔ⁵ məʔ² , kəʔ⁵ li ɑ̃¹³ ȵieʔ² , i⁵⁵ tɕiŋ⁵⁵ ho⁵⁵ uaʔ⁵ lieʔ² , kʰɛ⁵³ uaʔ⁵ lieʔ² , i⁵⁵ tɕiŋ⁵⁵ , kʰɛ⁵³ sɿ⁵⁵ tɕie³⁵ səʔ⁵ lieʔ² 。

地铁么，这段时间已经开始修建了。

陈姐：2020 年后头么好哩，地铁也通哩。

li ɑ̃³¹ liŋ³¹ li ɑ̃³¹ liŋ³¹ ȵie³¹ əɯ¹³ dəu³¹ məʔ² hɔ⁵⁵ lieʔ² , di¹³ tʰieʔ⁵ a³¹ tʰoŋ⁵⁵ lieʔ² 。

2020 年下半年就建好了，地铁也通了。

老许：那﹦来到杭州曼一个多。

na³³ lɛ³³ tɔ³⁵ ɑ̃³³ tsəu⁵⁵ tɕiɔ³⁵ ieʔ⁵ kəʔ⁵ təu⁵⁵ 。

现在到杭州只要一个多小时。

陈姐：地铁[只有]三十几分钟。

di¹³ tʰieʔ⁵ tɕiəu⁵⁵ sɛ³⁵ zəʔ² tɕi⁵⁵ fəŋ⁵³ tsoŋ³⁵ 。

地铁只要三十几分钟。

老许：嗳，三十几分钟。

ɛ³¹ , sɛ³⁵ zəʔ² tɕi⁵⁵ fəŋ⁵³ tsoŋ³⁵ 。

三十几分钟。

贤彪：说说么地铁也到哩。

soʔ⁵ soʔ⁵ məʔ² di¹³ tʰieʔ⁵ a³¹ tɔ³⁵ li³¹ 。

说说么地铁也通了。

陈姐：是呀，快得来，那﹦来到杭州方便。现在个个交通，倒正式是发达个，是个，倷到现在去看看，马路浪﹦个汽车看啊，哦唷，不得了哩。

zɿ¹³ia³¹, kʰua³⁵ təʔ⁵lɛ³¹, na¹¹lɛ³³tɔ³⁵ã̃³³tsəu⁵⁵fã̃²⁵⁵bie³³。ie³⁵zɛ³¹kəʔ⁵
kəʔ⁵tɕiɔ⁵⁵tʰoŋ⁵⁵, tɔ³⁵tsəŋ⁵⁵səʔ⁵zɿ³³faʔ⁵daʔ²əʔ², zɿ¹³əʔ², nəɯ⁵³tɔ⁵³
ie³⁵zɛ³¹tɕʰi³⁵kʰei³⁵kʰei⁵³, mo³¹ləu³¹lɔ³¹kəʔ⁵tɕʰi⁵⁵tsʰo⁵³kʰei⁵³a³¹, oʔ⁵
ioʔ², pəʔ⁵təʔ⁵liɔ³¹li³¹。

是呀,快呀,现在到杭州真方便。现在这交通是真的发达,你
现在去看看马路上的汽车,哦唷,不得了啊。

贤彪:一家人家甚至有两部三部汽车。

iəʔ⁵ka⁵³ȵiŋ¹³ka⁵³zəŋ³³tsɿ⁵³iʔ³¹ȵiã̃¹³bəu³¹sɛ⁵⁵bəu³¹tɕʰi⁵⁵tsʰo⁵³。

一户人家甚至有两三辆汽车。

陈姐:是呀,伽好几部汽车。

zɿ¹³əʔ², dʑia¹³hɔ⁵⁵tɕi⁵⁵bəu¹³tɕʰi⁵⁵tsʰo⁵³。

是呀,他们都有好几辆汽车。

贤彪:小区里停勿落。

ɕiɔ⁵⁵tɕʰi⁵⁵li³³diŋ¹³vəʔ²loʔ²。

小区里停不下。

陈姐:个种小区门口纳ᵌ介停滴,吾拉个种老小区么,哦唷,一日到
夜,总归停得来个车子,个人也要轧勿过,哦唷,正式,现在个
种新房子呢,个种汽车还好停停,有汽车库个。个点汽车是正
式多得来,倷曼去想好哩,个点红绿灯一停脱来是,个个汽车
倷倒去看,排长队个,个辰光碤石街浪ᵌ厢是。

kəʔ⁵tsoŋ⁵³ɕiɔ⁵⁵tɕʰi⁵⁵məŋ³³kʰəɯ⁵³naʔ²ka⁵³diŋ¹³tieʔ⁵, u⁵⁵la⁵³kəʔ⁵
tsoŋ⁵³lɔ¹³ɕiɔ⁵⁵tɕʰi⁵⁵məʔ⁵, oʔ⁵ioʔ², ieʔ⁵ȵieʔ²tɔ⁵⁵ia³³, tsoŋ⁵³kuɛ⁵³
diŋ¹³təʔ⁵lɛ³³kəʔ⁵tsʰo⁵⁵tsɿ⁵⁵, kəʔ⁵ȵiŋ¹³əʔ⁵iɔ⁵⁵gəʔ²vəʔ²kəu³⁵, oʔ⁵ioʔ²,
tsəŋ⁵⁵səʔ⁵, ie³⁵zɛ³¹kəʔ⁵tsoŋ⁵³ɕiŋ⁵⁵vã̃¹³tsɿ⁵³nie³¹, kəʔ⁵tsoŋ⁵³tɕʰi⁵⁵
tsʰo⁵³a³³hɔ⁵³diŋ³³diŋ³¹, iəu¹³tɕʰi⁵⁵tsʰo⁵³kʰəu⁵³əʔ²。 kəʔ⁵tie⁵³tɕʰi⁵⁵

tsʰo⁵³ zɿ³¹ tsəŋ⁵⁵ səʔ⁵ təu⁵³ təʔ⁵ lɛ³¹ , nəɯ⁵³ tɕiɔ⁵³ tɕʰi³⁵ ɕiã³⁵ hɔ⁵³ lieʔ² , kəʔ⁵ tieʔ⁵ oŋ¹³ loʔ² təŋ⁵³ ieʔ⁵ diŋ¹³ tʰəʔ⁵ lɛ³³ zɿ³¹ , kəʔ⁵ kəʔ⁵ tɕʰi⁵⁵ tsʰo⁵³ nəɯ⁵³ tɔ⁵³ tɕʰi⁵³ kʰei³⁵ , ba³¹ zã³³ dɛ³³ əʔ² , ka³⁵ zəŋ³³ kuã⁵⁵ aʔ² zaʔ² kã⁵⁵ lã³³ ɕiã⁵⁵ zɿ³¹ 。

小区门口怎么停啊，我们家这种老小区，一天到晚汽车总是停得满满当当的，人都快没法走了，现在这种新房子啊，汽车还能停停，有汽车库。汽车是真的多啊，你想红绿灯路口一停下来，汽车就排成长队，以前那时候硖石镇上哪是这样的呀。

老许：堵车辰光是。

təu³⁵ tsʰo⁵³ zəŋ³³ kuã⁵⁵ zɿ¹³ 。

堵车的时候是这样的。

陈姐：有介部汽车是稀奇煞哩，个辰光侪是自行车，叫脚踏车，对哦啦？噢，有部脚踏车啊，也已经是不得了哩嗳，买部脚踏车啊，直˭介要凭票子个，倷介自家纳˭介去买脚踏车，又无处去买个牢˭。

iəu³⁵ ka⁵³ bəu³¹ tɕʰi⁵⁵ tsʰo⁵³ zɿ³¹ ɕi⁵⁵ dʑi³³ səʔ⁵ lieʔ² , kəʔ⁵ zəŋ³³ kuã⁵⁵ zɛ³³ zɿ³¹ zɿ¹³ iŋ¹³ tsʰo⁵³ , tɕiɔ³⁵ tɕiaʔ⁵ daʔ² tsʰo⁵⁵ , tɛ³⁵ vaʔ² la³¹ ? ɔ³¹ , iəu¹³ bəu¹³ tɕiaʔ⁵ daʔ² tsʰo⁵⁵ a³³ , a¹³ i³⁵ tɕiŋ⁵³ zɿ¹³ pəʔ⁵ təʔ⁵ liɔ³¹ li³¹ e³¹ , ma¹³ bəu³¹ tɕiaʔ⁵ daʔ² tsʰo⁵⁵ a³³ , zaʔ² ka³⁵ iɔ⁵³ biŋ³¹ pʰiɔ³³ tsɿ⁵³ əʔ² , nəɯ³⁵ ka⁵³ zɿ³³ ka³⁵ naʔ² ka⁵³ tɕʰi³⁵ ma¹³ tɕiaʔ⁵ daʔ² tsʰo⁵⁵ , i¹³ m¹³ tsʰɿ⁵³ tɕʰi³⁵ ma³¹ əʔ² loʔ² 。

有辆汽车是稀奇得很啊，那时候都是自行车，叫脚踏车，对吧？噢，有辆自行车就已不得了了，买辆自行车还是要凭票子的，没有票子是买不到的。

老许：老底子个个，个塌，个个下头两个小镇么，侪靠便得，要么轮船,要么公共汽车。

lɔ¹³ ti⁵⁵ tsʅ⁵⁵ kəʔ⁴kəʔ⁵, kəʔ⁵tʰəʔ⁵, kəʔ⁴kəʔ⁵o¹³ dəɯ³¹ li ã¹³ kəʔ⁵ɕiɔ³⁵
tsəŋ⁵³məʔ², zɛ¹³kʰɔ⁵³bie¹³ təʔ⁵, iɔ³⁵məʔ²ləŋ³³zɛ³³, iɔ³⁵məʔ²koŋ³⁵
koŋ⁵³tɕʰi⁵⁵tsʰo⁵³.

老早,这边,下面两个小镇,都只能要么轮船,要么公共汽车。

陈姐:走个,有些ⱼ还要走哩呀。

tsəɯ⁵³kəʔ⁵, iəu¹³ɕiŋ⁵³a¹³iɔ³⁵tsəɯ⁵³li³¹ia¹³.

走的,有些还要靠脚来走的。

老许:个塌到温家埠牢⁼,到盐官牢⁼,俫部有汽车个,那么,到个个,
主要两只集镇呢,还有个轮船,对哦? 个辰光记得。

kəʔ⁵tʰəʔ⁵tɔ³⁵uəŋ⁵⁵ka⁵⁵bəu¹³lɔ³¹, tɔ³⁵ie³³kue³⁵lɔ³¹, zɛ¹³bəu¹³iəu¹³
tɕʰi⁵⁵tsʰo⁵³kəʔ⁵, nəʔ²məʔ², tɔ³⁵kəʔ⁵kəʔ⁴, tsʅ⁵³iɔ³¹li ã¹³tsaʔ⁵dzieʔ⁵
tsəŋ⁰nie³¹, ɛ³³iəu³¹kəʔ⁵ləŋ³³zɛ³³, tɛ³⁵vaʔ²? kəʔ⁵zəŋ³³ku ã⁵⁵tɕi³⁵
təʔ⁵.

这里到温家埠、到盐官,全部有汽车的,那时我记得,到几个主
要的集镇,还有轮船的。

陈姐:轮船是正式是,多得来是。

ləŋ³³zɛ³³zʅ³³tsəŋ⁵⁵səʔ⁵zʅ³¹, təu⁵³təʔ⁵lɛ³¹zʅ³¹.

轮船是很多的。

老许:袁花班,袁花班么到袁花,总要两个多钟头。

ie³³ho⁵⁵pɛ⁵⁵, ie³³ho⁵⁵pɛ⁵⁵məʔ²tɔ³⁵ie³³ho⁵⁵, tsoŋ⁵³iɔ¹³li ã¹³kəʔ⁵təu⁵⁵
tsoŋ⁵⁵dəɯ³³.

有袁花班,袁花班到袁花至少要两个多小时。

贤彪:个辰光乘个码头啊,俫稀奇来觉得。

kəʔ⁵zəŋ³³ku ã⁵⁵tsʰəŋ³⁵kəʔ⁵mo¹³də³³a³³, zɛ¹³ɕi⁵⁵dzi³³lɛ³³tɕioʔ⁵təʔ⁵.

那时这个码头啊,都觉得很稀奇的。

老许:到盐官,到盐官也两个多钟头嗳,到上云么有还有铁路。

tɔ³⁵ie³³kuɛ³⁵, tɔ³⁵ie³³kuɛ³⁵a¹³li ɑ̃¹³kəʔ⁵təu⁵⁵tsoŋ⁵⁵dəɯ³³ɛ³¹, tɔ³⁵z ɑ̃³³
iŋ¹³məʔ³iəu¹³ɛ³³iəu³¹tʰieʔ⁵ləu⁰。

到盐官,到盐官也要两个多小时,到上云还有铁路。

当地情况

老许:吾拉海宁同道硖石呢,名人也木老老个多。

u⁵⁵la⁵³he⁵⁵ȵiŋ³³doŋ³³dɔ³³aʔ²zaʔ²nə³¹, miŋ³³ȵiŋ³¹a³³moʔ³lɔ¹³lɔ³¹
kəʔ²təu⁵⁵。

在我们海宁硖石,出名的人有很多很多。

陈姐:个倒是个。

kəʔ⁵tɔ³⁵zʅ¹³əʔ²。

这倒是的。

老许:海宁个个名人,是蛮有名气个,全部蛮有名个。

he⁵⁵ȵiŋ³³kəʔ⁵kəʔ⁴miŋ³³ȵiŋ³¹, zʅ³¹mɛ⁵⁵iəu³¹miŋ³³tɕʰi⁵⁵gəʔ², dzie¹³
bəu¹³mɛ⁵⁵iəu³¹miŋ¹³gəʔ²。

海宁的名人是很有名气的,全部都很有名的。

陈姐:嗳,徐志摩。

ɛ³¹, ʑi³³tsʅ⁵⁵mu³³。

比如徐志摩。

老许:到那ⁿ出嘞几化名人啊,古代也是,侪有哦,对哦? 嗳。

tɔ³⁵na¹³tsʰəʔ⁵ləʔ²tɕi⁵⁵o¹³miŋ³³ȵiŋ³¹a³¹, kəu³⁵dɛ¹³a³³zʅ¹³, zɛ¹³iəu³⁵əʔ²,
tɕ³⁵vaʔ²? ɛ³¹。

到现在出了多少个名人啊,古代也有,都有的,对吧?

贤彪:从古到今。

zoŋ¹³kəu⁵³tɔ³⁵tɕiŋ⁵⁵。

从古到今。

老许：嗳，倷像现代么，越介多，对哦？现代个个徐志摩，对哦？王国
　　　维，对哦？蒋百里，噢，哦啃，人多来，现在个种故居，侪同伊拉
　　　修好，柴⁼家来参观，噢。徐志摩么个个年年都，现在霍⁼弄个
　　　个叫，叫徐志摩诗歌节，对哦？柴⁼家比赛。

ε³¹, nəɯ¹³ dʑiã¹³ ie⁵⁵ dɛ³¹ məʔ², ioʔ² ka³⁵ təu⁵⁵, tɛ³⁵ vaʔ²？ ie⁵⁵ dɛ³¹ kəʔ⁵
kəʔ⁴ʑi³³ tsʅ⁵⁵ mu³¹, tɛ³⁵ vaʔ²？ uã¹³ koʔ⁵ vi³³, tɛ³⁵ vaʔ²？ tɕiã³⁵ paʔ⁵
li³¹, ɔ³¹, oʔ⁵ioʔ², ȵiŋ¹³ təu³⁵ lɛ³¹, ie³³ zɛ¹³ kəʔ⁵ tsoŋ⁵⁵ ku³⁵ tɕi⁵³, zɛ¹³
doŋ³³ i⁵⁵ laʅ səɯ⁵⁵ hɔ³⁵, za³³ ka³⁵ lɛ³³ tsʰɛ⁵⁵ kuɛ⁵⁵, ɔ³¹。dʑi³³ tsʅ⁵⁵ mu³¹ məʔ²
kəʔ⁵ kəʔ⁴ ȵie³³ ȵie¹³ təu⁵⁵, ie³³ zɛ¹³ hoʔ⁵ noŋ¹³ kəʔ⁵ kəʔ⁴ tɕiɔ³⁵, tɕiɔ³⁵
dʑi³³ tsʅ⁵⁵ mu³¹ sʅ³⁵ kəu⁵³ tɕieʔ⁵, tɛ³⁵ vaʔ²？ za³³ ka³⁵ pi³⁵ sɛ⁵³。

就像现代，更加多，对吧？现代的话像徐志摩、王国维、蒋百
里，对吧，多得很啊，他们的故居现在大都修缮一新，大家可以
来参观。与徐志摩相关的活动年年举办，现在正在组织那个
叫徐志摩诗歌节，对吧？大家都能来参加比赛。

陈姐：嗯，是嗳是嗳，大家比。

əŋ³¹, sʅ¹³ ε³¹ sʅ¹³ ε³¹, za³³ ka³⁵ pi⁵⁵。

嗯，是的是的，大家都可以来参加比赛。

老许：嗳，闹猛来野⁼，嗳，年年弄个，蛮好嗳。

ε³¹, nɔ³⁵ mã̃⁵³ lɛ³¹ia³¹, ε³¹, ȵie³³ ȵie¹³ noŋ³¹əʔ², mε⁵⁵ hɔ⁵³ ε³¹。

嗳，热闹得很，这个活动年年都组织，挺好的。

贤彪：已经办起好几届哩噢，嗳，外国人也来参加个。

i⁵⁵ tɕiŋ⁵³ bɛ¹³ tɕʰi³⁵ hɔ³⁵ tɕi⁵³ tɕia⁵³ li³¹ ɔ³¹, ε³¹, ua¹³ koʔ⁵ ȵiŋ³¹ a³³ lɛ³³ tsɛ⁵⁵
kuɛ⁵⁵əʔ²。

已经办了好几届了呢，也有外国友人来参加的。

老许：嗳，是，是介拉⁼，今年越加多呀，是伊拉，以前比赛呢，闹⁼个只

诗啊直‖介闹‖,现在弗是伲,伲四句头诗,对哦？伲介好参加,那么,个卯好像,全部有几万,几万首呀,来参加呀,参加比赛,所以弄来市面蛮大。

ε³¹,zๅ¹³,zๅ¹³ ka³⁵ la³⁵,tɕiŋ⁵⁵ ɲie⁵⁵ ioʔ² ka³⁵ təu⁵⁵ ia⁵³,zๅ¹³ i³³ la³¹,i³³ ʑie³³ pi³⁵ sε⁵³ nie³¹,nɔ¹³ kəʔ⁵ tsaʔ⁵ sๅ⁵⁵ a⁵⁵ zaʔ² ka³⁵ nɔ¹³,ie³³ zε¹³ fəʔ⁵ zๅ³¹ zε¹³,zε¹³ sๅ³⁵ tɕi⁵³ dəu³¹ sๅ⁵⁵,tε³⁵ vaʔ²？ zε¹³ ka⁵³ hɔ⁵³ tsʰε⁵⁵ ka⁵⁵,nəʔ² məʔ²,kəʔ⁵ mɔ³³ hɔ⁵⁵ ziã̃³³,dʑie³³ bəu¹³ iəu³³ tɕi⁵³ uε³¹,tɕi⁵³ uε³¹ səɯ³⁵ ia³¹,lε³¹ tsʰε⁵⁵ ka⁵⁵ ia³¹,tsʰε⁵⁵ ka⁵⁵ pi³⁵ sε⁵³,su⁵³ i³¹ nɔŋ¹³ lε³¹ zๅ¹³ mie³¹ mε⁵³ dəu¹³。

是的,所以今年的活动更加丰富,以前比赛呢,都要求必须写四句一首的诗,对吧？现在没有这个要求了,都可以来参加的。现在好像全部有大概几万首诗歌来参加比赛,所以搞得名声挺大的。

陈姐:是嗳,蛮闹猛个。

sๅ¹³ ε³¹,mε⁵³ nɔ¹³ mã̃⁵⁵ əʔ²。

是的,挺热闹的。

贤彪:倻小个辰光,记得读书个辰光,像能够去参观一下,徐志摩故居已经蛮好哩。

ŋa⁵³ ɕiɔ⁵³ kəʔ⁵ zəŋ³³ kuã̃⁵⁵,tɕi³⁵ təʔ⁵ doʔ² sๅ⁵⁵ kəʔ⁵ zəŋ³³ kuã̃⁵⁵,dʑiã̃¹³ nəŋ³³ kə⁵⁵ tɕʰi³⁵ tsε⁵⁵ kuε⁵⁵ iəʔ⁵ ɕia⁰,ʑi³³ tsๅ⁵⁵ mu³¹ ku³⁵ tɕi⁵³ i⁵⁵ tɕiŋ⁵³ mε⁵³ hɔ⁵³ li³¹。

记得我小时候,读书的时候,能去参观一下徐志摩故居已经很满意了。

陈姐:现在徐志摩故居,已经改霍‖街浪‖。

ie³³ zε¹³ ʑi³³ tsๅ⁵⁵ mu³¹ ku³⁵ tɕi⁵³,i⁵⁵ tɕiŋ⁵³ kε³⁵ hoʔ⁵ ka⁵⁵ lã̃³³。

现在徐志摩故居已经搬到镇上来了。

贤彪：改霍˭街浪˭厢，徐志摩只坟呢，有起拉西山浪˭厢。

kɛ³⁵ hoʔ⁵ ka⁵⁵ lɑ̃³³ ɕiɑ̃⁵⁵，ʑi³³ tsʅ⁵⁵ mu³¹ tsaʔ⁵ vəŋ¹³ nə³¹，iə¹³ tɕʰi⁵³ la⁵⁵ ɕi⁵⁵ sɛ⁵⁵ lɑ̃³³ ɕiɑ̃⁵⁵。

搬到镇上了，徐志摩的坟呢，还在西山上面。

陈姐：西山浪˭厢，嗳，是个是个。

ɕi⁵⁵ sɛ⁵⁵ lɑ̃³³ ɕiɑ̃⁵⁵，ɛ³¹，zʅ¹³ əʔ² zʅ¹³ əʔ²。

在西山上面，是的是的。

老许：徐志摩只坟，真正个老坟有起拉哈˭里？ 嗳，个个，个辰光，东山浪˭，有起东山浪˭。

ʑi³³ tsʅ⁵⁵ mu³¹ tsaʔ⁵ vəŋ³¹，tsən³⁵ tsəŋ⁵³ gəʔ² lɔ¹³ vəŋ³¹ iəu¹³ tɕʰi⁵³ la³³ ha⁵⁵ li¹³？ ɛ³¹，kəʔ⁵ kəʔ⁴，kəʔ⁵ zəŋ³³ ku ɑ̃⁵⁵，toŋ⁵⁵ sɛ⁵⁵ lɑ̃³¹，iəu¹³ tɕʰi⁵³ toŋ⁵⁵ sɛ⁵⁵ lɑ̃³¹。

徐志摩的坟，真的老坟在哪里呢？ 以前在东山上面。

陈姐：有起辣˭东山浪˭，搬过来霍˭嗳。

iəu¹³ tɕʰi⁵³ laʔ² toŋ⁵⁵ sɛ⁵⁵ lɑ̃³¹，pɛ⁵⁵ kəu⁵⁵ lɛ³³ hoʔ⁵ ɛ³¹。

在东山上面，搬过来了。

老许：嗳，个只坟呢，也是，实际浪˭是，衣冠冢啦，空个，因为伊是飞机失事个，对哦？

ɛ³¹，kəʔ⁴ tsaʔ⁵ vəŋ³¹ nie³¹，a³⁵ zʅ³¹，zəʔ² tɕi⁵³ lɑ̃³¹ zʅ¹³，i⁵⁵ kuɛ⁵⁵ tsoŋ⁵³ la³¹，koŋ⁵⁵ əʔ²，iŋ⁵⁵ uɛ⁵⁵ i⁵³ zʅ³¹ fi⁵⁵ tɕi⁵⁵ səʔ⁵ zʅ¹³ əʔ²，tɛ³⁵ vaʔ²？

是的，那个坟呢，实际上是衣冠冢，空的，因为他是飞机失事，对吧？

老许：伊个个正式个只坟么，个头面也有，失事个头地方也有，那么，个塌个头屋里呢，同伊个塌个坟葬辣˭个东，东山浪˭，个辰光。

i⁵³ kəʔ⁵ kəʔ⁵ tsəŋ³⁵ səʔ⁵ kəʔ⁵ tsaʔ⁵ vəŋ¹³ məʔ⁵，kəʔ⁵ dəɯ³³ mie³³ a¹³ iəu³¹，səʔ⁵ zʅ¹³ kəʔ⁵ dəɯ³¹ di¹³ fɑ̃⁵³ a¹³ iəu³¹，nəʔ² məʔ²，kəʔ⁵ tʰəʔ⁵ kəʔ⁵ dəɯ³¹ oʔ⁵ li³¹ nəʔ² , doŋ¹³ i⁵³ kəʔ⁵ tʰəʔ⁵ kəʔ⁵ vəŋ³¹ ts ã³⁵ laʔ² kəʔ⁵ toŋ⁵⁵ , toŋ⁵⁵ sɛ⁵⁵ lã³¹ , kəʔ⁵ zəŋ³³ kuã⁵⁵ 。

他真正的坟,也有,在失事的地方。这里是他的家乡,那时把
他的坟葬在了东山上面。

陈姐:现在现在,移起西山浪=。

ie³³ zɛ¹³ ie³³ zɛ¹³ , i¹³ tɕʰi¹³ ɕi⁵⁵ sɛ⁵⁵ lã³¹ 。

现在移至西山上了。

老许:噯,那么到后首来,噯个个,到八几,八十年代个辰光,那么准
备同伊恢复,恢复个个,恢复么,个辰光,个个碑寻勿着,个徐
志摩个碑寻勿着啦。

ɛ³¹ , nəʔ² məʔ² tɔ³⁵ əɯ¹³ səɯ⁵³ lɛ³¹ , ɛ¹³ kəʔ⁵ kəʔ⁴ , tɔ³⁵ paʔ⁵ tɕi⁵³ , paʔ⁵ səʔ⁵
ȵie⁵⁵ dɛ³¹ kəʔ⁵ zəŋ³³ kuã⁵⁵ , nəʔ² məʔ² tsəŋ⁵³ bɛ³¹ doŋ³¹ i³¹ fɛ⁵⁵ foʔ⁵ , fɛ⁵⁵
foʔ⁵ kəʔ⁵ kəʔ⁴ , fɛ⁵³ foʔ⁵ məʔ² , kəʔ⁵ zəŋ³³ ku ã⁵⁵ , kəʔ⁵ kəʔ⁴ pɛ³⁵ dʑiŋ¹³
vəʔ² zaʔ² , kəʔ⁵ ʑi³³ tsɿ⁵⁵ mu³¹ kəʔ⁵ pɛ³⁵ dʑiŋ¹³ vəʔ² zaʔ² la³¹ 。

后来,大概二十世纪八十年代,那时准备帮他恢复,但是那个
碑找不到了,那个徐志摩坟的碑找不到了。

老许:那么,个辰光,吾拉,吾拉阿叔啊,伊,伊奴原来做过新闻记者,
伊奴去寻出来,到个个乡下头,个种猪棚头哩已经,个个碑,伊
去伊去寻着来,寻着来以后么,后[首来],通知个个总归有关
部门,那么,同伊块碑弄好,同伊做块坟,做好。

nəʔ² məʔ² , kəʔ⁵ zəŋ³³ kuã⁵⁵ , u⁵⁵ la⁵³ , u⁵⁵ la⁵³ əʔ⁵ soʔ⁵ a³¹ , i⁵³ , i⁵³ nəu³¹ ȵie³³
lɛ³³ tsəu³⁵ kəu³⁵ ɕiŋ⁵⁵ vəŋ³³ tɕi³⁵ tsɛ⁵³ , i⁵³ nəu³¹ tɕʰi³⁵ dʑiŋ¹³ tsʰəʔ⁵ lɛ³¹ ,
tɔ³⁵ kəʔ⁵ kəʔ⁴ ɕi ã⁵⁵ o³³ dəɯ³³ , kəʔ⁵ tsoŋ⁰ tsɿ⁵⁵ bã³³ dəɯ³³ lieʔ² i³⁵ tɕiŋ⁵³ ,
kəʔ⁵ kəʔ⁴ pɛ⁵³ , i³⁵ tɕʰi⁵³ i³⁵ tɕʰi⁵³ dʑiŋ¹³ tsʰəʔ⁵ lɛ³¹ , dʑiŋ¹³ zaʔ² lɛ³¹ i¹³ əɯ¹³
məʔ² , əɯ¹³ sɛ⁵³ , tʰoŋ⁵⁵ tsɿ⁵⁵ kəʔ⁵ kəʔ⁴ tsoŋ⁵³ kuɛ⁵³ iəu¹³ kuɛ⁵³ bəu¹³ məŋ³¹ ,
nəʔ² məʔ² , doŋ¹³ i³¹ kʰuɛ³⁵ pɛ⁵³ noŋ¹³ hɔ⁵³ , doŋ¹³ i³¹ tsəu³⁵ kʰuɛ³⁵ vəŋ¹³ ,

tsəu³⁵ hɔ⁵³。

那时我叔叔,他原来做过新闻记者的,是他想办法找出来的,在乡下的猪圈边找到的。那个碑,他找到后,就通知了有关部门,于是就把碑修好了。

陈姐:葛⁼么西山浪⁼厢个块碑,就是老底子个块。

kəʔ⁵ məʔ² ɕi⁵⁵ sɛ⁵⁵ lɑ̃³¹ ɕiɑ̃⁵⁵ kəʔ⁵ kʰ uɜ³⁵ pɛ⁵³ ,dʑiə¹³ zɿ³¹ lə¹³ ti⁵⁵ tsɿ⁵⁵ kəʔ⁵ kʰ uɛ³⁵。

西山上的那块碑就是老早的那块。

老许:嗳,嗳,个个碑是老底子个。

ɛ³¹ ,ɛ³¹ ,kəʔ⁵ kəʔ⁴ pɛ⁵³ zɿ¹³ lə¹³ ti⁵⁵ tsɿ⁵⁵ gəʔ²。

是的,那个是老早的。

贤彪:嗯嗯,是个,应该。

əŋ³¹ əŋ³¹ ,zɿ¹³ əʔ² ,iŋ⁵⁵ kɛ⁵⁵。

嗯,是的,应该是的。

老许:那么像个个王国维,王国维原来个个故居,有起啥里[弗晓]得呀,也寻勿着。

nəʔ² məʔ² dʑiɑ̃³¹ kəʔ⁵ kəʔ⁴ u ɑ̃¹³ koʔ⁵ vi³³ ,u ɑ̃¹³ koʔ⁵ vi³³ ȵie³³ lɛ³³ kəʔ⁵ kəʔ⁴ ku³⁵ tɕi⁵³ ,iəu¹³ tɕʰ i⁵³ sa⁵⁵ li³¹ fiɔ⁵³ dəʔ² ia³¹ ,a¹³ dʑiŋ¹³ vəʔ² zaʔ²。

至于王国维,王国维他原来的故居在哪里,也找不到。

贤彪:个弗是,后首来,搬起盐官哦?

kəʔ⁵ fəʔ⁵ zɿ³¹ ,ə¹³ sə⁵³ lɛ³¹ ,pɛ⁵⁵ tɕʰ i⁵⁵ ie³³ kuɛ³⁵ vaʔ²?

不是后来搬到盐官了吗?

老许:弗,伊生起盐官,生起盐官,盐官呢伊个故居有起哈⁼里,又[弗晓]得个,几化年数过去哩,[弗晓]得哩,[弗晓]得哩。那么,也是吾拉阿叔,去探访出来,探访以后,决定,嗯确认个,是个头,那么,伊个只通知当地政府个,那么,那么后首,拿个个房子后首马上稍微,稍微装饰一下啦,作为故居,开放过来,现在一直霍⁼开放,柴⁼家去,去参观,蛮好。

fəʔ⁵ ,i³⁵ sɑ̃³⁵ tɕʰi⁵³ ie³³ kuɛ³⁵ ,sɑ̃³⁵ tɕʰi⁵³ ie³³ kuɛ³⁵ ,ie³³ kuɛ³⁵ nie³¹ i⁵³ kəʔ⁵ ku³⁵ tɕi⁵³ iəu⁵³ tɕʰi⁵³ ha⁵⁵ li³¹ , i³⁵ fiɔ⁵³ təʔ⁵ əʔ² , tɕi⁵⁵ ho⁵⁵ ɲie³³ səu³⁵ kəu³⁵ tɕʰi⁵³ lieʔ² ,fiɔ⁵³ təʔ⁵ li³¹ 。 nəʔ⁵ məʔ² , a³³ zɿ¹³ u⁵⁵ la⁵³ əʔ⁵ soʔ⁵ , tɕʰi³⁵ tʰɛ⁵⁵ fɑ̃⁵³ tsʰəʔ⁵ lɛ³¹ , tʰɛ⁵⁵ fɑ̃⁵³ i³³ əɯ¹³ , tɕeioʔ⁵ diŋ⁰ ,əŋ³¹ tɕʰioʔ⁵ zəŋ⁰ əʔ² , zɿ¹³ kəʔ⁵ dəɯ³³ , nəʔ² məʔ² , i³⁵ kəʔ⁴ tsaʔ⁵ tʰoŋ⁵⁵ tsɿ⁵⁵ d ɑ̃³³ di³³ tsəŋ³⁵ fu⁵³ əʔ² , nəʔ² məʔ² , nəʔ² məʔ² əɯ¹³ səɯ⁵³ , no⁵⁵ kəʔ⁵ kəʔ⁴ v ɑ̃³³ tsɿ⁵⁵ əɯ¹³ səɯ⁵³ ma³⁵ z ɑ̃̃¹³ sɔ⁵⁵ uɛ⁵⁵ , sɔ⁵⁵ uɛ⁵⁵ ts ɑ̃̃³⁵ səʔ⁵ ieʔ⁵ ɕia⁵³ la³¹ , tsoʔ⁵ uɛ¹³ ku³⁵ tɕi⁵³ , kʰɛ³⁵ f ɑ̃̃⁵³ kəu³⁵ lɛ³¹ , ie³³ zɛ¹³ ieʔ⁵ zəʔ² hoʔ⁵ kʰɛ⁵⁵ f ɑ̃⁵⁵ , za³³ ka³⁵ tɕʰi³⁵ ,tɕʰi³⁵ tsʰɛ⁵⁵ kuɛ⁵⁵ ,mɛ⁵⁵ hɔ⁵³ 。

不是,他生在盐官,盐官是他的故居,但具体在哪里不知道,多少年过去了,不知道了。也是我叔叔,他去探访出来的,探访出来以后,被确认,确认后再通知当地政府,后来,把那个房子也稍微改造了一下,作为故居,开放了,现在一直是开放着的。

大家可去参观参观,挺不错的。

陈姐:好像以前呢也是呀,是哦啦。

hɔ³⁵ dziɑ̃̃¹³ i¹³ dzie³¹ nie³¹ a³³ zɿ³¹ ia³¹ ,zɿ¹³ əʔ² la³¹ 。

我好像以前也听说过。

老许:嗳嗳,硖石名人多来,近代么李善兰。

ɛ³¹ ɛ³¹ , aʔ² zaʔ² miŋ³³ ɳiŋ³¹ təu⁵³ lɛ³¹ , dziŋ¹³ dɛ³¹ məʔ² li³⁵ zo³³ lɛ³¹ 。

硖石名人多得很,近代有李善兰。

贤彪:公园,公园现在弄起霍⁼。

koŋ⁵⁵ ie⁵⁵ , koŋ⁵⁵ ie⁵⁵ ie³³ zɛ¹³ noŋ¹³ tɕʰi³⁵ hoʔ⁵ 。

与他有关的公园,现在也建造起来了。

老许:嗳嗳,数学家,数学家。

$\varepsilon^{31}\varepsilon^{31}$, su^{35} ie$?^2$ tɕia^{53} , su^{35} ie$?^2$ tɕia^{53} 。

是的,是数学家。

陈姐:现在,现在拨伊弄来辣˭一只公园啊,叫李善兰公园啊,噢。

ie^{33} zɛ^{13} , ie^{33} zɛ^{13} pə$?^5$ i^{53} noŋ^{13} lɛ^{13} la$?^2$ ie$?^5$ tsa$?^5$ koŋ^{55} ie^{55} a^{33} , tɕiɔ^{35} li^{35} zo^{33} lɛ^{31} koŋ^{55} ie^{55} a^{33} , ɔ^{31} 。

现在给他建了个公园,叫李善兰公园。

老许:嗳嗳,对对,原来么叫人民公园。

$\varepsilon^{31}\varepsilon^{31}$, tɛ^{35} tɛ^{35} , ȵie^{33} lɛ^{13} mə$?^5$ tɕiɔ^{35} zəŋ^{33} miŋ^{33} koŋ^{55} ie^{55} 。

对对,原来叫人民公园。

贤彪:名人是蛮多个,早,再早介点,清朝个辰光么,陈国老。

miŋ^{33} ȵiŋ^{31} zɿ^{31} mɛ^{55} təu^{55} ə$?^5$, tsɔ^{53} , tsɛ^{53} tsɔ^{53} ka^{53} tie^{35} , tɕʰiŋ^{55} zɔ^{33} kə$?^5$ zəŋ^{33} kuɑ̃^{55} mə$?^2$, zəŋ^{13} kɔ$?^5$ lɔ^0 。

名人是真多,再早一点,清朝时,还有个陈国老。

老许:嗳嗳,陈国老盐官嗳。

$\varepsilon^{31}\varepsilon^{31}$, zəŋ^{13} kɔ$?^5$ lɔ^0 ie^{33} kuɛ^{35} ɛ^{33} 。

是的,陈国老是盐官人。

陈姐:陈国老是盐官嗳,是个呀。

zəŋ^{13} kɔ$?^5$ lɔ^0 zɿ^{13} ie^{33} kuɛ^{35} ɛ^{33} , zɿ^{13} ə$?^2$ ia^{31} 。

陈国老是盐官人,是的。

老许:是嗳是嗳,嗳嗳,个多哩。

sɿ^{13} ɛ^{31} sɿ^{13} ɛ^{31} , ɛ^{31} ɛ^{31} , kə$?^5$ təu^{53} li^{31} 。

是的是的,多着呢。

陈姐:那么现在只,嗯,横头街浪˭厢,有一只叫啥?

nə$?^2$ mə$?^2$ ie^{33} zɛ^{13} tsa$?^5$, əŋ^{31} , uɑ̃^{33} dɯ^{33} ka^{55} lɑ̃^{33} ɕiɑ̃^{55} , iəɯ^{13} ie$?^5$ tsa$?^5$ tɕiɔ^{35} sa^{53} ?

现在横头街上有一个叫啥?

贤彪:史东山。

　　　sʅ³⁵ toŋ⁵³ sɛ⁵⁵。

　　　史东山。

陈姐:史东山伊奴是,嗯,是个演员,是哦?

　　　sʅ³⁵ toŋ⁵³ sɛ⁵⁵ i⁵³ nəu⁵³ zʅ³¹,əŋ³¹,zʅ¹³ kəʔ⁵ ie⁵³ ie³¹,zʅ¹³ əʔ²?

　　　史东山他是演员,是吧?

老许:弗,伊是导演,伊奴是导演。

　　　fəʔ⁵,i⁵³ zʅ³¹ dɔ¹³ ie³¹,i⁵³ nəu⁵³ zʅ³¹ dɔ¹³ ie³¹。

　　　不对,他是导演。

陈姐:弗是,伊奴是创始人。

　　　fəʔ⁵ zʅ³¹,i⁵³ nəu⁵³ zʅ³¹ tsʰɑ̃⁵⁵ sʅ⁵³ ȵiŋ³¹。

　　　不是,他是创始人。

老许:导演,伊是中国电影学家。

　　　dɔ¹³ ie³¹,i⁵³ zʅ³¹ tsoŋ⁵³ koʔ⁵ die¹³ iŋ³¹ ieʔ² tɕia⁵³。

　　　导演,他是中国电影学家。

陈姐:嗳,是个,也是呀,史东山。

　　　ɛ³¹,zʅ¹³ əʔ²,ia⁵³ zʅ³¹ ia³¹,sʅ³⁵ toŋ⁵³ sɛ⁵⁵。

　　　是的,史东山。

老许:《红日》,个本电影是伊拍个,蛮有名气个。

　　　oŋ¹³ zəʔ²,kəʔ⁵ bəŋ³¹ die¹³ iŋ³¹ zʅ¹³ i⁵³ pʰaʔ⁵ əʔ²,mɛ⁵⁵ iəɯ³¹ miŋ³³ tɕʰi⁵⁵ əʔ²。

　　　《红日》,这部电影就是他拍的,很有名气。

贤彪:再早两年,有本电影叫《沈鸿》。

　　　tsɛ⁵³ tsɔ⁵³ niɑ̃³¹ ȵie³¹,iə¹³ pəŋ⁵³ die¹³ iŋ³¹ tɕiɔ³⁵ səŋ³⁵ oŋ¹³。

　　　再早两年,有部电影叫《沈鸿》。

老许:沈鸿登起东南湖。是吾拉条街浪⁼,东南湖,伊奴个辰光到延
　　　安,抗战个辰光,到延安,沈鸿,中央部长也做过个,嗳,现在

么，沈鸿个，伊个纪念馆么，有起拉个个，个里面头。

səŋ³⁵ oŋ¹³ təŋ⁵⁵ tɕʰi³⁵ toŋ⁵⁵ nɛ³³ u³³。zɿ¹³ u⁵⁵ la⁵³ diɔ³¹ ka⁵⁵ lɑ̃³³，toŋ⁵⁵ nɛ³³ u³³，i⁵³ nəu⁵³ kəʔ⁵ zəŋ³³ kuɑ̃⁵⁵ tɔ³⁵ ie³³ ɛ³¹，kʰɑ̃³⁵ tsɛ⁵³ kəʔ⁵ zəŋ³³ kuɑ̃⁵⁵，tɔ³⁵ ie³³ ɛ³¹，səŋ³⁵ oŋ¹³，tsoŋ⁵⁵ iɑ̃³³ bəu¹³ tsɑ̃⁵³ a³¹ tsəu³⁵ kəu⁵⁵ gəʔ²，ɛ³¹，ie³³ zɛ¹³ məʔ²，səŋ³⁵ oŋ¹³ kəʔ⁵，i⁵³ kəʔ⁵ tɕi³⁵ ȵie¹³ kuɛ⁵³ məʔ²，iəu¹³ tɕʰi⁵³ la³¹ kəʔ⁵ kəʔ⁴，kəʔ⁵ li³⁵ mie³³ dəu³¹。

沈鸿，他就住在东南湖。是我们那条街上的，东南湖。他那时到延安，抗战时到延安，沈鸿，中央的部长也做过，现在他的纪念馆，就在那里。

陈姐：现在好像，吾拉海宁个名人，弗是个条洛塘河浪゠厢，伱去看看看啊。

ie³³ zɛ¹³ hɔ⁵⁵ dʑiɑ̃³³，u⁵⁵ la⁵³ hɛ⁵⁵ ȵiŋ³³ kəʔ⁵ miŋ³³ ȵiŋ³¹，fəʔ⁵ zɿ³³ kəʔ⁵ diɔ³³ loʔ² dɑ¹³ əu³¹ lɑ̃³³ ɕiɑ̃⁵⁵，na⁵³ tɕʰi⁵³ kʰei³⁵ kʰei⁵³ kʰei⁵³ a³¹。

现在好像，我们海宁的名人，都在那条洛塘河街上，你们可以去看看啊。

老许：个里，是个是个。

kəʔ⁵ li⁰，zɿ¹³ əʔ² zɿ¹³ əʔ²。

那里，是的是的。

陈姐：灯光，灯光个种侪是。

təŋ⁵⁵ kuɑ̃⁵⁵，təŋ⁵⁵ kuɑ̃⁵⁵ kəʔ⁵ tsoŋ⁵³ zɛ³¹ zɿ³¹。

灯光闪亮。

老许：暧，一个人，名字侪有。

ɛ³¹，ieʔ⁵ kəʔ⁴ ȵiŋ¹³，miŋ³³ zɿ³³ zɛ³³ iəu¹³。

对，每一个人，他的名字等信息都有的。

陈姐：全部介绍个噢，反正凡是海宁个名人，全部黑゠里塌有个。

zie¹³ bu¹³ tɕia³⁵ zɔ³¹ gəʔ² ɔ³¹，fɛ⁵³ tsəŋ⁵³ vɛ³³ zɿ³³ hɛ⁵⁵ ȵiŋ³³ kəʔ⁵ miŋ³³ ȵiŋ³¹， zie¹³ bu¹³ hə?⁵ li³¹ tʰə?⁵ iɯ³¹ ə?² 。

全部都有介绍，反正凡是海宁的名人，全部都有介绍。

陈姐：好像，应该是。

hɔ³⁵ dʑiɑ̃¹³ , iŋ⁵⁵ kɛ⁵⁵ zɿ³¹ 。

好像是，应该是。

老许：个卯新个造个个赞山公园，嗳，个卯里头，赞山公园里曲曲拐
　　　拐，嗳，有空去看看，蛮好。

kə?⁵ mɔ³³ ɕiŋ³⁵ gə?² zɔ¹³ kə?⁵ kə?⁴ tsɛ⁵³ sɛ⁵³ koŋ⁵⁵ ie⁵⁵ , ɛ³¹ , kə?⁵ mɔ³³ li¹³
dəɯ³¹ , tsɛ⁵³ sɛ⁵³ koŋ⁵⁵ ie⁵⁵ li¹³ tɕʰio?⁵ tɕʰio?⁵ kuɛ⁵³ kuɛ⁵³ , ɛ³¹ , iəɯ¹³
kʰoŋ³⁵ tɕʰi³⁵ kʰei³⁵ kʰei³⁵ , mɛ⁵⁵ hɔ⁵³ 。

现在新造的那个赞山公园，赞山公园里面弯弯曲曲，有空去看
看，挺好的。

贤彪：好呀，吾倒还没去过啦哩。

hɔ⁵³ ia³¹ , əu⁵³ tɔ³⁵ a¹³ mə?² tɕʰi³⁵ kəu⁵³ la³¹ li³¹ 。

好呀，我倒还没去过。

陈姐：噢，个只洛塘河浪＝厢，反正个点灯光。

ɔ³¹ , kə?⁵ tsa?⁵ lo?² dɑ̃¹³ əu³¹ lɑ̃³³ ɕiɑ̃⁵⁵ , fɛ³⁵ tsəŋ⁵³ kə?⁵ tie³⁵ təŋ⁵⁵ kuɑ̃⁵⁵ 。

在洛塘河那边，反正灯火通明。

老许：洛塘河个点。

lo?² dɑ̃¹³ əu³¹ kə?⁵ tie?⁵ 。

洛塘河那边。

陈姐：名人介绍，好的来，正式个。

miŋ³³ ȵiŋ³¹ tɕia⁵⁵ zɔ³³ , hɔ³⁵ tə?⁵ lɛ³¹ , tsəŋ⁵⁵ sə?⁵ ə?² 。

名人介绍，好得很，真的。

贤彪：伊有个意义，赛过得伊，现在个个历史个长河啦，一代代名人。

i⁵³ iə¹³ kə?⁵ i³³ ȵi³¹ , sɛ³⁵ kəu³⁵ tə?⁵ i⁵³ , ie³³ zɛ¹³ kə?⁵ kə?⁴ liə?² sɿ⁰ kə?⁵

zã³³əu³¹la³¹,iəʔ⁵dɛ¹³dɛ³¹miŋ³³ȵiŋ³¹。

这是有意义的,就好像,现在的这个历史长河,一代代名人就是一个缩影。

陈姐:啥人脑＝弗了解么,娜曼到黑＝塌去看看。侪有得介绍个,现在名人倒正式是应该讲个,个种有些ㄦ人介,小牢＝种侪弗晓得个呀。

sa⁵⁵ȵiŋ³¹nɔ¹³fəʔ⁵liə³¹tɕia³⁵məʔ²,na⁵³tɕia³⁵tɔ³⁵həʔ⁵tʰəʔ⁵tɕʰi³⁵kʰei³⁵kʰei⁵³。zɛ¹³iəɯ³¹dəʔ²tɕia³⁵zɔ³¹əʔ²,ie³³zɛ¹³miŋ³³ȵiŋ³¹tɔ⁵³tsəŋ⁵⁵səʔ⁵zʅ³³iŋ⁵⁵kɛ⁵⁵k ã³⁵əʔ²,kəʔ⁵tsoŋ⁵⁵iəɯ¹³ɕiŋ⁵³ȵiŋ³¹ka⁵³,ɕiɔ⁵³lɔ³¹tsoŋ⁵³zɛ¹³fəʔ⁵ɕiɔ⁵³təʔ⁵əʔ²ia³¹。

谁如果对我们当地的历史文化不了解的话,只要到那边去看看就能了解个大概。那都有介绍的,现在名人倒真的是应该讲讲的,特别是有些孩子,不知道这些历史的。

贤彪:是个是个,是应该同个个,下一代普及一下,个种名人个教育,海宁文化个教育。

zʅ¹³əʔ²zʅ¹³əʔ²,zʅ³³iŋ⁵⁵kɛ⁵⁵doŋ³¹kəʔ⁵kəʔ⁴,o¹³iəʔ⁵dɛ³¹pʰu³⁵dziəʔ²iəʔ⁵ɕia⁰,kəʔ⁵tsoŋ⁵⁵miŋ³³ȵiŋ³¹əʔ²tɕiɔ³⁵ioʔ²,hɛ⁵⁵ȵiŋ³³vəŋ³³ho⁵⁵əʔ²tɕiɔ³⁵ioʔ²。

是的是的,是应该跟下一代普及一下这种名人的教育,海宁文化的教育。

老许:海宁文化顶发达。

hɛ⁵⁵ȵiŋ³³vəŋ³³ho⁵⁵tiŋ³⁵faʔ⁵dəʔ²。

海宁的文化是最发达的。

陈姐:吾拉黑＝浪＝海宁,正式还是蛮了勿起,出介多名人哦,正式。

u⁵⁵la⁵³həʔ⁵lã³¹hɛ⁵⁵ȵiŋ³³,tsəŋ⁵⁵səʔ⁵ɛ³³zʅ¹³mɛ⁵⁵liɔ¹³vəʔ²tɕʰi⁵³,tsʰəʔ²ka³⁵təu⁵³miŋ³³ȵiŋ³¹o¹³,tsəŋ⁵⁵səʔ⁵。

　　我们海宁真的还是很了不起，出了那么多名人，真的是。

老许：那么，海宁除出海宁名人么，其他东西还多来呀，是哦？那么，
　　　像皮革城，噢，皮革城，大哩，全国各地侪来啊。

　　　nəʔ² məʔ² , hɛ⁵⁵ ȵiŋ³³ zɿ¹³ tsʰəʔ⁵ hɛ⁵⁵ ȵiŋ³³ miŋ³³ ȵiŋ³¹ məʔ² , dʑi³³ tʰa⁵⁵
　　　toŋ⁵⁵ ɕi⁵⁵ ɛ³³ təu⁵³ lɛ³¹ ia³¹ , zɿ¹³ vaʔ² ?　nəʔ² məʔ² , dʑiã¹³ bi³³ kəʔ⁵ zəŋ³¹
　　　ɔ³¹ , bi³³ kəʔ⁵ zəŋ³¹ , dəu¹³ lieʔ² , dʑie³³ koʔ⁵ koʔ⁵ di³¹ zɛ³³ lɛ³³ a³³ 。

　　　那么海宁除了海宁名人，其他东西也还多着呀，对不对？像皮
　　　革城，多大啊，全国各地的人都要来买的。

老许：讲起皮革城个个人晓得。

　　　kuã³⁵ tɕʰi⁵³ bi³³ kəʔ⁵ zəŋ³¹ kəɯ¹³ kəɯ³⁵ ȵiŋ³¹ ɕi³⁵ təʔ⁵ 。

　　　讲起皮革城，人人都知道的。

陈姐：还有钱江潮。

　　　ɛ¹³ iəu¹³ dʑie³³ kã⁵⁵ zɔ³¹ 。

　　　还有钱江潮。

老许：那么，看大潮，八月十八看大潮，中央电视台，连牢十来年来，
　　　拍电视哩。

　　　nəʔ² məʔ² , kʰei³⁵ dəu¹³ zɔ³¹ , paʔ⁵ ioʔ² zəʔ² paʔ⁵ kʰei³⁵ dəu¹³ zɔ³¹ , tsoŋ⁵⁵
　　　iã⁵⁵ die¹³ zɿ³¹ dɛ³¹ , lie¹³ lɔ³¹ zəʔ² lɛ³¹ ȵie³¹ lɛ³¹ , pʰaʔ⁵ die¹³ zɿ³¹ lie³¹ 。

　　　对，看大潮，阴历八月十八看大潮。中央电视台年年来拍的，
　　　连着来拍了有十来年了，拍电视。

陈姐：嗳，是个，正式叫人山人海。

　　　ɛ³¹ , zɿ¹³ əʔ² , tsəŋ⁵⁵ səʔ⁵ tɕiɔ³⁵ ȵiŋ³³ sɛ⁵³ ȵiŋ³³ hɛ⁵³ 。

　　　是的，看大潮真的是叫人山人海。

老许：嗳，是，是个是个，那⁼现在个条塘，修来几化好，对哦？吾拉以
　　　前老底子，小辰光个条塘是，赛过便点烂污泥，个种泥啊，侪是
　　　个个芦苇，那么上是水，"嗙"拍上来么，个个。

ε³¹ , z̩¹³ , z̩¹³ əʔ² z̩¹³ ə̃ʔ² , na¹³ ie³³ zε¹³ kəʔ⁵ diɔ³³ d ɑ̃³¹ , ɕiəu⁵⁵ lε¹³ tɕi⁵⁵ ho⁵⁵
hɔ⁵³ , te³⁵ vaʔ² ? u⁵⁵ la⁵³ i³³ ʑie³³ lɔ¹³ ti⁵⁵ ts̩⁵⁵ , ɕiɔ³⁵ zəŋ³³ ku ɑ̃⁵⁵ kəʔ⁵
diɔ³³ d ɑ̃³¹ z̩³¹ , sε³⁵ kəu³⁵ bie¹³ tie⁵³ lε³³ əu⁵⁵ ɲi³¹ , kəʔ⁵ tsoŋ⁵⁵ ɲi¹³ a³¹ ,
zε³³ z̩³¹ kəʔ⁵ kəʔ⁴ ləu¹³ uε¹³ , nəʔ² məʔ² zɑ̃¹³ z̩¹³ s̩⁵³ , bɑ̃³¹ pʰaʔ⁵ zɑ̃¹³ lε³¹
məʔ² , kəʔ⁵ kəʔ⁴ .

是的是的,现在这条塘修得多好啊,对不对? 我们过去,小时
候,这条塘,全是烂泥,长满了芦苇,潮水涌过来,这个烂泥塘
是很危险的。

陈姐:个种人啊,侪冲脱。

kəʔ⁵ tsoŋ⁵³ ɲiŋ¹³ a³¹ , zε¹³ tsʰoŋ⁵⁵ tʰəʔ⁵ .

把那些看潮的人啊,都冲走。

老许:两个人拉牢个芦苇,伊拉个拉勿牢么冲,冲到个下底去,蛮危
险个。嗳,那⁼现在国家难为几化钞票,拿个塘全部修好,对
哦? 做来几化好,外头么全部安全保安措施,也弄来蛮好,每
年看大潮出动几化精力,侪介来保护。

li ɑ̃¹³ kəʔ⁵ ɲiŋ¹³ la⁵⁵ lɔ³³ kəʔ⁵ ləu¹³ uε¹³ , i¹³ la³³ kəʔ⁵ la⁵⁵ fəʔ⁵ lɔ³¹ məʔ² tsʰoŋ⁵⁵ ,
tsʰoŋ⁵⁵ tɔ³⁵ kəʔ⁵ o¹³ ti⁵³ tɕʰi⁵³ , mε⁵³ uε¹³ ɕie⁵³ əʔ² 。ε³¹ , na¹¹ ie³³ zε¹³ koʔ⁵
tɕia⁵⁵ nε¹³ uε³³ tɕi⁵⁵ ho⁵⁵ tsʰɔ⁵³ pʰiɔ⁵³ , nε⁵⁵ kəʔ⁵ d ɑ̃¹³ zie¹³ bu¹³ səɯ⁵⁵ hɔ⁵⁵ ,
te³⁵ vaʔ² ? tsəɯ³⁵ lε³¹ tɕi⁵⁵ ho⁵⁵ hɔ⁵³ , ua³⁵ dəɯ³¹ məʔ² zie¹³ bu¹³ ε³³ dzie³³
pɔ⁵³ ε⁵³ tsʰəu⁵⁵ s̩³⁵ , a³¹ loŋ¹³ lε³¹ mε⁵⁵ hɔ⁵³ , mei³³ ɲie³¹ kʰei³⁵ dəu¹³ zɔ³¹
tsʰəʔ⁵ doŋ⁰ tɕi⁵⁵ ho⁵⁵ tɕiŋ⁵⁵ lieʔ² , zε¹³ ka³⁵ lε³¹ pɔ³⁵ əu³¹ 。

有的人拉着芦苇,拉不住的话,就被潮水冲下去,挺危险的。
现在国家花费很多钱,把这个塘全修好了,修得多好啊,外面
的保护措施也全都做好了,每年看大潮时还要花费大量的人
力、物力来保护人民群众的生命财产安全。

陈姐:嗯,是个。

eŋ³¹ , zʅ¹³ əʔ² 。

嗯,是的。

老许:嗳,那么,外头铁丝网纳ᵇ介侪拦好呀,对弗啦,一般开勿落去,
问题弗大。那么,有种个个,沿路个个乡下头么,侪喊个呀,潮
来哩,潮来哩,下底全部巡逻个,详怕㑆,有种弗懂介,登嘞下
底,冲掉嗳。

ɛ³¹ , nəʔ² məʔ² , ua³⁵ dɯɯ³¹ tʰieʔ⁵ sʅ⁵⁵ m ã³³ nieʔ² ka⁵³ zɛ¹³ lɛ¹³ hɔ⁵³ ia³¹ ,
tɛ³⁵ vəʔ² la³¹ , ieʔ⁵ pɛ⁵⁵ kʰɛ³⁵ vəʔ² loʔ² tɕʰi⁰ , nəŋ¹³ di³¹ fəʔ⁵ dɯɯ¹³ 。 nəʔ²
məʔ² , iɯɯ¹³ tsoŋ⁵³ kəʔ⁵ kəʔ⁴ , ie³³ lɯɯ¹³ kəʔ⁵ kəʔ⁴ ɕia ã⁵⁵ o³³ dɯɯ³¹ məʔ² ,
zɛ¹³ hɛ³⁵ əʔ² ia³¹ , zɔ¹³ lɛ¹³ li³¹ , zɔ¹³ lɛ¹³ li³¹ , o³⁵ ti⁵³ zie¹³ bu¹³ dʑiŋ³³ lɯɯ¹³
əʔ² , dʑi ã³³ pʰo⁵⁵ na⁵³ , iɯɯ¹³ tsoŋ⁵³ fəʔ⁵ toŋ³⁵ ka⁵³ , təŋ⁵⁵ ləʔ²o¹³ ti⁵³ ,
tsʰoŋ⁵⁵ diɔ¹³ɛ³¹ 。

现在外面的铁丝网也都拦好了,对不对,掉不下去了,问题
不大。还有那种沿路喊话的,潮来了,潮来了,全路段有巡
逻的,以防万一。有的观潮者不太懂潮水,站在下面,会被
冲掉的。

陈姐:潮水来哩,有个人,喊潮个人,伊叫喊潮人,噢,一只个种怪ᵇ喇
叭,骑氏一部电瓶车伊介,那ᵇ伊一面骑,一面个介喊,噢。

zɔ¹³ sʅ⁵³ lɛ¹³ li³¹ , iɯɯ¹³ kəʔ⁵ n̠iŋ¹³ , hɛ⁵⁵ zɔ¹³ kəʔ⁵ n̠iŋ¹³ , i¹³ tɕiɔ³⁵ hɛ⁵⁵ zɔ³¹
n̠iŋ³¹ , ɔ³¹ , ieʔ⁵ tsaʔ⁴ kəʔ⁵ tsoŋ⁵⁵ kua⁵³ la³³ ba³¹ , dʑi¹³ zʅ¹³ ieʔ⁵ bəu⁰ die¹³
biŋ¹³ tsʰo⁵³ li³¹ ka⁵³ , na¹¹ i⁵³ ieʔ⁵ mie¹³ dʑi¹³ , ieʔ⁵ mie¹³ kəʔ⁵ ka⁵³ hɛ³⁵ , ɔ³¹ 。

潮水来了,这时喊潮的人,叫喊潮人吧,手里拿了一只喇叭,骑
了一辆电瓶车,他一面骑,一面喊。

老许:顶大个,盐官么潮水个个一线潮,名气顶大是一线潮,笔直。

tiŋ⁵³ dəu¹³ əʔ² , ie³³ kuɛ³⁵ məʔ²zɔ¹³ sʅ⁵³ kəʔ⁵ kəʔ⁴ieʔ⁵ ɕie⁰ zɔ³¹ , miŋ³³
tɕʰi⁵⁵ tiŋ⁵³ dəu¹³ zʅ¹³ ieʔ⁵ ɕie⁰ zɔ³¹ , pieʔ⁵ zəʔ² 。

最大的潮，就是盐官的一线潮，名气也最大，笔直笔直的。

陈姐：还要去看回头潮哩嗳。

ε³³ iɔ⁵⁵ tɕʰi⁵³ kʰei³⁵ uε³³ dəɯ³³ zɔ³³ li³³ ε³¹。

还要去看回头潮。

老许：嗳，回头潮有辣⁼老盐仓，老盐仓，哦唷，老盐仓个潮头，是回过来是大来弗得了。

ε³¹, uε³³ də³³ zɔ³³ iəɯ¹³ laʔ² lɔ¹³ ie³³ tsʰã̃⁵⁵, lɔ¹³ ie³³ tsʰã̃⁵⁵, oʔ²ioʔ², lɔ¹³ ie³³ tsʰã̃⁵⁵ kəʔ⁵ zɔ³³ dəɯ³¹, zɿ¹³ uε³³ kəɯ⁵⁵ lε³³ zɿ³³ dəɯ¹³ lε³¹ fəʔ⁵ təʔ⁵ liə³¹。

对的，回头潮要到老盐仓去看，老盐仓的这个潮头是回过来的潮，大得不得了。

陈姐：个回头潮是实际浪⁼是顶好看。

kəʔ⁵ uε³³ də³³ zɔ³³ zɿ³¹ zəʔ² tɕi³⁵ lã̃³³ zɿ³³ tiŋ⁵³ hɔ³⁵ kʰei³⁵。

实际上回头潮是最好看的。

老许：嗳，对对对，九九年，上次拍过哩呀，总归六月份辰光，嗳，大得不得了，"嘭"冲上来。

ε³¹, tε³⁵ tε³⁵ tε³⁵, tɕiəɯ⁵⁵ tɕiəɯ⁵⁵ ȵie³¹, zã̃³³ tsʰɿ⁵³ pʰaʔ⁵ kəɯ⁰li³¹ ia³¹, tsoŋ⁵³ kuε⁵³ loʔ²ioʔ² vəŋ³¹ zəŋ³³ kuã̃⁵⁵, ε³¹, dəɯ¹³ təʔ⁵ pəʔ⁵ təʔ⁵ liə³¹, bã̃³¹ tsʰoŋ⁵⁵ zã̃³³ lε³¹。

对对对，1999 年那次拍过片子的，一般就在六月份的时候，大得不得了，"嘭"一下就冲上来。

陈姐：拆烂污啊。

tsʰaʔ⁵ lε³³ əu³¹ a³¹。

要闯祸的啊。

老许：嗳，后首，后首关脱一年，大概，个只个两只，铁丝网全部冲掉啊，所以之，个海宁个潮，是蛮有名气个，噢。

ε³¹, əɯ¹³ səɯ⁵³, əɯ¹³ səɯ⁵³ kuε³⁵ tʰəʔ⁵ieʔ⁵ ȵie³¹, da³³ kε⁵³, kəʔ⁵ tsaʔ⁵

kəʔ⁵ liɑ̃¹³ tsaʔ⁵ , tʰieʔ⁵ sɿ⁵⁵ mɑ̃³¹ zie¹³ bu¹³ tsʰoŋ⁵⁵ diə³³ a³¹ , su⁵³ i³¹ tsɿ⁵³ , kəʔ⁵ hɛ⁵⁵ ȵiŋ³³ kəʔ⁵ zɔ¹³ , zɿ³¹ mɛ⁵⁵ iəu³³ miŋ³³ tɕʰi⁵⁵ əʔ² , ɔ³¹ 。

后来关了一年,那些铁丝网也全都被冲掉,所以,海宁的潮是很有名气的。

贤彪:看来是海宁,所有个文化发源地,还有个潮文化啦。

kʰei⁵⁵ lɛ³¹ zɿ³³ hɛ⁵⁵ ȵiŋ³³ , su³⁵ iə¹³ əʔ² vəŋ³³ hua³⁵ faʔ⁵ ȵie³³ di³³ , ɛ¹³ iəu¹³ kəʔ⁵ zɔ³³ vəŋ³³ ho⁵⁵ la³¹ 。

看来,这潮文化应该是海宁所有文化的发源处。

老许:对对对。

tɛ³⁵ tɛ³⁵ tɛ³⁵ 。

对对对。

第六章　口头文化

一、歌　谣

蜜蜂叮癞痢

蜜蜂叮癞痢，   mieʔ² foŋ⁵⁵ tiŋ⁵⁵ ləʔ² li³³，

癞痢掮枪，掮：扛   ləʔ² li³³ dʑie³³ tɕʰia̰⁵⁵，

枪打老虎，   tɕʰia̰⁵⁵ ta̰⁵⁵ lɔ¹³ fu⁰，

老虎吃人，   lɔ¹³ fu⁰ tɕʰieʔ⁵ n̠iŋ¹³，

人捉蜜蜂。   n̠iŋ¹³ tsoʔ⁵ mieʔ² foŋ⁵⁵。

蜜蜂叮癞痢，   mieʔ² foŋ⁵⁵ tiŋ⁵⁵ ləʔ² li³³，

癞痢掮枪，   ləʔ² li³³ dʑie³³ tɕʰia̰⁵⁵，

枪打老虎，   tɕʰia̰⁵⁵ ta̰⁵⁵ lɔ¹³ fu⁰，

老虎吃人，   lɔ¹³ fu⁰ tɕʰieʔ⁵ n̠iŋ¹³，

人捉蜜蜂。   n̠iŋ¹³ tsoʔ⁵ mieʔ² foŋ⁵⁵。

落雨哩

落雨哩，打烊哩，哩:了。打烊:　　loʔ² y⁵⁵ li³³ , tɑ̃⁵⁵ iɑ̃⁵⁵ li⁵³ ,
商店关门

小百辣ᵈ子开会哩。小百辣ᵈ　　ɕiɔ⁵⁵ pəʔ⁵ laʔ² tsɿ⁵⁵ kʰɛ⁵³ ue¹³ li³¹ 。
子:小老百姓

新剃头

新剃头，癞痢头，　　ɕiŋ³⁵ tʰi⁵³ dɯ⁰ , ləʔ² li³³ dɯ³³ ,

弗敲三记触霉头。触霉头:　　fəʔ⁵ kʰɔ⁵³ sɛ⁵⁵ tɕi⁵⁵ tsʰoʔ⁵ mei³³ dɯ³³ 。
倒霉

笃笃笃

笃笃笃，卖糖粥，　　toʔ⁵ toʔ⁵ toʔ⁵ , ma¹³ dɑ̃³³ tsoʔ⁵ ,

三斤葡萄四斤壳，葡萄:大核桃　　sɛ⁵⁵ tɕiŋ⁵³ bəu³³ dɔ³³ sɿ⁵⁵ tɕiŋ⁵³ kʰoʔ⁵ ,

吃傧个肉，傧:你　　tɕieʔ⁵ nəu⁵⁵ gəʔ² n̻ioʔ² ,

还傧个壳。　　ue³³ nəu⁵⁵ gəʔ² kʰoʔ⁵ 。

癞鸦哇哇叫

癞鸦哇哇叫，癞鸦:乌鸦　　la³³ o⁵³ ua⁵⁵ ua⁵³ tɕiɔ³⁵ ,

蛐蟮两头跳。蛐蟮:蚯蚓　　tɕʰioʔ⁵ zɛ³³ liɑ̃¹³ dɯ³³ tʰiɔ³⁵ 。

大块头

大块头，无清头，大块头:胖子。　　dəu³³ kʰuɛ³⁵ dɯ³¹ , m³³ tɕʰiŋ⁵⁵ dɯ³³ ,
无清头:不会动脑子

吃饭吃哩三钵头，　　　　　tɕʰieʔ⁵ vɛ³¹ tɕʰieʔ⁵ li³¹ sɛ³⁵ pəʔ⁵ dəɯ³¹，

射涴射拉⁼门口头。射涴:排　　za¹³ u³¹ za¹³ la³¹ məŋ³³ kʰəɯ⁵⁵ dəɯ³³。

　　泄大便。拉⁼:在

（以上 2017 年 7 月 6 日，海宁，发音人：许伟平）

新娘子

新娘子，摆架子，　　　　　ɕiŋ⁵⁵ n̠iã⁵⁵ tsɿ⁵⁵，pa⁵⁵ ka³⁵ tsɿ⁵³，

一摆摆到屠甸寺，屠甸寺:地名　ieʔ⁵ pa⁵⁵ pa⁵⁵ tɔ⁵³ dəɯ³³ die³³ zɿ³³，

吃哩两只冷粽子，　　　　　tɕʰieʔ⁵ li³¹ liã¹³ tsaʔ⁵ lã¹³ tsoŋ⁵⁵ tsɿ⁰，

吃哩射哩一裤子。射:排泄　　tɕʰieʔ⁵ li³¹ za¹³ li³¹ ieʔ⁵ kʰəɯ⁵³ tsɿ⁰。

（2017 年 7 月 8 日，海宁，发音人：陈韵超）

坐要坐相

坐要坐相，　　　　　　　　zəu¹³ iɔ⁵⁵ zəu¹³ ɕiã⁰，

立要立相，　　　　　　　　lieʔ² iɔ⁵⁵ lieʔ² ɕiã⁰，

三铞买只夜壶要摆相。　　　sɛ⁵⁵ die³¹ ma¹³ tsaʔ⁵ ia⁵⁵ əu³¹ iɔ⁵⁵ pa³⁵ ɕiã⁰。

　　三铞:三个铜板，形容便宜。摆相:

　　摆放的样子

吃点着点

吃点着点，着:穿着　　　　　tɕʰieʔ⁵ tieʔ⁵ tsaʔ⁵ tieʔ⁵，

棺材薄点，　　　　　　　　kue⁵⁵ zɛ³³ boʔ² tieʔ⁵，

弗吃弗着，　　　　　　　　fəʔ⁵ tɕʰieʔ⁵ fəʔ⁵ tsaʔ⁵，

蒲包一只。蒲包:草包,喻傻瓜　　bəu³³ pɔ⁵⁵ ieʔ⁵ tsaʔ⁵。

三个和尚

一个和尚挑水吃，　　　　　ieʔ⁵kəʔ⁵əu³³zã̃³¹tʰiɔ⁵³sʅ⁵⁵tɕʰieʔ⁵，

两个和尚抬水吃，　　　　　liã̃¹³kəʔ⁵əu³³zã̃³¹dɛ³³sʅ⁵⁵tɕʰieʔ⁵，

三个和尚无水吃。　　　　　sɛ³⁵kəʔ⁵əu³³zã̃³¹ŋ³³sʅ⁵³tɕʰieʔ⁵。

　　　　　　　（以上 2017 年 7 月 6 日,海宁,发音人:许伟平）

鸡朵⁼朵⁼

鸡朵⁼朵⁼，朵⁼朵⁼:象声词,呼　tɕi⁵⁵tɔ⁵⁵tɔ⁵⁵，

　　鸡声

毛朵⁼朵⁼，　　　　　　　　mɔ³³tɔ⁵⁵tɔ⁵⁵，

共⁼共⁼飞起。共⁼共⁼:象声词　goŋ³³goŋ³³fi⁵³tɕʰi⁰。

　　　　　　　（2017 年 7 月 8 日,海宁,发音人:陈韵超）

末吃端午粽

末吃端午粽，　　　　　　　vi¹³tɕʰiaʔ⁵tɛ⁵⁵ŋ⁵⁵tsoŋ⁵³，

夏衣弗可送。　　　　　　　o³⁵i⁵³fəʔ⁵kʰo³⁵soŋ³⁵。

吃哩端午粽，　　　　　　　tɕʰiaʔ⁵li³¹tɛ⁵⁵ŋ⁵⁵tsoŋ⁵³，

还要冻三冻。　　　　　　　ɛ³³iɔ⁵³toŋ³⁵sɛ⁵³toŋ⁵³。

　　　　　　　（2017 年 7 月 6 日,海宁,发音人:许伟平）

摇啊摇

摇啊摇，　　　　　　　　　iɔ¹³a³¹iɔ¹³，

摇到外婆桥，　　　　　　　iɔ¹³tɔ⁵⁵a³³bəu³¹dʑiɔ¹³，

外婆叫吾好宝宝，　　　　　a³³bəu³¹tɕiɔ³⁵u⁵³hɔ⁵³pɔ⁵³pɔ⁰，

娘舅教吾开大炮，　　　　　ɲiã̃³³dʑiəu³³kɔ³⁵u⁵³kʰɛ⁵⁵da¹³pʰɔ⁵³，

一开开到周王庙，　　　　　　　ie?⁵ kʰɛ⁵³ kʰɛ⁵⁵ tɔ⁵³ tsəɯ⁵⁵ uɑ̃⁵⁵ miɔ⁵⁵，

撰牢两梗萝卜条，撰牢:捡到　　　zei¹³ lɔ³³ liɑ̃¹³ kɑ̃⁵⁵ lo³³ bo³¹ diɛ³¹，

俫一梗，吾一梗，　　　　　　　nəɯ³⁵ ie?⁵ kɑ̃⁵³，u⁵⁵ ie?⁵ kɑ̃⁵³，

吃哩哈哈笑。　　　　　　　　　tɕʰia?⁵ li³⁵ ha⁵⁵ ha⁵⁵ ɕiɔ³⁵。

（2017 年 7 月 8 日，海宁，发音人:陈韵超）

二、谚　语

1. 天浪＝跑马云，跑马云:碎积云　　　tʰie⁵⁵ lɑ̃³¹ bɔ³³ mo³³ iŋ³³，
   地浪＝雨淋淋。　　　　　　　di¹³ lɑ̃³¹ i³⁵ liŋ³³ liŋ³³。

2. 日里白讲，日里:白天　　　　　ɲie?² li⁰ ba?² kɑ̃⁰，
   夜里黑讲。黑讲:瞎说，"黑"谐"瞎"　　ia³⁵ li⁵³ hə?⁵ kɑ̃⁰。

3. 牙子痛弗是病，　　　　　　　a³³ tsɿ⁵⁵ tʰoŋ⁵⁵ fə?⁵ zɿ³³ biŋ¹³，
   痛煞无人问。痛煞:痛死　　　　tʰoŋ³⁵ sə?⁵ m³³ ɲiŋ³³ məŋ¹³。

4. 见人讲人话，　　　　　　　　tɕie³⁵ ɲiŋ³¹ kɑ̃⁵⁵ ɲiŋ³³ o¹³，
   见鬼讲鬼话。　　　　　　　　tɕie³⁵ tɕi⁵³ kɑ̃⁵⁵ tɕi⁵³ o⁰。

5. 饭店门底摆粥摊，　　　　　　vɛ³³ tie³⁵ məŋ³¹ ti⁵³ pa⁵⁵ tso?⁵ tʰɛ⁵⁵，
   关公门前施大刀。　　　　　　kuɛ⁵⁵ koŋ⁵⁵ məŋ³¹ dzie³¹ sɿ⁵⁵ dəu³³ tɔ⁵³。

6. 缄信缄辣＝木桴浪＝。形容极　　kɛ⁵⁵ ɕiŋ³⁵ kɛ⁵⁵ la?² mo?² ba³³ lɑ̃³³。
   慢。缄信:寄信。木桴:木筏

7. 临时上轿穿耳朵。穿耳朵:打　liŋ³³ zɿ³¹ zɑ̃¹³ dzie³¹ tsʰɛ⁵⁵ ɲi⁵³ təu⁰。
   耳洞戴耳环

8. 生米煮成熟饭，　　　　　　　sɑ̃⁵⁵ mi⁵⁵ tsɿ⁵⁵ zəŋ³¹ zo?² vɛ⁰，
   木头做做舢板。　　　　　　　mo?² dəu³¹ tsəu³⁵ tsəu⁵³ sɛ⁵⁵ pɛ⁵⁵。

9. 早来勤今＝夜来忙。勤今＝:　tsɔ⁵⁵ lei³³ dziŋ³³ tɕiŋ⁵⁵ ia¹³ lei⁵⁵ moŋ³¹。
   勤快

10. 脚踏西瓜皮，_{踏:踩}　　　　　tɕiaʔ⁵ dəʔ² ɕi⁵⁵ ko⁵⁵ bi³³，

　　滑到阿⁼里是阿⁼里。　　　　uaʔ² tɔ⁵⁵ a³³ li³³ zɿ³³ a³³ li³³。

　　　　阿⁼里:何处

11. 茅坑越淘越臭，　　　　　mɔ³³ kʰã⁵⁵ ioʔ² dɔ¹³ ioʔ² tsʰəɯ³⁵，

　　茶壶弗汰弗馊。_{汰:洗}　　zo³³ əɯ³¹ fəʔ⁵ da³¹ fəʔ⁵ səɯ⁵⁵。

12. 送佛送到西天浪⁼，　　　soŋ³⁵ vəʔ² soŋ³⁵ tɔ⁵³ ɕi⁵⁵ tʰie⁵⁵ lã⁵⁵，

　　摆渡摆到江边浪⁼。　　pa³⁵ dəɯ³¹ pa⁵³ tɔ⁵⁵ kã⁵⁵ pie⁵⁵ lã⁵⁵。

13. 小来苦弗叫苦，_{小来苦:年轻时}　ɕiɔ⁵⁵ lei³³ kʰəɯ⁵³ fəʔ⁵ tɕiɔ⁵³ kʰəɯ⁵³，
　　　　　　　　受苦

　　老来苦真叫苦。　　　lɔ¹³ lei³³ kʰəɯ⁵³ tsəŋ⁵⁵ tɕiɔ⁵⁵ kʰəɯ⁵⁵。

14. 毛头姑娘十八变，_{毛头姑娘:}　mɔ³³ dəɯ³¹ kəɯ⁵⁵ ȵiã³¹ zəʔ² paʔ⁵ pie⁵⁵，
　　　　小姑娘

　　临时上轿变三变。_{临时上轿:}　liŋ³³ zɿ³¹ zã³¹ dʑiɔ³¹ pie³⁵ sɛ⁵⁵ pie⁵⁵。
　　　　临上轿出嫁时

15. 前脚走进敲前脚，_{敲:打}　ʑie¹³ tɕiaʔ⁵ tsəɯ³⁵ tɕiŋ⁵³ kʰɔ⁵³ dʑie¹³ tɕiaʔ⁵，

　　后脚走进敲后脚。　　əɯ¹³ tɕiaʔ⁵ tsəɯ³⁵ tɕiŋ⁵³ kʰɔ⁵³ əɯ¹³ tɕiaʔ⁵。

　　　　　　　　　（2017 年 7 月 1 日，海宁，发音人:夏忠杰）

三、歇后语

1. 螺蛳壳里做道场　　　lu³³ sɿ⁵⁵ kʰoʔ⁵ li⁰ tsəɯ³⁵ dɔ³³ zã³³

　　——狭窄来要死　　　——aʔ² tsaʔ⁵ lɛ³³ iɔ³⁵ ɕi⁵³

2. 驼子上高轿　　　　du³³ tsɿ⁵³ zã³³ kɔ⁵⁵ dʑiɔ³³

　　——两头弗着实　　　——liã¹³ dəɯ³¹ fəʔ⁵ zaʔ² zəʔ⁰

3. 肉包子打狗   ȵioʔ² pɔ⁵⁵ tsɿ⁵⁵ tã⁵³ kəɯ⁵³

  ——有去无回   ——iəu⁵⁵ tɕhi⁵³ u³³ ue¹³

（以上 2017 年 7 月 1 日，海宁，发音人：夏忠杰）

4. 瞎子吃馄饨   haʔ⁵ tsɿ⁰ tɕhieʔ⁵ veŋ³³ deŋ³³

  ——心里有数   ——ɕiŋ⁵⁵ li⁵³ iəu³³ su⁵³

5. 膝壳头牢＝打瞌睏膝壳头：膝   ɕieʔ⁵ kho ʔ⁵ dəɯ³³ lɔ³³ tã⁵⁵ khəʔ⁵ tshoŋ⁵³
  盖。打瞌睏：打瞌睡

  ——自靠自   ——zɿ³³ khɔ⁵³ zɿ¹³

6. 蟑螂配灶鸡   tsã⁵⁵ lã⁵⁵ phɛ³⁵ tsɔ³⁵ tɕi⁵³

  ——一对好夫妻   ——ieʔ⁵ tei⁵³ hɔ⁵⁵ fu⁵⁵ tɕhi⁵⁵

7. 棺材里伸手   kue⁵⁵ zɛ³³ li⁵⁵ səŋ⁵⁵ səɯ⁵³

  ——死要铜钿   ——ɕi³⁵ iɔ⁵³ doŋ³³ die³³

  铜钿：钱

8. 竹篮子打水   tsoʔ⁵ lɛ³³ tsɿ⁵³ tã⁵⁵ sɿ⁰

  ——一场空   ——ieʔ⁵ zã³³ khoŋ⁵⁵

9. 太湖里搅马桶搅马桶：刷马桶   tha⁵⁵ u³³ li⁰ dʑiɔ³³ mo⁵⁵ doŋ⁰

  ——野豁豁野豁豁：不着边际   ——ia¹³ huaʔ⁵ huaʔ⁵

10. 瘌痢头儿子   ləʔ² li³³ dəɯ³³ ŋ³³ tsɿ⁵⁵

  ——自家好   ——zɿ³³ ka⁵³ hɔ⁰

11. 和尚打伞   u³³ zã³¹ tã⁵⁵ sɛ³⁵

  ——无法无天   ——u³³ faʔ⁵ u³³ thie⁰

12. 南瓜生牢＝薹里生牢＝薹里：长   nei³³ ko⁵⁵ sã⁵⁵ lɔ³³ bã³³ li³¹
  在薹里

  ——拿弗出   ——no⁵⁵ fəʔ⁵ tshəʔ⁰

13. 茶馆店搬家   zo³³ kuɛ⁵³ tie⁰ pɛ⁵⁵ kã⁵⁵

  ——另起炉灶   ——liŋ³³ tɕhi⁵³ lu³³ tsɔ⁵⁵

14. 韭菜面孔　　　　　　　　tɕiəu³⁵ tsʰɛ⁵³ mie³³ kʰoŋ⁵³

　　——一拌就熟　　　　　　——ieʔ⁵ bei⁰ dʑiəu³³ zoʔ²

15. 哮徒吃酱蟹哮徒:患哮喘的人　hɔ⁵⁵ du³¹ tɕʰieʔ⁵ tɕia⁵⁵ ha⁵³

　　——只只好　　　　　　　——tsaʔ⁵ tsaʔ⁵ hɔ⁵³

16. 独眼龙打鸟　　　　　　　doʔ² ɛ³ loŋ³¹ tã⁵³ tiɔ⁵³

　　——瞄得准　　　　　　　——miɔ³³ təʔ⁵ tsəŋ⁵³

（以上 2017 年 7 月 6 日,海宁,发音人:许伟平）

四、谜 语

1. 咪咪细细细咪咪,　　　　　mi⁵⁵ mi⁵⁵ ɕi⁵⁵ ɕi⁵³ ɕi³⁵ mi⁵³ mi⁵³,

　弗生翼肌会得飞。　　　　　fəʔ⁵ sã⁵⁵ ieʔ² tɕi³⁵ ue¹³ təʔ⁵ fi⁵⁵。

　翼肌:翅膀。会得:会

　　　　——灰尘　　　　　　—— hue⁵⁵ zəŋ⁵⁵

（2017 年 7 月 6 日,海宁,发音人:许伟平）

五、顺口溜

白脚白鼻头白猫

吾拉屋里养哩,　　　　　　u³⁵ la⁵³ oʔ⁵ li³¹ iã³⁵ li³³,

一只白脚白鼻头白猫,　　　ieʔ⁴ tsaʔ⁵ baʔ² tɕiaʔ⁵ baʔ² bəʔ² dəɯ³¹ baʔ² mɔ³³,

隔壁白家白伯伯拉,　　　　kəʔ⁵ pieʔ⁴ baʔ² ka⁵³ baʔ² paʔ⁵ paʔ⁴ la³³,

也养哩一只白脚白鼻头　　a¹³ iã³⁵ li³³ ieʔ⁴ tsaʔ⁵ baʔ² tɕiaʔ⁵ baʔ² bəʔ² dəɯ³¹

　白猫,　　　　　　　　　baʔ² mɔ³³,

有卯吾拉屋里个只白脚白
　鼻头白猫，

iəu¹³ mɔ³¹ u³⁵ la⁵³ oʔ⁵ li³¹ kəʔ⁵ tsaʔ⁴ baʔ² tɕiaʔ⁵
　　baʔ² bəʔ² dəɯ³¹ baʔ² mɔ³³ ，

同隔壁白家白伯伯拉，

doŋ³¹ kəʔ⁵ pieʔ⁴ baʔ² ka⁵³ baʔ² paʔ⁵ paʔ⁴ la³³ ，

个只白脚白鼻头白猫打
　相打，

kəʔ⁴ tsaʔ⁵ baʔ² tɕiaʔ⁵ baʔ² bəʔ² dəɯ³¹
　　baʔ² mɔ³³ tɑ̃⁵³ ɕiɑ̃⁵⁵ tɑ̃⁵⁵ ，

吾拉屋里个只白脚白鼻头
　白猫，

u³⁵ la⁵³ oʔ⁵ li³¹ kəʔ⁵ tsaʔ⁴ baʔ² tɕiaʔ⁵ baʔ² bəʔ²
　　dəɯ³¹ baʔ² mɔ³³ ，

拿隔壁白家白伯伯拉，

no⁵³ kəʔ⁵ pieʔ⁴ baʔ² ka⁵³ baʔ² paʔ⁵ paʔ⁴ la³³ ，

个只白脚白鼻头白猫打
　煞哩，

kəʔ⁴ tsaʔ⁵ baʔ² tɕiaʔ⁵ baʔ² bəʔ² dəɯ³¹
　　baʔ² mɔ³³ tɑ̃⁵⁵ səʔ⁵ li³⁵ ，

吾拉只好用吾拉屋里个只
　白脚白鼻头白猫，

u³⁵ la⁵³ tsəʔ⁵ hɔ⁵⁵ ioŋ¹³ u⁵³ la⁵⁵ oʔ⁵ li³¹ kəʔ⁵ tsaʔ⁴
　　baʔ² tɕiaʔ⁵ baʔ² bəʔ² dəɯ³¹ baʔ² mɔ³³ ，

赔拨 辣= 隔壁白家白伯
　伯拉，

bei¹³ pəʔ⁵ la³¹ kəʔ⁵ pieʔ⁴ baʔ² ka⁵³ baʔ² paʔ⁵
　　paʔ⁴ la³³ ，

个只白脚白鼻头白猫，

kəʔ⁴ tsaʔ⁵ baʔ² tɕiaʔ⁵ baʔ² bəʔ² dəɯ³¹ baʔ² mɔ³³ ，

吾拉白白叫养哩一只白脚
　白鼻头白猫。

u³⁵ la⁵³ baʔ² baʔ² tɕiɔ⁵³ iɑ̃³⁵ li³³ ieʔ⁴ tsaʔ⁵ baʔ²
　　tɕiaʔ⁵ baʔ² bəʔ² dəɯ³¹ baʔ² mɔ³³ 。

从前有个白先生

从前有个白先生，　　　　zoŋ³³ ʑie³³ iəu¹³ kəʔ⁵ baʔ² ɕie³⁵ sɑ̃⁵³ ，
日日睏到八点钟，　　　　ȵieʔ⁴ ȵieʔ⁵ kʰuaŋ⁵⁵ tɔ⁵³ paʔ⁵ tie³⁵ tsoŋ⁵³ ，
跑到白家埭，　　　　　　bɔ¹³ tɔ⁵³ baʔ² ka³⁵ dɑ̃³¹ ，
吃哩一碗八宝饭，　　　　tɕʰiaʔ⁵ li³³ ieʔ⁵ ue⁵³ paʔ⁵ pɔ³⁵ vɛ⁵³ ，
铜钿付哩，　　　　　　　doŋ³³ die³¹ fu⁵⁵ li³¹ ，

八十八块八角八分八厘　　pa$ʔ^5$ zə$ʔ^2$ pa$ʔ^5$ k^{h}ue^{35} pa$ʔ^5$ ko$ʔ^5$ pa$ʔ^5$ fəŋ^{55} pa$ʔ^5$

八毫。　　　　　　　　　　li^{31} pa$ʔ^5$ ɔ^{31}。

（以上 2017 年 7 月 6 日，海宁，发音人：许伟平）

阿大阿大

阿大阿大，　　　　　　　a$ʔ^5$ dəu^{13} a$ʔ^5$ dəu^0，

摇船摆渡，　　　　　　　iɔ^{33} zɛ^{33} pa^{55} dəu^0，

摆到对过，　　　　　　　pa^{55} tɔ^{55} tei^{35} kəu^{53}；

撰牢一粒白果，　　　　　zɛ^{13} lɔ^{31} ieʔ^4 lieʔ^5 ba$ʔ^2$ kəu^0，

吃哩心里难过。　　　　　tɕ^{h}ia$ʔ^5$ li^{33} ɕiŋ^{55} li^{33} nɛ^{33} kəu^{55}。

阿二阿二

阿二阿二，　　　　　　　a$ʔ^5$ ȵi^0 a$ʔ^5$ ȵi^0，

罱河泥，　　　　　　　　ȵiɛ^{13} u^{33} ȵi^{33}，

罱牢一件破麻衣，　　　　ȵiɛ^{13} lɔ^{31} ieʔ^5 dzie^{31} p^{h}u^{35} mo^{31} i^{31}，

着哩同癫痫拜天地。　　　tsa$ʔ^5$ li^0 doŋ^{13} la$ʔ^2$ li^{33} pa^{55} t^{h}ie^{55} di^{33}。

阿三阿三

阿三阿三，　　　　　　　a$ʔ^5$ sɛ^{55} a$ʔ^5$ sɛ^{55}，

掼过西山，　　　　　　　guɛ^{13} kəu^{53} ɕi^{55} sɛ^{55}，

撰牢一块毛竹爿，　　　　zɛ^{13} lɔ^{31} lieʔ^5 k^{h}ue^{35} mɔ^{33} tsoʔ^5 bɛ^0，

叫俉娘舅劈只讨饭篮，　　tɕiɔ^{35} na^{53} ȵiã̃^{33} dziəu^{13} p^{h}ieʔ^5 tsa$ʔ^4$ t^{h}ɔ^{53}

　　　　　　　　　　　　vɛ^{31} lɛ^{31}，

东讨点白米饭，　　　　　toŋ^{55} t^{h}ɔ^{53} tieʔ^5 ba$ʔ^2$ mi^{31} vɛ^{31}，

西讨点糯米饭，　　　　　ɕi^{55} t^{h}ɔ^{53} tieʔ^5 loŋ^{33} mi^{31} vɛ^{31}，

登来桥牢＝摆羹饭，　　　　　　təŋ⁵⁵ lɛ³³ dʑiɔ³³ lɔ³³ pa⁵⁵ kã⁵⁵ vɛ³³，

猫也来，狗也来，　　　　　　　mɔ¹³ a³³ lɛ³³，kei⁵³ a³³ lɛ³¹，

吓到个阿三哭拉来。　　　　　　haʔ⁵ tɔ⁵⁵ kəʔ⁵ aʔ⁵ sɛ⁵⁵ kʰoʔ⁵ la³³ lɛ³¹。

阿四阿四

阿四阿四，　　　　　　　　　　aʔ⁵ sɿ⁵³ aʔ⁵ sɿ⁰，

登来桥牢＝射尿，_{登来桥牢＝：}　təŋ⁵⁵ lɛ³³ dʑiɔ³³ lɔ¹³ za³³ sɿ⁵⁵，

<small>站在桥上</small>

翻来河里变只癞司。_{癞司：}　fɛ⁵⁵ lɛ⁵⁵ u³³ li¹³ pie⁵⁵ tsaʔ⁵ la¹³ sɿ⁵³。

<small>癞蛤蟆</small>

搭襻鞋子红洋袜

搭襻鞋子红洋袜，　　　　　　taʔ⁵ pʰɛ¹³ a³³ tsɿ⁵³ oŋ³³ iã¹³ maʔ²，

开会坐来第一排，　　　　　　kʰɛ⁵⁵ ue¹³ zəu³³ lɛ³³ di¹³ ieʔ⁵ ba⁰，

积极分子评勿着，　　　　　　tɕieʔ⁴ dʑieʔ⁵ vəŋ³³ tsɿ⁵⁵ biŋ¹³ vəʔ² zaʔ²，

回到屋里气煞快。　　　　　　ue¹³ tɔ⁵³ oʔ⁵ li³³ tɕʰi³⁵ saʔ⁵ kʰua⁰。

三三三

三三三，　　　　　　　　　　sɛ⁵⁵ sɛ⁵³ sɛ⁵⁵，

山老＝一个木头人，　　　　　sɛ⁵⁵ lɔ⁵⁵ ieʔ⁴ kəʔ⁵ moʔ² dəɯ³³ ɲiŋ³³，

弗准动，弗准笑，　　　　　　fəʔ⁵ tsəŋ⁵⁵ doŋ³¹，fəʔ⁵ tsəŋ⁵⁵ ɕiɔ³⁵，

一二三。　　　　　　　　　　ieʔ⁵ əɯ⁵³ sɛ⁵³。

送盲送到西北角

送盲送到西北角，　　　　　　soŋ³⁵ mã¹³ soŋ³⁵ tɔ⁵³ ɕi⁵⁵ poʔ⁵ koʔ⁴，

撰牢一只老菱壳，　　　　　　zɛ¹³ lɔ³³ ieʔ⁴ tsaʔ⁵ lɔ¹³ liŋ³³ kʰoʔ⁵，

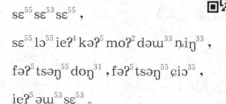

侬吃肉，我吃壳，　　　　　nəɯ⁵⁵tɕʰiaʔ⁵n̟ioʔ²，u⁵⁵tɕʰiaʔ⁴kʰoʔ⁵，

吃哩就来捉。　　　　　　　tɕʰiaʔ⁵li³¹dʑiəɯ¹³lɛ³¹tsoʔ⁵。

西北风一发

西北风一发，　　　　　　　ɕi³⁵poʔ⁵foŋ⁰ieʔ⁴faʔ⁵，

懒惰娘娘趱脚，趱脚：用力蹬脚　lɛ¹³dəu³¹n̟ia̠³³n̟ia̠³¹zaʔ⁴tɕiaʔ⁵，

箱子一拍，　　　　　　　　ɕia̠⁵⁵tsɿ⁵⁵ieʔ⁴pʰaʔ⁵，

还好今年棉袄无不拆。　　　ue¹³hɔ⁵³tɕiŋ⁵⁵n̟ie³³mie¹³ɔ³¹m̩³³pəʔ⁵tsʰaʔ⁵。

（以上 2017 年 7 月 8 日，海宁，发音人：陈韵超）

六、口　彩

1. 福如东海长流水，　　　foʔ⁵zɿ³¹toŋ⁵⁵hɛ⁵⁵za̠³³ləɯ⁵³sɿ⁵³，

　寿比南山弗老松。　　　zəɯ³¹pi⁵³nei³³sɛ⁵³fəʔ⁵lɔ¹³soŋ⁵³。

2. 早养儿子早得福。　　　tsɔ³⁵ia̠³¹ŋ̍³³tsɿ⁵⁵tsɔ⁵⁵təʔ⁵foʔ⁵。

（2017 年 7 月 6 日，海宁，发音人：许伟平）

七、吆　喝

1. 棒冰吃哦，　　　　　　bɑ̃³³piŋ⁵⁵tɕʰieʔ⁵vaʔ²，

　雪糕吃哦，　　　　　　ɕieʔ⁵kɔ⁵⁵tɕʰieʔ⁵vaʔ²，

　棒冰两分，　　　　　　bɑ̃³³piŋ⁵⁵lia̠³³feŋ⁵³，

　雪糕三分。　　　　　　ɕieʔ⁵kɔ⁵⁵sɛ⁵⁵feŋ⁵³。

（2017 年 7 月 6 日，海宁，发音人：许伟平）

八、故　事

牛郎和织女

老早辰光,有个小伙子,爷娘侪死脱哩,独吊吊哎孤苦伶仃,屋里向呢便得一只老牛,侪家叫伊牛郎。牛郎呢,靠个只老牛耕田为生,同老牛呢相依为命。个只老牛,其实是天浪⁼个金牛星。伊呢蛮喜欢牛郎哎勤劳肯做,所以呢想帮伊成个家。

lɔ¹³tsɔ⁵³zəŋ³³kuɑ̃⁰ , iəu¹³gəʔ²ɕiɔ⁵⁵fu⁵⁵tsɿ⁰ , ia³³n̠ia³¹zei³¹ɕi⁵⁵tʰəʔ⁵li⁰ , doʔ²tiɔ⁵⁵tiɔ⁵⁵ɛ⁵⁵kəu⁵⁵kʰəu⁵³liŋ³³tiŋ⁵⁵ , oʔ⁵li³³ɕiɑ̃⁵³nie⁰bie¹³təʔ⁵ieʔ⁵tsaʔ⁵lɔ¹³n̠iəu³³ , zei³³ka⁵³tɕiɔ⁵³i⁵³n̠iəu³³lɑ̃³³ 。 n̠iəu³³lɑ̃³³nie⁰ , kʰɔ⁵⁵kəʔ⁵tsaʔ⁵lɔ¹³n̠iəu³¹kəŋ⁵³die³¹ue³³səŋ⁵⁵ , doŋ³¹lɔ¹³n̠iəu³¹nie⁰ɕiɑ̃⁵⁵i⁵⁵ue¹³miŋ¹³ 。 kəʔ⁵tsaʔ⁵lɔ¹³n̠iəu³¹ , dʑi³³zəʔ²zɿ³³tʰie⁵⁵lɔ⁵⁵gəʔ²tɕiŋ⁵⁵n̠iəu⁵⁵ɕiŋ⁵⁵ 。 i⁵³nie⁰mɛ⁵⁵ɕi³⁵huɛ⁵³n̠iəu³³lɑ̃³³ɛ³³dʑiŋ³¹lɔ³³kʰəŋ³⁵tsəu³⁵ , səu³⁵i⁵⁵nie⁰ɕiɑ̃⁵³pɑ̃⁵⁵i⁵³zəŋ³³kəʔ⁵ka⁵⁵ 。

古时候,有一个小伙子,父母都去世了,孤苦伶仃,家里只有一头老牛陪伴,大家都管他叫牛郎。牛郎靠老牛耕地为生,与老牛相依为命。这头老牛其实是天上的金牛星,金牛星喜欢牛郎的勤劳善良,所以想帮他成个家。

有一日天,金牛星晓得天浪⁼向掰⁼仙女啊,要到村东边个湖里向汏浴,伊呢就托梦拨牛郎,要伊第二天早浪⁼向呢,到湖边里向,趁个仙女们汏浴个辰光呢,拿走一件仙女挂辣⁼树浪⁼向个衣裳,头也弗好回,直接跑到屋里向,就会得到一个漂亮个仙女做老婆。

iəu¹³ieʔ⁵n̠ieʔ²tʰie⁵⁵ , tɕiŋ⁵⁵n̠iəu⁵⁵ɕiŋ⁵⁵ɕiɔ⁵⁵təʔ⁵tʰie⁵³lɔ⁵⁵ɕiɑ̃⁵⁵gəʔ²ɕie⁵⁵n̠i⁵⁵a⁰ , iɔ⁵⁵tɔ⁵³tsʰəŋ⁵⁵toŋ⁵⁵pie⁵⁵gəʔ²əu³³li³³ɕiɑ̃⁵³da³³ioʔ² , i⁵³nie⁰dʑiəu³³

tʰoʔ⁵moŋ¹³pəʔ⁵n̠iəu³³lɑ̃³³, iɔ⁵⁵i⁵³di³³n̠i³¹tʰie⁵³tsɔ⁵³lɑ̃³³ɕiɑ⁵³nie⁰, tɔ⁵³əu¹³
pie⁵⁵li⁵⁵ɕiɑ⁵⁵, tsʰən³⁵kəʔ⁵ɕie⁵⁵n̠i⁵⁵məŋ⁰da³³ioʔ²gəʔ²zəŋ³³kuɑ̃⁵⁵nie⁰, no⁵⁵
tsəu⁵³ieʔ⁵dzie³¹ɕie⁵⁵n̠i⁵⁵ko⁵⁵laʔ²z̩³³lɑ̃³¹ɕiɑ⁵⁵gəʔ²i⁵⁵zɑ̃³³, dəu¹³a³³fəʔ⁵
hɔ⁵⁵ue¹³, zəʔ²tɕieʔ⁵bɔ³³tɔ³³oʔ⁵li³³ɕiɑ̃⁰, dziəu³³ue⁵⁵təʔ⁵tɔ⁵³ieʔ⁵kəʔ⁵pʰiɔ⁵³
liɑ̃³³kəʔ⁵ɕie⁵⁵n̠i⁵⁵tsəu³⁵lɔ¹³bəu⁰。

　　有一天，金牛星得知天上的仙女们要到他们村东边山脚下的湖
里去洗澡，就托梦给牛郎。金牛星叫他第二天一早，去村口那个湖
边去，趁仙女们在那里洗澡的时候，拿走一件他们挂在树上的衣服，
拿到衣服后头也不要回，直接跑回家去，这样就会得到一个美丽的
仙女做老婆。

　　个一日早上，牛郎呢，半信半疑个，来到山边个湖边浪⁼厢去看，
嗳，果然看见啊，七个美女呢，有起湖里厢汰浴。伊马浪⁼拿起树
浪⁼厢，一件粉红色个衣裳，蛮快个跑回屋里厢。个个被抢走衣裳的
仙女呢，就是织女。就是个日夜里厢，伊轻轻叫，敲开哩牛郎屋里个
门，两家头呢做来⁼夫妻。

kəʔ⁵ieʔ⁵n̠ieʔ²tsɔ⁵⁵zɑ̃⁰, n̠iəu³³lɑ̃³³nie⁰, pei⁵⁵ɕiŋ⁵³pei⁵⁵n̠i¹³gəʔ², lɛ³³
tɔ⁵⁵sɛ⁵⁵pie⁵⁵gəʔ²əu³³pie⁵⁵lɔ⁵⁵ɕiɑ⁵⁵tɕʰi⁵⁵kʰei³⁵, ɛ³⁵, kəu⁵⁵ze³³kʰei⁵³tɕie⁵³
a⁰, tɕʰieʔ⁵kəʔ⁵mei⁵⁵n̠i⁰nie⁰, iəu¹³tɕʰi⁵⁵əu³³li³³ɕiɑ̃⁵⁵daioʔ²。i⁵³mo¹³lɑ̃³¹
no⁵⁵tɕʰi⁵⁵z̩³³lɔ¹³ɕiɑ̃⁵³, ieʔ⁵dzie³³fəŋ⁵⁵oŋ³³səʔ⁵gəʔ²i⁵⁵zɑ̃³³, mɛ⁵⁵kʰua³⁵
gəʔ²bɔ³³ue¹³oʔ⁵li³³ɕiɑ̃⁰。kəʔ⁵kəʔ⁵bi¹³tɕʰiɑ̃⁵³tsəu⁵⁵i⁵⁵zɑ̃³³gəʔ²ɕie⁵⁵n̠i⁵⁵
nie⁰, dziəu¹³z̩¹³tsəʔ⁵n̠i⁰。dziəu¹³z̩¹³kəʔ⁵n̠ieʔ²iɑ³³li³¹ɕiɑ̃⁵³, i¹³tɕʰiŋ⁵⁵
tɕʰiŋ⁵⁵tɕiɔ⁵⁵, kʰɔ⁵⁵kʰɛ⁵⁵li³³n̠iəu³³lɑ̃³³oʔ⁵li³³gəʔ²məŋ¹³, liɑ̃¹³ka⁵⁵dəu³³
nie⁰tsəu³⁵lɛ³¹fu⁵⁵tɕʰi⁵⁵。

　　那天早晨，牛郎半信半疑地来到村口的湖边，天哪，他果然看到
有七个美丽的仙女在那里洗澡。他马上过去拿起一件挂在树上的

粉红色的衣服，飞快地跑回家里。那个被拿走衣服的仙女呢，其实就是织女。就在当天夜里，织女轻轻地敲开了牛郎家的门，两人就这样成了夫妻。

　　眼睛一眽，三年过去，牛郎和织女养哩，一男一女两个小人，一家人家过来蛮开心。但是呢，织女私下底下凡个事体，被玉皇大帝晓得哩。有一日天，天浪＝厢呢雷响霍＝险，吹起哩大风，落起哩大雨，个织女突然弗见哩。两个小人呢哭来，要寻姆妈，牛郎急得来，弗晓得纳＝介做是好。

ε¹³tɕiŋ⁵³ ieʔ⁵ kaʔ⁵ , sɛ⁵⁵ n̠ie³¹ kəu³⁵ tɕʰi⁵³ , n̠iəu³³ lã³³ əu³¹ tsəʔ⁵ n̠i⁰ i ã¹³ li⁰ , ieʔ⁵ nɛ³³ ieʔ⁵ n̠i³³ li ã¹³ gəʔ² ɕiɔ⁵⁵ n̠iŋ⁵⁵ , ieʔ⁵ ka⁵³ n̠iŋ³³ ka⁵⁵ kəu³⁵ lei⁰ mɛ³¹ kʰɛ⁵⁵ ɕiŋ⁵⁵ 。 dɛ¹³ zɿ³¹ nie⁰ , tsəʔ⁵ n̠i⁰ sɿ⁵⁵ o⁵⁵ ti⁵⁵ ɕia³⁵ vɛ¹³ gəʔ² zɿ³³ tʰi⁵³ , pəʔ⁵ n̠ioʔ² u ã³³ da³³ ti⁵⁵ ɕiɔ⁵⁵ təʔ⁵ li⁰ 。 iəu¹³ ieʔ⁵ n̠ieʔ² tʰie⁵⁵ , tʰie⁵⁵ lɔ⁵⁵ ɕi ã⁵³ nie⁰ lei³³ ɕi ã⁵³ hoʔ⁵ ɕie⁰ , tsʰɿ⁵⁵ tɕʰi⁵⁵ li³³ dəu³³ foŋ⁵³ , loʔ² tɕʰi⁵⁵ li³³ dəu³³ i⁵³ , kəʔ⁵ tsəʔ⁵ n̠i⁰ dəʔ² zɛ³¹ fəʔ⁵ tɕie⁵³ li⁰ , li ã¹³ gəʔ² ɕiɔ⁵⁵ n̠iŋ⁵⁵ nɛ⁵⁵ kʰoʔ⁵ lei⁰ , iɔ³⁵ ʑiŋ¹³ m⁵⁵ ma⁵⁵ , n̠iəu³³ lã³¹ tɕieʔ⁵ təʔ⁵ lei⁰ , fəʔ⁵ ɕiɔ⁵⁵ təʔ⁵ naʔ² ka⁵³ tsəu³⁵ zɿ³³ hɔ⁵³ 。

　　眼睛一眨，三年就过去了，牛郎和织女生下了一男一女两个孩子，一家人过得非常开心。但是好景不长，织女私自下凡的事被玉皇大帝知道了。有一天，天上忽然电闪雷鸣，狂风大作，大雨倾盆，就在这个时候织女突然不见了。两个孩子哭喊着要找妈妈，牛郎也急得手忙脚乱，不知如何是好。

　　个个辰光，个只老牛呢开口哩，嗳，侬[弗要]难过，侬[弗要]难过，听吾，侬呢拿吾个只角拿落来，个两只角呢，可以变做两个箩筐，侬呢装上个两个小人，就可以到天河浪＝厢去，寻织女去哩。

kəʔ⁵ kəʔ⁵ zəŋ³³ ku ã⁵⁵ , kəʔ⁵ tsaʔ⁵ lɔ¹³ n̠iəu³³ nie⁰ kʰɛ⁵⁵ kʰəɯ⁵³ li⁰ , ε⁰ , nəɯ¹³fiɔ³⁵ nɛ³³kəɯ⁵⁵ , nəɯ¹³fiɔ³⁵ nɛ³³kəɯ⁵⁵ , tʰiŋ⁵⁵ əu⁵³ , nəɯ⁵³nieº noº⁵⁵əu⁵³ kəʔ⁵tsaʔ⁵koʔ⁵no⁵⁵loʔ²leiº , kəʔ⁵li ã⁵⁵tsaʔ⁵koʔ⁵nieº , kʰo³⁵i³¹ pie³⁵tsəu⁵³li ã¹³ tsaʔ⁵ləu³³kʰu ã⁵⁵ , nəɯ⁵³nieºts ã⁵⁵z ã³³kəʔ⁵li ã¹³kəʔ⁵ɕiɔ⁵⁵n̩iŋ⁵⁵ , dʑiəu¹³ ko⁵³i³³tɔ³⁵tʰie⁵⁵əu³³lã⁵⁵ɕiɔ⁵³tɕʰi³⁵ , dʑiŋ¹³tsəʔ⁵n̩iºtɕʰi⁵³liº 。

这时候那头老牛开口说话了,你不要难过,你听我的,你把我的两只角拿下来,这两只角呢会变成两只箩筐,你装上这对儿女,就可以上天去追织女了。

牛郎呢还辣＝打呆鼓＝,嗳,个牛角,倒真个开＝到地浪＝哩,变做两只箩筐。牛郎呢,就把两个小人呢,放到个只筐里厢,拿个扁担挑起来。只觉着,一阵清风吹过去呢,个两只箩筐,像会得长哩翅膀,马浪＝飞高去哩,哦,飞到天宫去哩。

n̩iəu³³lã³¹nieºuɛ³³la³³ta⁵³ɛ³³kəɯ³⁵ , ɛ¹³ , kəʔ⁵n̩iəu³³koʔ⁵ , tɔ⁵³tsəŋ⁵⁵ gəʔ²kʰɛ⁵⁵tɔ⁵³di³³lã³¹liº , pie³⁵tsəu⁵³li ã¹³tsaʔ⁵ləu³³kʰu ã³³ 。 n̩iəu³³lã³¹nieº , dʑiəu¹³pa⁵³li ã¹³kəʔ⁵ɕiɔ⁵⁵n̩iŋ⁵⁵nieº , f ã³⁵tɔ⁵³kəʔ⁵tsaʔ⁵kʰu ã⁵⁵li³³ɕi ã⁵⁵ , no³⁵kəʔ⁵pie³⁵tɛ⁵³tʰiɔ⁵⁵tɕʰi⁵⁵lɛ³³ 。 tsəʔ⁵koʔ⁵zaʔ² , ieʔ⁵zəŋ¹³tɕʰiŋ⁵⁵foŋ⁵⁵ tsʰ̩⁵³kəɯ⁵⁵tɕʰi⁵⁵nie³¹ , kəʔ⁵li ã¹³tsaʔ⁵ləu¹³kʰu ã³¹ , dʑi ã¹³ue³⁵təʔ⁵ts ã⁵³li³³ tsʰ̩⁵⁵p ã⁵³ , mo¹³lã³¹fi⁵⁵kɔ⁵⁵tɕʰi⁵⁵liº ,oº , fi⁵⁵tɔ⁵³tʰie⁵⁵koŋ⁵⁵tɕʰi⁵⁵liº 。

牛郎还在发呆,突然,那两只牛角就自己掉了下来,马上变成了两个箩筐。牛郎就把两个孩子一个一只箩筐装进去,拿起扁担就挑了起来。牛郎只觉着一阵清风吹过,两只箩筐像长了翅膀一样直往天宫飞去。

嗳,飞呀飞呀,眼睛一看,眼睛一眑,就可能要追像弗得要追牢织女哩,拨王母娘娘看见哩,伊呢拔落头浪＝厢＝个金钗,在牛郎织女当中呢一划,马浪＝出现一条蛮大蛮大个天河,宽得来望弗到对岸，就拿两个人呢隔开哩。

ɛ³⁵, fi⁵⁵ia⁵³fi⁵⁵ia⁵³, ɛ¹³tɕiŋ⁵³ieʔ⁵kʰei³⁵, ɛ¹³tɕiŋ⁵³ieʔ⁵kəʔ⁵, dzieu¹³kʰo⁵⁵
nəŋ³¹iɔ⁵⁵tse⁵⁵za̰¹³faʔ⁵təʔ⁵iɔ³⁵tse⁵⁵lɔ⁵⁵tsaʔ⁵ɲi⁰li⁰, pəʔ⁵uɑ̃³³meu³³ɲia̰⁵⁵ɲia̰⁵³
kʰei³⁵tɕie⁵³li⁰, i⁵³nie⁰bəʔ²loʔ²dəu³³lɔ¹³ɕia̰⁵³gəʔ²tɕiŋ⁵⁵tsʰo⁵⁵, zɛ¹³ɲieu³³
lɑ̃³¹tsaʔ⁵ɲiʔ⁰tɑ̃⁵⁵tsoŋ⁵⁵nie⁰ieʔ⁵uəʔ², mo¹³lɑ̃³¹tsʰaʔ⁵ie¹³ieʔ⁵diɔ³¹mɛ³³dəu³¹
mɛ³³dəu³¹gəʔ²tʰie⁵⁵əu³³, kʰuɛ³⁵təʔ⁵lei⁰ma̰¹³faʔ⁵tɔ³⁵tei³⁵ɛ⁵³, dzieu¹³no⁵⁵
lia̰¹³kəʔ⁵ɲiŋ⁵⁵nie⁰kaʔ⁵kʰɛ⁵⁵li⁰.

飞啊飞啊，眼看着马上就要追上织女了，却被王母娘娘发现了，
王母娘娘拔下头上的一根金钗，在牛郎和织女中间一划，立马就出
现了一条看不到对岸的宽阔的天河，就这样，把他们两个人活生生
地隔开了。

个喜鹊呢，也蛮同情牛郎同织女，所以呢，在阴历个每年个，阴
历七月初七，成千上万只喜鹊，侪飞到天河浪⸱厢来，一直衔着另一
只个尾巴，搭起哩一座，蛮长蛮长个鹊桥，让牛郎织女呢一道来
团聚。

kəʔ⁵ɕi⁵⁵tɕʰiaʔ⁵nie⁰, a³³mɛ⁵³doŋ³³dziŋ³¹ɲieu³³lɑ̃³¹doŋ³¹tsaʔ⁵ɲi⁰, səu⁵⁵i⁵⁵
nie⁰, zɛ³³iŋ⁵⁵lieʔ⁵gəʔ²mei⁵⁵ɲie⁵⁵gəʔ², iŋ⁵⁵lieʔ⁵tɕʰieʔ⁵ioʔ⁵tsʰəu⁵⁵tɕʰieʔ⁵, zəŋ³³
tɕʰie⁵³zɑ̰¹³vɛ¹³tsaʔ⁵ɕi⁵⁵tɕʰiaʔ⁵, zɛ³³fi⁵⁵tɔ⁵⁵tʰie⁵⁵əu³³lɑ̃³³ɕia̰⁵³lɛ⁰, ieʔ⁵tsaʔ⁵
ɛ³³zaʔ²liŋ¹³ieʔ⁵tsaʔ⁵gəʔ²m¹³po⁵⁵, taʔ⁵tɕʰi⁵³li³³ieʔ⁵zəu¹³, mɛ⁵⁵zɑ̰³³mɛ⁵⁵
zɑ̰³³gəʔ²tɕʰiaʔ⁵dziɔ³³, ɲia³¹ɲieu³³lɑ̃³¹tsaʔ⁵ɲi⁰nie⁰ieʔ⁵dɔ³³lɛ³³dəu³³dzi³³.

喜鹊非常同情牛郎和织女的遭遇，所以每年阴历的七月初七，
都会有成千上万只喜鹊飞到银河，用嘴巴一只衔着另一只的尾巴，
搭起一座长长的鹊桥，让牛郎和织女在此团圆。

（2017 年 7 月 6 日，海宁，发音人：许伟平）

海宁潮个由来

老早个辰光,海宁潮啦像平常个潮水一样,蛮平静,无不大声音个。讲,过去呢钱塘江边浪‗呢,来嘞一个人,人呢蛮高大,登辣‗钱塘江边浪‗呢,做生活,伊拉叫伊叫钱大王。

lɔ¹³tsɔ⁵³gəʔ²zəŋ³³kuɑ̃⁵⁵, hɛ⁵⁵ȵiŋ³³zɔ³¹la³¹ziɑ̃¹³biŋ³³zɑ̃³³gəʔ²zɔ³³sʅ⁵³ieʔ⁵iɑ̃¹³, mɛ⁵⁵biŋ³³dʑiŋ³¹, m³³pəʔ⁵dəu¹³səŋ⁵³iŋ³¹gəʔ²。kɑ̃³⁵, ku⁵⁵tɕʰi⁵³nieʔ³¹ziɛ³³dɑ̃³³kɑ̃⁵⁵pie⁵⁵lɑ̃³³ȵi³¹, lɛ³³ləʔ²ieʔ⁵kəʔ²ȵiŋ¹³, ȵiŋ¹³nieʔ³¹mɛ³³kɔ⁵⁵dəu³³, təŋ⁵⁵laʔ⁵dʑiɛ³³dɑ̃³³kɑ̃⁵⁵pie⁵⁵lɑ̃³³nieʔ³¹, tsu³⁵sɑ̃³⁵oʔ², i¹³la³¹tɕiɔ³¹i³¹tɕiɔ³⁵dʑie¹³da¹³uɑ̃³¹。

老早啊,海宁潮就像平常的潮水一样,很平静,也没有那么大的声音。说过去啊,在钱塘江边上来了一个人,人长得很高大,在江边上干活,大家都叫他钱大王。

钱大王气力蛮大,江里厢个石头呢,挑高来摆辣‗江边,成为哩一个个小个山包。伊呢又到萧山啊,个个蜀山浪‗呢去炼盐,练特‗三日三夜,炼出来的盐呢,想到江北去卖。

dʑie¹³da¹³uɑ̃³¹tɕʰi³⁵lieʔ²mɛ³³du¹³, kɑ̃⁵⁵li⁵⁵ɕiɑ̃⁵⁵gəʔ²zəʔ²dəu³¹nieʔ³¹, tʰiɔ⁵⁵kɔ⁵⁵lɛ⁵⁵pa⁵³laʔ²kɑ̃⁵⁵pie⁵⁵, zəŋ³³uɛ¹³li³¹ieʔ⁵kəʔ²kəʔ⁵ɕiɔ⁵³gəʔ²sɛ⁵⁵pɔ⁵⁵。i³⁵nieʔ³¹iəu³⁵tɔ³⁵ɕiɔ⁵⁵sɛ⁵⁵a³¹, kəʔ⁵kəʔ²zoʔ²sɛ⁵⁵lɔ⁵⁵nieʔ³¹tɕʰi³⁵lieʔ³⁵ieʔ¹³, lieʔ¹³dəʔ²sɛ⁵⁵ȵieʔ²sɛ⁵³ia¹³, lieʔ¹³tɕʰəʔ⁵lɛ³¹gəʔ²ieʔ¹³nieʔ³¹, ɕiɑ̃⁵⁵tɔ³⁵kɑ̃⁵⁵poʔ⁵tɕʰi³⁵ma¹³。

钱大王力气很大,他把江里的石头挑起来摆在江边,搭成一个个的小山包。他又到萧山蜀山上去炼盐,炼了三天三夜,炼出来的盐想挑到江北去卖。

个些盐装起来以后呢，只能够摆辣＝伊挑个一横头，后来呢，伊想想看，个挑勿来个，边浪＝呢撰哩块石头，摆辣＝自家个铁扁担个两头，一头是盐，一头是石头，挑到江北来卖。

kəʔ⁵ ɕieʔ⁵ ieʔ¹³ tsã⁵⁵ tɕʰi⁵⁵ lɛ³³ i³³ əu³¹ nie³¹，tsəʔ⁵ nəŋ⁵⁵ kəu⁵⁵ pa⁵⁵ laʔ² iʔ³¹ tʰiə⁵⁵ gəʔ² ieʔ⁵ uã³³ dəu³³，əu¹³ lɛ³¹ nie³¹，i¹³ ɕiã⁵⁵ ɕiã⁵³ kʰei⁵³，kəʔ⁵ tʰiə⁵⁵ vəʔ² lɛ³¹ gəʔ²，pie⁵⁵ lɔ⁵⁵ nie³¹ zɛ¹³ li³¹ kʰuɛ⁵³ zəʔ² dəu³¹，pa³⁵ la³¹ zʅ³³ ka⁵³ gəʔ² tʰieʔ⁵ pie⁵⁵ tɛ⁵⁵ gəʔ² liã¹³ dəu³³，ieʔ⁵ dəu³³ zʅ¹³ ie¹³，ieʔ⁵ dəu³³ zʅ¹³ zəʔ² dəu³³，tʰiə⁵⁵ tɔ⁵³ kã⁵⁵ poʔ⁵ lɛ³¹ ma¹³。

这些盐装起来呢，只够装满他挑子的一头，他想，这样是不能挑的，就在边上捡了一块石头，摆在挑子的另一头，这样一头是盐，一头是石头，挑到江北去卖。

个个辰光呢到江北呢，天气蛮热，太阳蛮大，伊呢就蹲辣＝钱塘江边浪＝呢歇ⅼ歇ⅼ，寻个阴凉头，打个瞌睏。伊辣＝打瞌睏个辰光，个东海龙王呢出来巡海。啊，个潮水呢，也跟牢东海龙王上来哩。

kəʔ⁴ kəʔ⁵ zəŋ³³ kuã⁵⁵ nie³¹ tɔ³⁵ kã⁵⁵ poʔ⁵ nie³¹，tʰie⁵⁵ tɕʰi⁵³ mɛ³³ nieʔ⁵，tʰaⁱã³¹ mɛ³³ dəu¹³，i⁵³ nie³¹ dzieu¹³ təŋ⁵⁵ laʔ⁵ dziɛ³³ dã³³ kã⁵⁵ pie⁵⁵ lã³³ nie³¹ ɕiŋ⁵⁵ ɕiŋ⁰，dziŋ¹³ kəʔ⁵ iŋ⁵⁵ liã⁵⁵ dəu³³，tã⁵⁵ kəʔ⁵ kʰəʔ⁵ tsʰoŋ⁴³。i⁵³ la¹³ tã⁵⁵ kʰəʔ⁵ tsʰoŋ⁴³ gəʔ² zəŋ³³ kuã⁵⁵，kəʔ⁵ toŋ⁵⁵ hɛ⁵⁵ loŋ³¹ uã³³ nie³¹ tsʰəʔ⁵ lɛ³³ dziŋ³³ hɛ⁵³。a³¹，kəʔ⁵ zɔ³³ sʅ⁵⁵ nie³¹，a³⁵ kəŋ⁵⁵ lɔ³¹ toŋ⁵⁵ hɛ⁵⁵ loŋ³³ uã³³ zã³³ lɛ¹³ li³¹。

这时候的江北啊，天气很热，太阳很猛，他就在江边上找了个阴凉的地方歇口气，打个瞌睡。他正打瞌睡的时候，东海龙王出来巡海。这个潮水呢，也随着东海龙王的到来涨了上来。

那么弗晓得，个钱大王挑个一担东西呢，个石头呢有起岸浪＝厢，个一筐盐呢有起钱塘江边浪＝，潮水一涨，拿点盐水呢慢慢叫呢，烊掉哩。

nəʔ² məʔ² fəʔ⁵ ɕiɔ³⁵ təʔ⁵，kəʔ⁵ dzie¹³ da¹³ uã³¹ tʰiɔ³⁵ gəʔ² ieʔ⁵ tɛ³⁵ toŋ⁵⁵ ɕi⁵⁵ nie³¹，kəʔ⁵ zəʔ² dəu¹³ nie³¹ iəu³⁵ tɕʰi⁵² ɛ³³ lɔ¹³ ɕi ã⁵³，kəʔ⁵ ieʔ⁵ kʰ ã⁵⁵ ie¹³ nie³¹ iəu³⁵ tɕʰi⁵² dzie³³ dã³³ kã⁵⁵ pie⁵⁵ lã³³，zɔ³³ sʅ⁵³ ieʔ⁵ tsã⁵³，no⁵⁵ tie³⁵ ieʔ⁵ sʅ⁵³ nie³¹ mɛ³³ mɛ¹³ tɕiɔ⁵³ nie³³，iã³³ diɔ¹³ lieʔ²。

谁知道钱大王挑的那一担东西啊，这个石头呢放在了岸上面，这个一筐盐呢，放在了江边上，潮水一涨，盐就被慢慢地融化了。

那么，东海龙王巡海个辰光呢，伊倒弄弗懂，到钱塘江边来，巡海个海水呢越来越咸，等到上头探出来一看呢，噢，难＝度＝一筐盐烊掉霍＝，而且呢越来越咸，伊呢蛮弗开心，就回到东海去笛。

nəʔ² məʔ²，toŋ⁵⁵ hɛ⁵⁵ loŋ³³ uã³³ dziŋ³³ hɛ⁵³ kəʔ⁵ zəŋ³³ kuã⁵⁵ nie³¹，i¹³ tɔ³⁵ loŋ¹³ fəʔ⁵ toŋ⁵³，tɔ³⁵ dzie³³ dã³³ kã⁵⁵ pie⁵⁵ lɛ³³，dziŋ³³ hɛ⁵³ kəʔ⁵ hɛ⁵⁵ sʅ⁵³ nəʔ² ieʔ² lɛ³³ ieʔ² ɛ¹³，təŋ⁵⁵ tɔ⁵³ zã³³ dəu³¹ tʰɛ³⁵ tsʰəʔ⁵ lɛ³¹ ieʔ⁵ kʰei³⁵ nie³¹，ɔ¹³，nɛ¹³ du¹³ ieʔ⁵ kʰ ã³⁵ ie³¹ i ã³³ diɔ¹³ hoʔ⁵，ɚ³³ tɕhieʔ⁵ nie³¹ ieʔ² lɛ³³ ieʔ² ɛ¹³，i¹³ nie¹³ mɛ³³ fəʔ⁵ kʰɛ⁵⁵ ɕiŋ⁵⁵，dziəu¹³ uɛ³³ tɔ³⁵ toŋ⁵⁵ hɛ⁵⁵ tɕʰi⁵⁵ dieʔ²。

东海龙王巡海的时候，觉得很奇怪，到钱塘江边来巡海，海水越来越咸，探出头来一看呢，原来是一筐盐化了，他很不高兴，就回去了。

钱大王瞌晩醒，醒过来一看呢，个孛＝石头还有起霍＝，个一筐盐呢弗见哩，心里蛮火冒，吾好弗容易练哩三日，晒成功个盐，到个塌个地，拨啥人偷特去笛＝。

dzie¹³ da¹³ uã³¹ kʰəʔ⁵ tsʰoŋ⁴³ ɕiŋ⁵³，ɕiŋ³⁵ ku³⁵ lɛ³¹ ieʔ⁵ kʰei³⁵ nie³¹，kəʔ⁵ baʔ² zəʔ² dəu³¹ ua¹³ iəu⁵⁵ tɕʰi⁵³ hoʔ⁵，kəʔ⁵ ieʔ⁵ kuã³⁵ ie³³ nie³¹ fəʔ⁵ tɕie³⁵ li³¹，ɕiŋ⁵⁵ li¹³ mɛ⁵⁵ fu³⁵ mɔ³¹，ŋɔ³¹ hɔ⁵³ fəʔ⁵ ioŋ³³ i¹³ lie¹³ li³³ sɛ⁵⁵ ȵie³³，sɛ³⁵ zəŋ³³ koŋ³⁵ kəʔ⁵ ieʔ⁵，tɔ³⁵ kəʔ⁵ tʰaʔ⁵ kəʔ⁵ di¹³，pəʔ⁵ sa⁵⁵ ȵiŋ³¹ tʰəu⁵⁵ da³³ tɕʰi⁵⁵ dieʔ²。

再说钱大王瞌睡醒来一看，那块石头还在，但那一筐盐却不见了，很是生气，好不容易炼了三天晒成的盐，挑到这个地方被人偷去了。

伊就拿个铁扁担，蹲辣﹦江里厢呢，敲嘞三扁担，第一扁担敲落去呢，钱塘江里个鱼也侪死光哩，第二扁担敲落去呢，江底个水也翻高来笛﹦，第三扁担敲落去，东海龙王醒转来，听得哩，连忙到个搭来一看呢，看见钱大王有起发火。

i³³ʑiəu¹³ no⁵⁵ kəʔ⁵ tʰieʔ⁵ pie⁵³ tɛ⁰ , təŋ⁵⁵ laʔ² kɑ̃⁵⁵ li³³ ɕiɑ̃⁵³ nie³¹ , kʰɔ³⁵ ləʔ² sɛ⁵⁵ pie⁵³ tɛ⁵³ , di¹³ ieʔ⁵ pie⁵³ tɛ⁵³ kɔ³⁵ loʔ² tɕʰi⁵³ nie³¹ , dʑie³³ dɑ̃³³ kɑ̃⁵⁵ li³³ gəʔ² ŋ¹³ a³¹ zɛ¹³ ɕi⁵⁵ kuɑ̃⁵⁵ li³¹ , di¹³ n̠i¹³ pie⁵³ tɛ⁵³ kɔ⁵⁵ loʔ² tɕʰi⁵³ nie³¹ , kɑ̃⁵⁵ ti⁵⁵ gəʔ² sɿ⁵³ a³¹ fɛ⁵⁵ kɔ⁵⁵ lɛ³³ dieʔ² , di¹³ sɛ³⁵ pie⁵³ tɛ⁵³ kɔ⁵⁵ loʔ² tɕʰi⁵³ , toŋ⁵⁵ hɛ⁵⁵ loŋ³³ uɑ̃³¹ ɕiŋ⁵³ tsɛ⁵³ lɛ³¹ , tʰiŋ³⁵ təʔ⁵ li³¹ , lie¹³ m ɑ̃³¹ tɔ³⁵ kəʔ⁵ taʔ⁵ lɛ³¹ ieʔ⁵ kʰei³⁵ nie³¹ , kʰei³⁵ tɕie³⁵ dʑie¹³ da¹³ uɑ̃³¹ iəu¹³ tɕʰi⁵³ faʔ⁵ fu⁵³ 。

他就拿着他的那个铁扁担，往江里敲了三下，第一扁担敲下去呢，钱塘江里的鱼都死了，第二扁担敲下去呢，江底的水都翻上来了，第三扁担敲下去，把东海龙王吵醒了，听到那么大的动静，他急忙过来看看，正好看见钱大王在发火。

那么个东海龙王讲，啊呀，弗晓得弗晓得，吾来个辰光呢，拿倷点盐啦烊掉哩，弗晓得倷是要去卖嗳，是吾弗好是吾弗好，吾会得赔倷嗳。

nəʔ² məʔ² kəʔ⁵ toŋ⁵⁵ hɛ⁵⁵ loŋ³³ uɑ̃³¹ kɑ̃⁵³ , a³³ ia³³ , fəʔ⁵ ɕiɔ⁴³ təʔ⁵ fəʔ⁵ ɕiɔ⁴³ təʔ⁵ , u⁵⁵ lɛ³³ kəʔ⁵ zəŋ³³ kuɑ̃³⁵ nie³¹ , no⁵⁵ əu⁵⁵ tie⁵⁵ ie¹³ la³¹ iɑ̃³³ diɔ¹³ lieʔ⁵ , fəʔ⁵ ɕiɔ⁴³ təʔ⁵ nəu⁵³ zɿ¹³ iɔ⁵⁵ tɕʰi³⁵ ma¹³ ɛ³¹ , zɿ¹³ u⁵³ fəʔ⁵ hɔ⁴³ zɿ¹³ u⁵³ fəʔ⁵ hɔ⁰ , u⁵³ uɛ¹³ təʔ⁵ bɛ³³ nəu³³ ɛ³³ 。

东海龙王说,啊呀,不知道啊不知道,我来的时候啊,把你的盐给化了,不知道你是要去卖的,是我不好,是我不好,我会赔你的。

钱大王讲,傃拿点啥来赔啊?东海龙王讲,个直⁼介,吾呢个点盐呢,慢慢叫练嘞盐,晒嘞盐拨傃,来还傃。第二个呢,吾要来个辰光呢,也同傃打声招呼,噢。个钱大王一听呢,个倒也晓得,个倒也讲得过去,准备为后呢,还是有点道理个。

dʑie¹³ da¹³ uɑ̃³¹ kɑ̃⁵³, nəɯ³⁵ no⁵³ tie⁵³ sa³⁵ lɛ³¹ bɛ¹³ a¹³? toŋ⁵⁵ hɛ⁵⁵ loŋ³³ uɑ̃³¹ kɑ̃⁵³, kəʔ⁵ zaʔ² ka³⁵, u³⁵ nie³¹ kəʔ⁵ tie³⁵ ie¹³ nie³¹, mɛ³⁵ mɛ³⁵ tɕiɔ⁵³ lie¹³ ləʔ² ie¹³, so³⁵ ləʔ² ie¹³ pəʔ nəɯ³¹, lɛ³³ uɛ³³ nəɯ³¹。di¹³ ȵi¹³ kəʔ⁵ nie³¹, u⁵³ iɔ³⁵ lɛ³³ kəʔ⁵ zəŋ³³ kuɑ̃⁵³ nie³¹, a⁵³ doŋ³³ nəɯ³¹ tɑ̃⁵³ sɑ̃⁵³ tsɔ⁵⁵ fu⁵⁵, ɔ³³。kəʔ⁵ dʑie¹³ da¹³ uɑ̃³¹ ieʔ⁵ tʰiŋ³⁵ nie³¹, kəʔ⁵ tɔ³⁵ a¹³ ɕiɔ³⁵ təʔ⁵, kəʔ⁵ tɔ³⁵ a¹³ kɑ̃⁵⁵ təʔ⁵ ku³⁵ tɕʰi⁵³, tsəŋ³⁵ bɛ¹³ uɛ¹³ əu¹³ nie³¹, a¹³ zɿ¹³ iəu³⁵ tie³⁵ dɔ¹³ li³¹ gəʔ²。

钱大王说,你拿什么来赔啊?东海龙王说,那就这样,第一呢,我先把盐慢慢地晒出来还给你。第二呢,我下次来之前,会先跟你打声招呼。钱大王一听,这确实讲得过去,也有点道理。

从此以后呢,个钱大王呢,伊同个东海龙王讲好,伊话,傃来个辰光呢,脑⁼,就是个塌脑⁼,个铁扁担一掼,到黑⁼浪⁼开始要有声音,噢,吾蹲辣⁼盐官等傃,个东海龙王讲好嗳,吾到个辰光一定来。

zoŋ¹³ tsʰi⁵³ i³³ əu³¹ nie³¹, kəʔ⁵ dʑie¹³ da¹³ uɑ̃³¹ nie³¹, i¹³ doŋ¹³ kəʔ⁵ toŋ⁵⁵ hɛ⁵⁵ loŋ³³ uɑ̃³¹ kɑ̃³⁵ hɔ⁵³, i³³ o¹³, nəɯ⁵³ lɛ³⁵ kəʔ⁵ zəŋ³³ kuɑ̃⁵³ nie³¹, nɔ¹³, dʑiəu³³ zɿ¹³ kəʔ⁵ tʰaʔ⁵ nɔ³¹, kəʔ⁵ tʰieʔ⁵ pie⁵³ tɛ⁴³ ieʔ⁵ guɛ¹³, tɔ³⁵ həʔ⁵ lɑ̃³¹ kʰɛ⁵⁵ sɿ⁴³ iɔ³⁵ iəu⁵³ səŋ⁵⁵ iŋ⁵⁵, ɔ³¹, u⁵³ təŋ⁵⁵ laʔ² ie¹³ kuɛ³⁵ təŋ⁵⁵ nəɯ⁵³, kəʔ⁵ toŋ⁵⁵ hɛ⁵⁵ loŋ³³ uɑ̃³¹ kɑ̃³⁵ hɔ⁵⁵ ɛ³¹, u⁵³ tɔ³⁵ kəʔ⁵ zəŋ³³ kuɑ̃⁵³ ieʔ⁵ diŋ³³ lɛ¹³。

从此以后,钱大王就跟东海龙王讲好,你来的时候,就是这里,他把铁扁担一扔,到那里开始要有声音,我在盐官等你。东海龙王答应了,说我到时候一定来。

从此以后,海宁个潮水呢,从尖山个个地方,就是钱大王个个铁扁担,掼落去个地方呢,开始起潮,一直到盐官,声音越来越大,形成一线潮,就是告诉钱大王,东海龙王来哩,还有一字⁼石头呢,掼起辣⁼硖石,就是现在硖石山个来历。

zoŋ¹³ tsʰi⁵³ i³³ əu³¹ , hɛ⁵⁵ n̠iŋ³³ kəʔ⁵ zɔ³³ sʅ⁵³ nie³³ , dzoŋ³¹ tɕie⁵⁵ sɛ⁵⁵ kəʔ⁵ kəʔ⁵ di¹³ fɑ̃⁵³ , dzieu³³ zʅ³¹ dzie¹³ da¹³ u ɑ̃³¹ kəʔ⁵ kəʔ⁵ tʰieʔ⁵ pie⁵³ tɛ⁴³ , guɛ¹³ loʔ² tɕʰi³⁵ gəʔ² di³³ fɑ̃⁵³ nie³¹ , kʰɛ⁵⁵ sʅ⁵³ tɕʰi⁵³ zɔ¹³ , ieʔ⁵ zəʔ² tɔ³⁵ ie³³ kuɛ³⁵ , səŋ⁵⁵ iŋ³¹ ieʔ² lɛ³³ ieʔ² dəɯ¹³ , iŋ³³ zəŋ³¹ ieʔ⁵ ɕie⁴³ zɔ³¹ , dzieu³³ zʅ³¹ kɔ³⁵ su⁵³ dzie¹³ da¹³ u ɑ̃³¹ , toŋ⁵⁵ hɛ⁵⁵ loŋ³³ u ɑ̃³¹ lɛ³³ lieʔ² , uaʔ² iəɯ⁵³ ieʔ⁵ bəʔ² zəʔ² dəɯ³³ nie³¹ , guɛ¹³ tɕʰi³⁵ lɔ³¹ əʔ² zəʔ² , dzieu³³ zʅ³¹ ie³³ zɛ³¹ əʔ² zəʔ² sɛ⁵⁵ gəʔ² lɛ³³ lieʔ² 。

从此以后,海宁的潮水就从尖山这个地方,就是钱大王铁扁担扔下去的地方开始起潮,一直到盐官,声音越来越大,形成一线潮,就是告诉钱大王,东海龙王要来了,还有一块石头扔在硖石,就是现在硖石山的来历。

(2017 年 7 月 1 日,海宁,发音人:夏忠杰)

铁牛镇海

朱云龙当来皇帝,就拿个娘泥,从江边个破屋里,接到哩京城。东海皇帝晓得,朱云龙同个娘走开哩之后呢,经常在海边江边呢,兴风作浪,拿个钱塘江边呢,弄得来翻天覆地,经常怪潮来,冲坍海塘。老百姓个房子冲掉,海塘冲坍,田地氽掉,老百姓蛮苦。朱云龙同个娘,到钱塘江边来看看看呢,有点火冒。

tsʅ⁵⁵ ie³³ loŋ³¹ taŋ³⁵ lɛ³¹ uaŋ¹³ ti⁵³ , dziəu³³ no⁵⁵ gəʔ² n̠iaŋ¹³ ni³¹ , zoŋ³¹ tɕi ã⁵⁵ pie⁵⁵ gəʔ² pʰu³⁵ oʔ⁵li³¹ , tɕieʔ⁵tɔ⁵³ li³³ tɕiŋ⁵⁵ zɛŋ³³ 。 toŋ⁵⁵ hɛ⁵⁵ u ã³³ ti³⁵ ɕiɔ³⁵ təʔ⁵ , tsʅ⁵⁵ ie³³ loŋ³¹ doŋ¹³ gəʔ² n̠iaŋ¹³ tsəu⁵⁵ kʰɛ⁵⁵ li³¹ tsʅ⁵³ əɯ³¹ ni³¹ , tɕiŋ⁵⁵ z ã³³ zɛ³¹ hɛ⁵⁵ pie⁵³ k ã⁵⁵ pie⁵³ ni³¹ , ɕiŋ⁵⁵ foŋ⁵³ tsoʔ⁵l ã¹³ , no⁵⁵ kəʔ⁵ z̠ie¹³ d ã³³ k ã⁵³ pie⁵³ ni³¹ , loŋ¹³ təʔ⁵ lɛ³¹ fɛ⁵⁵ tʰie⁵⁵ foʔ⁵di¹³ , tɕiŋ⁵⁵ z ã³³ kua³⁵ zɔ³¹ lɛ¹³ , tsʰoŋ⁵⁵ tʰɛ⁵⁵ hɛ⁵⁵ d ã³³ 。 lɔ¹³ paʔ⁵ɕiŋ⁵³ gəʔ² v ã³³ tsʅ⁵³ tsʰoŋ⁵⁵ diɔ³³ , hɛ⁵⁵ d ã³¹ tsʰoŋ⁵⁵ tʰɛ⁵⁵ , die³³ di³¹ tʰən⁵³ diɔ³¹ , lɔ¹³ paʔ⁵ɕiŋ⁵³ mɛ³³ kʰəu⁵³ 。 tsʅ⁵⁵ ie³³ loŋ³¹ doŋ¹³ gəʔ² n̠iaŋ¹³ , tɔ³⁵ z̠ie¹³ d ã³³ k ã⁵³ pie⁵³ lɛ³¹ kʰei³⁵ kʰei⁵³ kʰei⁵³ ni³¹ , iəu¹³ tie⁵³ fu³⁵ mɔ³¹ 。

朱云龙当了皇帝,就把他的母亲,从钱塘江边上的破房子里接到了京城。东海皇帝知道朱云龙和他母亲离开之后,经常在海边、江边,兴风作浪,把钱塘江两岸,搞得翻天覆地,还经常搞出怪潮,冲毁海塘,冲掉老百姓的房子,淹没田地,老百姓苦不堪言。朱云龙和他母亲到钱塘江边来看过后,有点生气。

　　伊讲既然个钱塘江要冲坍么,我弄点铁来做海塘,关照所有个人呢,地方官员啊,俫去造铁个海塘,地方官员讲,造铁海塘对倒对,葛〓么何里塔〓去弄介许多铁呢? 讲起来要百里海塘哩。

i³¹ k ã⁵³ tɕi³⁵ zø³¹ kəʔ⁵ dzie¹³ d ã³³ k ã⁵³ iɔ¹³ tsʰoŋ⁵⁵ tʰɛ⁵⁵ məʔ² , ŋo³¹ loŋ¹³ tieʔ⁵tʰieʔ⁵lɛ³¹ tsəu³⁵ hɛ⁵⁵ d ã³¹ , kuɛ⁵⁵ tsɔ⁵⁵ səu⁵³ iəu³³ kəʔ⁵ n̠iŋ¹³ ni³¹ , di¹³ f ã⁵³ kuɛ⁵⁵ ie³³ aʔ² , nɔ³⁵ tɕʰi⁵³ zɔ³¹ tʰieʔ⁵ gəʔ² hɛ⁵⁵ d ã³¹ , di¹³ f ã⁵³ kuɛ⁵⁵ ie³³ k ã⁵³ , zɔ¹³ tʰieʔ⁵ hɛ⁵⁵ d ã³¹ tɛ³⁵ tɔ⁵³ tɛ³⁵ , kəʔ⁵ məʔ² a³³ li¹³ tʰaʔ⁵ tɕʰi⁵³ loŋ¹³ ka⁵⁵ ɕi⁵⁵ təu⁵⁵ tʰieʔ⁵ ni³¹ ? k ã³⁵ tɕʰi³⁵ iɛ³¹ iɔ³⁵ paʔ⁵li³¹ hɛ⁵⁵ d ã³¹ li³¹ 。

　　他讲既然钱塘江海塘要被冲毁,那我就用铁来铸海塘,于是就关照所有的人用铁来铸造海塘,地方官员说,用铁来造海塘对是对,可是到哪里去弄这么多的铁来呢? 说起来我们这里可是有百里海塘呢。

朱云龙想想看也对，无不介许多铁来浇海塘，纳⁼介办？无不办法。等牢⁼边牢⁼个娘呢听得哩，僫急，伊讲，水啊怕牛个，傽呢用铁来做十八只铁个水牛，摆辣⁼海塘边牢⁼呢，个个海潮啊，应该无不问题哩。

tsɿ^{55}ie^{33}loŋ^{31}ɕiã^{53}ɕiã^{53}kʰei^{35}a^{13}tɛ^{35}，m^{33}pəʔ^{5}ka^{55}ɕi^{55}təu^{55}tʰieʔ^{5}lɛ^{33}tɕei^{55}hɛ^{55}dã^{31}，naʔ^{2}ka^{33}bɛ^{13}？ m^{33}pəʔ^{5}bɛ^{13}faʔ^{5}。təŋ^{53}lɔ^{33}pie^{55}lɔ^{33}kəʔ^{5}ɳiã^{13}ni^{31}tʰiŋ^{55}təʔ^{5}li^{33}，ɕiɔ^{53}tɕieʔ^{5}，i^{53}kã^{53}，sɿ^{31}aʔ^{1}pʰo^{35}ɳiəu^{13}gəʔ^{2}，nəu^{53}ni^{31}no^{53}tʰieʔ^{5}lɛ^{33}tsəu^{35}zəʔ^{2}paʔ^{5}tsaʔ^{5}tʰieʔ^{5}gəʔ^{2}sɿ^{53}ɳiəu^{55}，pa^{53}laʔ^{2}hɛ^{55}dã^{31}pie^{55}lɔ^{55}ni^{31}，kəʔ^{4}kəʔ^{5}hɛ^{55}zɔ^{31}a^{31}，iŋ^{55}kɛ^{55}m^{33}pəʔ^{5}vəŋ^{13}di^{31}liʔ^{2}。

朱云龙想想觉得也对，没有那么多铁来铸造海塘，那怎么办呢？没有办法。等在他旁边的母亲听到后，就说，不要急，水是怕牛的，你们用铁来铸十八头铁水牛，摆在海塘边，这个海潮啊，应该就没啥问题了。

朱云龙想想看对，连忙关照地方官员，把老百姓拉屋里个个铁啊，废铜烂铁去收起来。老百姓拉一听，朱云龙要修海塘，用水牛来，铁水牛来压牢海潮，压牢个怪潮。老百姓大家蛮高兴，甚至呢个个把自家屋里厢个，镬子也拿出来，来浇海塘，海塘浪个铁水。朱云龙带牢来地方官员，一共做来十八只铁个水牛，从海宁个尖山，一直摆到盐仓。

tsɿ^{55}ie^{33}loŋ^{31}ɕiã^{55}ɕiã^{53}kʰei^{53}tɛ^{35}，lie^{13}mã^{31}kuɛ^{55}tsɔ^{55}di^{13}fã^{53}kue^{55}ie^{33}，pa^{53}lɔ^{13}paʔ^{5}ɕiŋ^{53}la^{31}oʔ^{5}li^{33}kəʔ^{4}kəʔ^{5}tʰieʔ^{5}a^{31}，fi^{35}doŋ^{31}lɛ^{13}tʰieʔ^{5}tɕʰi^{35}səu^{55}tɕʰi^{55}lɛ^{33}。lɔ^{13}paʔ^{5}ɕiŋ^{53}la^{31}ieʔ^{5}tʰiŋ^{55}，tsɿ^{55}ie^{33}loŋ^{33}iɔ^{33}ɕiəu^{55}hɛ^{55}dã^{33}，ioŋ^{35}sɿ^{55}ɳiəu^{55}lɛ^{31}，tʰieʔ^{5}sɿ^{55}ɳiəu^{55}lɛ^{31}aʔ^{5}lɔ^{13}hɛ^{55}zɔ^{33}，aʔ^{5}lɔ^{13}kəʔ^{5}kua^{35}zɔ^{31}。lɔ^{13}paʔ^{5}ɕiŋ^{53}da^{33}ka^{53}mɛ^{33}kɔ^{55}ɕiŋ^{55}，zəŋ^{13}tsɿ^{53}ni^{31}kəʔ^{5}kəʔ^{5}pa^{53}zɿ^{13}ka^{35}oʔ^{5}li^{31}ɕiã^{53}kəʔ^{5}，ɦoʔ^{2}tsɿ^{0}ɦa^{13}no^{13}tsʰəʔ^{5}lɛ^{31}，lɛ^{31}tɕiɔ^{53}hɛ^{55}dã^{33}，hɛ^{55}

dɑ̃³³lɑ̃³¹ kəʔ⁵tʰieʔ⁵sʅ⁰。tsʅ⁵⁵ ie³³ loŋ³¹ ta⁵⁵ lɔ¹³ lɛ³¹ di¹³ fɑ̃⁵³ kue⁵⁵ ie³³，ieʔ⁵ goŋ⁰tsəu³⁵ lɛ³¹ zəʔ² paʔ⁵ tsaʔ⁵ tʰieʔ⁵ gəʔ²sʅ⁵⁵ ȵiəu⁵⁵，zoŋ³¹ hɛ⁵⁵ ȵiŋ³³ gəʔ²tɕie⁵⁵ sɛ⁵⁵，ieʔ⁵ zəʔ² pa³⁵tɔ⁵³ie³³tsʰɑ̃⁵⁵。

朱云龙觉得也对，马上关照地方官员，去把老百姓家里的废铜烂铁都收起来。老百姓一听，朱云龙要修海塘，要用铁水牛来镇海潮，镇住这些怪潮。老百姓都很支持，甚至把自己家里的铁锅也拿了出来，用来浇铸海塘。朱云龙带着地方官员，一共铸了十八头铁水牛，从海宁的尖山，一直摆到盐仓。

从此以后呢，铁水牛一摆，钱塘江个海潮呢，慢慢叫到海宁个辰光，就慢慢叫平静落来，尤其到来海宁盐官个地方呢，就变作一线潮唻，乖乖个听个个铁水牛个闲话。十八只水牛拿怪潮镇牢唻。

zoŋ³¹ tsʰʅ⁵³i³³əɯ³¹ ni³¹，tʰieʔ⁵sʅ⁵⁵ ȵiəu⁵⁵ ieʔ⁵ pa⁵³，dʑie¹³ dɑ̃³³ kɑ̃⁵³ kəʔ⁵ hɛ⁵⁵ zɔ³¹ ni³¹，mɛ³³ mɛ¹³ tɕiɔ⁵³ tɔ⁵³ hɛ⁵⁵ ȵiŋ³³ kəʔ⁵zəŋ³³ ku ɑ̃³¹，dʑiəu¹³ mɛ³³ mɛ¹³tɕiɔ⁵³ biŋ³³ dʑiŋ³¹ lɔʔ²lɛ³¹，iəu¹³ dʑi³¹tɔ³⁵ lɛ³¹ hɛ⁵⁵ ȵiŋ³³ ie³³ kuɛ⁵⁵ gəʔ²di¹³ fɑ̃⁵³ ni³¹，dʑiəu¹³ pie³⁵ tsəu⁵³ ieʔ⁵ɕie⁰zɔ³¹ lɛ³¹，kua⁵⁵ kua⁵⁵ gəʔ²tʰiŋ⁵³ kəʔ⁵ kəʔ⁵tʰieʔ⁵sʅ⁵⁵ ȵiəu⁵⁵ gəʔ²ɛ³³ o³³。zəʔ² paʔ⁵ tsaʔ⁵sʅ⁵⁵ ȵiəu⁵⁵ no⁵³ kua³⁵ zɔ³¹ tsəŋ³⁵ lɔ³¹lɛ³¹。

铁水牛一摆，从此以后，钱塘江的海潮涌到海宁的时候，就会慢慢地平静下来，尤其是快到海宁盐官这个地方的时候，就变作了一线潮，乖乖地听这个铁水牛的话，就这样，十八头水牛把怪潮镇住了。

（2017 年 7 月 1 日，海宁，发音人：夏忠杰）

一条金色的光痕①

得罪俍,问声点看,吾要来求见,徐家个位太太,有点事体。认真呃,个位就是太太。真是老太婆哩,眼睛赤花,连太太都弗认得哩,是个,太太,今朝特为从乡下来个,乌青青就出门,田里西北风大来野᠆个。是个,太太,为点事体,要来求求太太啊。

təʔ⁵ zɤ³¹ na³¹ , məŋ³ sã⁵³ tieʔ⁵ kʰei³⁵ , əu⁵³ iɔ⁵³ lɛ³¹ dʑiəu³³ tɕie⁵³ , dʑi³³ ka⁵⁵ kəʔ⁵ uɛ³¹ tʰa⁵⁵ tʰa⁵³ , iəu⁵⁵ tie⁵³ zɿ³³ tʰi⁵³ 。 n̩iŋ³³ tsəŋ⁵⁵ o³¹ , kəʔ⁵ uɛ³¹ dʑiəu³³ zɿ³¹ tʰa⁵⁵ tʰa⁵³ 。 tsɿ⁵⁵ zɿ³¹ lɔ³ tʰa⁵³ bu³¹ li³¹ , ɛ¹³ tsiŋ⁵³ tsʰəʔ⁵ ho⁵⁵ , lie³³ tʰa⁵⁵ tʰa⁵³ təu⁵⁵ fəʔ⁵ n̩iŋ³³ təʔ⁵ li³¹ , zɿ³¹ əʔ² , tʰa⁵⁵ tʰa⁵³ , tsəŋ⁵⁵ tsɔ⁵⁵ dəʔ⁵ ue³¹ zoŋ³¹ ɕiã⁵⁵ o³³ lɛ³ əʔ² , u⁵⁵ tɕʰiŋ⁵⁵ tɕʰiŋ⁵⁵ dʑiəu³ tsʰəʔ⁵ məŋ³³ , die³³ li³³ ɕi⁵⁵ poʔ⁵ foŋ⁰ dəu³³ lɛ³ ia³¹ əʔ² 。 zɿ³¹ əʔ² , tʰa⁵⁵ tʰa⁵³ , uɛ³ tieʔ⁵ zɿ³³ tʰi⁵³ , iɔ⁵⁵ lɛ⁵⁵ dʑiəu³³ dʑiəu³¹ tʰa⁵⁵ tʰa⁵³ a³¹ 。

麻烦你们,打听一下,我要来求见徐家的那位太太,有点事情。哦,原来这位就是徐家太太呀。我真是老太婆了,眼睛花得厉害,连太太都认不出来了! 太太啊,我今天特地从乡下赶来,天蒙蒙亮就出门了,田里的西北风大得呼呼叫。太太啊,有件事情要来求求太太您呐!

太太,吾拉埭浪᠆,东横头,有个老阿太,姓李,亲丁么老早死完哩。伊拉个大官官,李三官,起先到街浪᠆来做常年个。早几年,成哩弱病,田么卖掉,病么始终弗宁好。

tʰa⁵⁵ tʰa⁵³ , u⁵³ la³¹ da³ lã⁵³ɾ̃³¹ , toŋ⁵⁵ uã³³ dəɯ³³ , iəu³ kəʔ⁵ lɔ³ aʔ⁵ tʰa⁰ , ɕiŋ⁵³

---

li³¹ , tɕʰiŋ⁵⁵ tiŋ⁵⁵ məʔ² lɔ³ tsɔ³⁵ ɕi⁵⁵ uɛ³³ li³³ 。 i³⁵ la⁵³ kəʔ⁵ dəu³ kue⁵³ kue⁰ , li³ sɛ⁵⁵ kue⁵⁵ , tɕʰi³⁵ ɕie⁵⁵ tɔ⁵⁵ ka⁵⁵ lɑ̃³³ lɛ³³ tsəu³⁵ zɑ̃³³ ȵie³³ əʔ² 。 tsɔ³⁵ tɕi⁵⁵ ȵie³¹ , zəŋ³³ li³ zaʔ² biŋ³¹ , die³ məʔ² ma³ diɔ³¹ , biŋ³³ məʔ² sʅ³⁵ tsoŋ⁵³ fəʔ⁵ ȵiŋ⁵⁵ hɔ⁵³ 。

太太啊,我们那里,村坊东头,有个老太太,姓李,老公早就去世了。他的大儿子李三官,原来在城里做长工,早几年,得了绝症,田也卖掉了,病也始终没治好。

个位李家阿太,老年个运气真弗好,全靠场头浪ⁿ,东帮帮,西讨讨,吃一口白饭。每年只有一件绝薄个棉袄,靠过冬个。上个月听得话,李家阿太流火病发。

kəʔ⁵ uɛ³¹ li³ ka⁵⁵ aʔ⁵tʰa⁰ , lɔ³ ȵie³³ gəʔ² iŋ³ tɕʰi⁵³ tsəŋ⁵⁵ fəʔ⁵hɔ³ , dʑie³³ kʰɔ⁵⁵ dzɑ̃³³ diəu³³ lɑ̃³³ , toŋ⁵⁵ pɑ̃⁵⁵ pɑ̃⁵⁵ , ɕi⁵⁵ tʰɔ⁵³tʰɔ³ , tɕʰiaʔ⁵ ieʔ⁵ kʰəu³⁵ baʔ² vɛ⁰ 。 mɛ⁵⁵ ȵie³³ tsəʔ⁵iəu³ ieʔ⁵ dʑie³¹ dʑieʔ² boʔ⁵ əʔ⁵ mie³³ ɔ³³ , kʰɔ³⁵ kəu³⁵ toŋ⁵⁵ əʔ² 。 zɑ̃³³ kəʔ⁵ ioʔ²tʰiŋ⁵⁵ təʔ⁵ o³⁵ , li³³ ka⁵⁵ aʔ⁵tʰa⁰ ləɯ³³ fu⁵⁵ biŋ³³ faʔ⁵ 。

这位李家老太太晚年的运气真不好,全靠邻居,东帮帮,西讨讨,才有口饭吃。每年冬天都只有一件很薄很薄的棉袄过冬,上个月听人家说李家老太太流火病发作了。

前夜子西北风起,吾也冻得瑟瑟叫抖,吾心里想,李家阿太勿晓得纳ⁿ介哩。昨夜子,吾一走到伊屋里,真是罪过啊,老阿太已经去哩,冷冰冰呃滚来稻草里。

dʑie³³ ia⁵⁵ tsʅ⁵⁵ ɕi⁵⁵ poʔ⁵ foŋ⁰ tɕʰi⁵³ , u⁵³ a̰³³ toŋ³⁵ təʔ⁵ səʔ⁵ səʔ⁵ tɕiɔ³⁵ təɯ⁵³ , u⁵³ ɕiŋ⁵⁵ li⁵⁵ ɕi a⁵³ , li³ ka⁵⁵ aʔ⁵tʰa⁰ fəʔ⁵ ɕiɔ⁵⁵ təʔ⁵ naʔ⁵ ka³⁵ li³¹ 。 zoʔ² ia³¹ tsʅ⁰ , u⁵³ ieʔ⁵ tsɯ⁵⁵ tɔ⁵⁵ i⁵⁵ oʔ⁵ li⁰ , tsəŋ⁵⁵ zʅ³³ zɛ³³ ku⁵⁵ o³³ , lɔ³ aʔ⁵tʰa⁰ i⁵⁵ tɕiŋ⁵⁵ tɕʰi³⁵ li³¹ , lɑ̃³ piŋ³⁵ piŋ⁵⁵ əʔ² kuəŋ⁵⁵ lɛ³³ dɔ³³ tsʰɔ⁵³ li³¹ 。

前天晚上西北风刮得紧,我自己也冻得瑟瑟发抖。我心想,李家老太太不知道怎么样了呢。昨晚我一走到她家里，真是罪过啊，老太太已经去世了，冷冰冰地滚在稻草堆里。

　　也勿晓得几时脱气个，也无没人晓得。吾也无不法子，只好去喊拢几个人来，有人话是饿煞个，有人话是冻煞个。吾看一半是老病，西北风也作兴是有点个。

ia⁵⁵ fəʔ⁵ ɕiɔ⁵⁵ təʔ⁵ tɕi⁵⁵ zʅ³³ tʰəʔ⁵ tɕʰi³⁵ gəʔ², ia⁵⁵ m³³ məʔ² ɳiŋ³ ɕiɔ⁵⁵ təʔ⁵。u⁵³ aʔ³ m³³ məʔ² fəʔ⁵ tsʅ⁰, tsəʔ⁵ hɔ⁰ tɕʰi³⁵ he⁵⁵ loŋ³¹ tɕi⁵⁵ kəʔ⁵ ɳiŋ³³ le³³, iəu³ ɳiŋ³³ o³ zʅ³³ u¹³ saʔ⁵ gəʔ², iəu³³ ɳiŋ³³ o³³ zʅ³³ toŋ³⁵ saʔ⁵ gəʔ²。u⁵³ kʰei³⁵ ieʔ⁵ pei³⁵ zʅ³³ lɔ³³ biŋ³¹, ɕi⁵⁵ poʔ⁵ foŋ⁰ a³³ tsɔʔ⁵ ɕiŋ⁵⁵ zʅ³³ iəu³³ tieʔ⁵ gəʔ²。

　　也不知道什么时候断的气，也没人知道。我也没有办法，只好去叫几个人来一起帮忙。有人说是饿死的，有人说是冻死的，我看一半是旧病复发，西北风又雪上加霜。

　　为此，吾到街上来，善堂里个位老爷，本哩一具棺材。吾乘便来求求太太，做做好事。吾晓得太太是顶善心个，顶好有旧衣裳本个件把，吾还想去买一刀锭箔。

uɛʔ tsʰʅ⁵³, u⁵³ tɔ⁵⁵ kɑ̃⁵⁵ lɑ̃⁵⁵ le³³, zɛ³ dɑ̃³³ li³³ kəʔ⁵ ue³³ lɔ³³ ia³³, pəŋ⁵⁵ li³³ ieʔ⁵ dʑi³¹ kue⁵⁵ zɛ³³。u⁵³ zəŋ³³ bie³¹ lɛ³³ dʑiəu³³ dʑiəu³³ tʰa⁵⁵ tʰa⁵⁵, tsu³⁵ tsu⁵³ hɔ³⁵ zʅ³¹。u⁵³ ɕiɔ³⁵ təʔ⁵ tʰa⁵⁵ tʰa⁵⁵ zʅ³³ tiŋ⁵³ zɛ³ ɕiŋ⁵⁵ əʔ², tiŋ⁵³ hɔ⁵³ iəu³¹ dʑiəu³³ i⁵⁵ zɑ̃³¹ pəŋ⁵⁵ kaʔ⁵ dʑie³³ po⁰, u⁵³ ɛ³³ ɕia⁵³ tɕʰi⁵⁵ ma³¹ ieʔ⁵ tɔ⁵⁵ diŋ³³ boʔ²。

　　为此我到城里来，善堂里的那位老爷，给了一具棺材，我顺便过来求求太太，做做好事。我知道太太是最善良的，最好能给一两件旧衣服，我还想去买一刀锭箔。

　　吾自家屋里也是滑白呃，吾只有五升米烧顿饭，本゠两个帮忙个吃。伊拉抬哩材，外加收作，饭总要吃一顿个，太太，是弗是？

u⁵³ zɿ³³ ka⁵³ oʔ⁵ li⁰ ia³¹ zɿ³³ uaʔ² baʔ² əʔ², u⁵³ tsəʔ⁵ iəu³³ ŋ³ səŋ⁵⁵ mi⁵³ sɔ⁵⁵ təŋ⁵⁵ vɛ³³, pəŋ⁵⁵ li ã³ kəʔ⁵ p ã⁵⁵ m ã³³ kəʔ⁵ tɕʰiaʔ⁵。i⁵⁵ la⁵³ dɛ³³ li³³ zɛ³³, ua³⁵ ka⁵³ səɯ⁵⁵ tsoʔ⁵, vɛ¹³ tsoŋ⁵³ iɔ³¹ tɕʰiaʔ⁵ ieʔ⁵ təŋ⁵⁵ əʔ², tʰa⁵⁵ tʰa⁵³, zɿ³¹ fəʔ⁵ zɿ³¹？

我自己也是家徒四壁，穷得叮当响，我只有五升米，烧顿饭给那两个帮忙的人吃。他们抬了棺材，再加上收拾，饭总是要吃一顿的，太太您说是不是？

嗳，是的，嗳，是的。喔唷，太太您真好来，真体恤吾拉穷人。个套衣服真好，喔唷，害太太还要难为洋钿。喔唷，喔唷，吾只得朝太太磕一个响头，代过世个谢谢，喔唷，那么真真多谢，喔唷，真呃，太太。

ɛ³¹, zɿ³¹ əʔ², ɛ³¹, zɿ³¹ əʔ²。oʔ⁵ ioʔ⁵, tʰa⁵⁵ tʰa⁵³ ȵi³³ tsəŋ⁵⁵ hɔ⁵⁵ lɛ³³, tsəŋ⁵⁵ tʰi⁵⁵ ɕioʔ⁵ u⁵⁵ la⁵⁵ dzioŋ³³ ȵiŋ³³。kəʔ⁵ tʰɔ⁵³ i⁵⁵ z ã³³ tsəŋ⁵⁵ hɔ⁵³, oʔ⁵ ioʔ⁵, ɛ³³ tʰa⁵⁵ tʰa⁵³ e³³ iɔ¹³ nɛ³³ uɛ³³ i ã³³ die³¹。oʔ⁵ ioʔ⁵, oʔ⁵ ioʔ⁵, u⁵⁵ tsəʔ⁵ təʔ⁴ zɔ³³ tʰa⁵⁵ tʰa⁵³ kʰəʔ⁵ ieʔ⁵ kəʔ⁴ ɕi ã⁵⁵ dəɯ³³, dɛ³³ ku³⁵ sɿ³⁵ gəʔ² dzia³³ dzia³³, oʔ⁵ ioʔ⁵, na³³ məʔ² tsəŋ⁵⁵ tsəŋ⁵⁵ təu⁵⁵ dzia³³, oʔ⁵ ioʔ⁵, tsəŋ⁵⁵ əʔ², tʰa⁵⁵ tʰa⁵³。

嗳，是的，喔唷，太太您真是好人啊，真体恤我们穷人啊。这套衣服真好，真是让太太您破费了。我只得给太太您磕一个响头，代过世的人谢谢！真是多谢，太太。

（2017 年 7 月 8 日，海宁，发音人：陈韵超）

后　记

海宁方言是我承担的"中国语言资源保护工程·浙江汉语方言调查"项目的第二个调查点。学校期末工作一完成,我和团队的主要成员周汪融就早早地做好准备,计划着尽快出发。

海宁点的联系人是海宁高级中学的姚若丰老师,姚老师还兼任海宁市语言文字工作委员会办公室主任,虽然工作很忙,但他还是提前帮我们物色了多位发音人人选,落实了摄录场地,做好了调查摄录的一切准备工作。所以一到海宁硖石,我们就"对号入座",直接进入了工作状态。六位发音人都是那么的温文尔雅,老男相貌堂堂、文质彬彬;老女端庄大方、温婉娴静;青男书生意气,英俊潇洒;青女轻声细语、温柔似水;两位文化发音人热情开朗、落落大方,一见面就让我们感受到了海宁深厚的历史文化底蕴。

对比去年摄录时碰到的各种意外聒噪,比如小鸟一阵紧似一阵的叽喳、知了无休无止的长鸣、电钻此起彼伏的惊扰,今年的摄录场地相对比较安静。我们抛开了灯光,直接利用自然光摄录,画面显得格外宁静、柔和、细腻,令人异常地满意。就这样,我们按照计划,有节奏地一天一天顺利推进。

到海宁调查方言,已有很多次了。记得第一次调查海宁方言,我还在杭州大学(现为浙江大学)读硕士,跟着导师傅国通先生。那是 1989 年的初夏,我们去了硖石、盐官等多个乡镇,还请到了长安、袁花等其他几个乡镇的多位发音人,目的是调查海宁方言的内部差异。记得其中很重要的一项是调查有无撮口呼[y]韵和[y]介音韵母的问题。调查结果最后反映在 1989 年由江苏古籍出版社出版的《海宁县志》第三十三篇《方言》中,大致是盐官、袁花等乡镇有[y]韵和[y]介音韵母,硖石、长安等乡镇没有[y]韵和[y]介音韵母,也就是说前者有撮口呼韵母,后者没有撮口呼韵母。

由此,我不禁思考:

一是各地方言内部的复杂程度远远超过我们的认知。记得早年在某次学术会议上,几位学者为海宁方言有无撮口呼韵母,产生了较为激烈的争论。后来才弄明白,海宁方言内部并非铁板一块。海宁硖石方言与湖州方言一样,是没有撮口呼韵母的,例如:余＝移、圆＝盐、军＝斤、袁花＝盐花、公园＝公演、与人为善＝以人为善;而海宁盐官方言又与嘉兴方言一样,是有撮口呼韵母的,例如:余≠移、圆≠盐、军≠斤、袁花≠盐花、公园≠公演、与人为善≠以人为善。

随着调查的不断深入,我们发现实际情况更为复杂。根据姚若丰老师在撰写《海宁方言志》(浙江人民出版社,2009 年)期间的进一步调查,发现海宁全境硖石、斜桥、丁桥、袁花、黄湾、盐官、周王庙、郭店、长安、许村等十个主要乡镇中,除之前发现的盐官和袁花有撮口呼韵母外,黄湾也有。另外,属于盐官的郭店无,属于硖石的河西老街一带零星有。

由于袁花和黄湾地处海宁东南角,与有撮口呼韵母的海盐接壤。并且在历史上,海宁与海盐曾有多次的分合,由此我们有理由认为海宁的袁花、黄湾与海盐方言有千丝万缕的联系。同样,硖石河西老街一带撮口呼韵母的零星分布,例如"权[dʑye]",估计与袁花、黄湾一样，与海盐方言有关。1961 年，复置海盐时，原海盐的狮岭公社留属海宁，即现在的河西一带。

盐官地处海宁中部，南临钱塘江，东、北、西三面分别被丁桥、马桥、硖石、斜桥、郭店、周王庙、长安、许村包围，盐官有撮口呼韵母，而外围的这些乡镇均无撮口呼韵母，这种分布，让我们一时颇为费解。

二是方言分区分片时，要充分考虑方言本身的腔调，即当地人的语感和周边人的听感。就语言特点而言，即从方言本身的声母、韵母的音类和音值来看，有无[y]韵和[y]介音，无疑是方言间的一个非常重要的区别特征，但在海宁人的语感和周边人的听感面前，这一显著特征却似乎显得无足轻重。首先，海宁当地人，对有无[y]韵和[y]介音，并不敏感。其次，周边的嘉兴人和湖州人，一致认为海宁人说话的总体腔调与嘉兴话非常一致，而与湖州话有较大差距。

所以，如果脱离当地人的语感和周边人的听感，仅根据海宁大多数地方无撮口呼韵母的语言特征，很有可能会将海宁话划归为湖州方言，而不是现在的嘉兴方言。这就使我们意识到，仅凭方言的声韵音类和音值上的不同特点作为方言分区分片的标准，似乎还不够全面。方言是有腔调的，腔调就是说话人的语感、听话人的听感，是一种字调及其变调的类型系统，以及在此基础上形成的话调韵律，还包括语气词系统等，这可能是一种最具语感的语言形象。所谓语感，很大程度上就是腔调给人的感觉，话调韵律也是方言分区中不容忽略的重要依据，会在方言分区中起重要作用，可能会成为方言分区的重要标准之一。方言的腔调的探讨是一项全新的研究，也是我们面临的又一挑战。

此类情况更为典型的是桐乡方言，桐乡全境无撮口呼韵母，与湖州方言完全一致,但根据当地人的语感和周边人的听感,桐乡方言的腔调更接近嘉兴片方言。

海宁有[y]无[y]的现象,又让我想起了余杭方言,余杭方言属吴语太湖片苕溪小片,与桐乡话一样,没有撮口呼韵母,但在青男的话语中开始出现[y]韵和[y]介音,但在海宁调查时没有发现这种情况,如果不是个别现象的话,那又该如何解释?

徐越

2023 年 7 月 15 日

于杭州师范大学仓前校区